应用型本科经济管理类系列教材

企业数字化管理概论

QIYE SHUZIHUA GUANLI GAILUN

主　编　高　鹏　薛　佳

副主编　彭馨馨　陆玉梅

西安电子科技大学出版社

内 容 简 介

本书在阐述数字经济及企业数字化转型基本概念的基础上,从财务、生产与供应链、营销及人力资源四大核心职能维度深入剖析,详细阐述了数字化管理对企业运营全流程的影响及应用现状,并系统梳理了企业数字化系统建设的详细过程及其支持体系。

全书共 8 章,第 1 章概述了数字经济和数字化管理;第 2 章探讨了企业数字化转型的策略;第 3 章介绍了智能化财务的相关原理和典型应用场景;第 4 章全面分析了企业计划、生产和供应链管理数字化的理论与实践;第 5 章聚焦于企业数字化营销管理的路线与构建流程;第 6 章着眼于大数据背景下的企业人力资源管理;第 7 章概括了企业数字化系统建设的总体思路及战略规划阶段的主要内容;第 8 章则深入探讨了企业数字化系统建设的具体落地实施。

本书既可作为普通高等院校商科类专业数字化基础课程的配套教材,亦可供广大对企业数字化管理感兴趣的读者参考阅读。

图书在版编目(CIP)数据

企业数字化管理概论 / 高鹏,薛佳主编. -- 西安 : 西安电子科技大学出版社, 2025. 7. -- ISBN 978-7-5606-7704-0

Ⅰ. F272.7

中国国家版本馆 CIP 数据核字第 2025VJ8409 号

策　　划　高樱
责任编辑　高樱
出版发行　西安电子科技大学出版社(西安市太白南路 2 号)
电　　话　(029)88202421　88201467　　　邮　　编　710071
网　　址　www.xduph.com　　　　　　　　电子邮箱　xdupfxb001@163.com
经　　销　新华书店
印刷单位　河北虎彩印刷有限公司
版　　次　2025 年 7 月第 1 版　　　　2025 年 7 月第 1 次印刷
开　　本　787 毫米×1092 毫米　1/16　　　印　　张　12
字　　数　278 千字
定　　价　36.00 元
ISBN 978-7-5606-7704-0
XDUP 8005001-1

*** 如有印装问题可调换 ***

前　言

2012 年至 2023 年，我国数字经济的发展规模从 11 万亿元猛增到 55 万亿元，已稳居全球数字产业第二大国地位。以互联网、大数据、区块链、人工智能为代表的数字技术不仅成为了驱动产业结构升级的重要力量，而且改变了企业的底层运营逻辑，催生了以满足顾客多样化需求为根本宗旨的数字化管理模式。所谓数字化管理，是指通过先进数字技术量化企业管理行为，实现研发、计划、组织、生产、协调、销售、服务、创新等职能的管理活动和方法，是传统信息化管理的再升级。从微观角度来看，数字化管理具有数据驱动、信息共享、精准决策、自动流程、智能嵌入等众多特征，与企业财务、营销、生产、物流供应链等重要职能有效融合后，将促进企业运营全流程的数字化升级；从宏观角度来看，数字化管理有利于重塑企业文化及组织结构，促进企业创新发展，提升企业经济效益，优化客户体验服务，是赋能企业核心竞争力的重要战略武器。然而，企业数字化管理是一项复杂的系统工程，不仅要求资金、技术、物质资源的大规模投入，而且对企业人力资源尤其是复合型、交叉型商科人才提出了较高要求。数字化背景下的商科人才培养，需要在新规则、新思维、新理论、新工具的指引下，创造性地塑造具有专业素养、实践能力和创新思维的高素质人才。

本书以提升商科专业学生的数字化知识素养、应用素养和专业素养为目标，对企业数字化管理的基本理论、应用现状以及数字化管理系统建设步骤进行全面阐述。鉴于企业数字化涉及面广、学习难度较高的特点，充分考虑商科专业学生的知识结构，本书合理勾勒以"数字管理基础—数字系统应用—数字工程建设"为主线的理论框架体系；采用校企合作机制对内容进行优化设计，每章采用实际案例来阐释基本知识点，并通过实训提升学生对数字化系统应用的认知，凸显"理论先行、案例同步、实训跟进"的特征；聚焦企业管理职能数字化核心功能的刻画和扩展知识的描述，引导学生形成从数字系统单点运用到网络化全流程管理的认知路径，不断深化学生对企业数字化理论知识及运用工具的理解。另外，本书通过"思政案例"的嵌入，培养学生的家国情怀、价值塑造、人文素养等情感思维，引导学生形成系统思维并具有协作精神，潜移默化地帮助学生领会数字经济时代的知情意行。

本书共分为 8 章，其中第 1 章和第 2 章为基础部分，介绍数字经济、数字化管理以及企业数字化转型的基本理论，重在培养学生的数字化知识素养；第 3 章至第 6 章为应用部分，分别从财务、生产与供应链、营销及人力资源四个核心职能角度，阐述数字化对企业全流程运营的影响以及数字技术在企业管理中的具体运用，旨在提升学生的数字化专业素养及应用素养；第 7 章和第 8 章为建设部分，详细阐述企业数字化系统建设的框架、具体步骤及其支持体系，着力培养学生的数字化创新素养及衍生素养。

本书具体编写分工如下：第 1 章、第 2 章由薛佳负责编写，第 3 章、第 6 章由陆玉梅负责编写，第 4 章、第 5 章由彭馨馨负责编写，第 7 章、第 8 章由高鹏负责编写；高鹏负责全书的统稿和定稿工作。

本书基于校企合作机制进行内容优化设计，采用大量案例阐释相关知识，集理论性、实用性及思政性于一体。在编写过程中，编者参考了大量国内外文献以及企业信息化、数字化方面的相关资料，在此谨向原作者致以诚挚的谢意！

由于编者水平有限且时间仓促，书中难免存在不足之处，敬请广大读者谅解和批评指正。

编　者
2025 年 5 月

目　录

第 1 章

数字经济与数字化管理概述

学习目标

(1) 掌握数字经济的内涵与特征。

(2) 了解数字经济的影响力与发展态势。

(3) 掌握几类数字技术的主要特征。

(4) 理解企业数字化管理的主要内容与实施框架。

(5) 了解我国数字经济发展的主要阶段和态势。

本章导读

在新一轮信息技术快速发展的背景下，以互联网为载体的数字经济成为驱动产业结构升级及企业数字化转型的重要力量，各种新产品、新模式、新业态应运而生。大力发展数字经济已成为世界各国提升竞争力的重要途径。据工业和信息化部统计，从 2012 年至 2023 年，我国数字经济的发展规模从 11 万亿元猛增到 55 万亿元，数字经济占国内生产总值的比重由 21.6% 提升至超过 40%，在多个方面取得了一系列成果，数字经济规模稳居全球第二。

数字经济的发展给企业管理带来了机遇和挑战。企业管理工作面临着越来越多的数据信息，传统的管理模式已无法适应数字经济的快速发展，需要借助先进的数字技术全面优化管理流程，实现数字化管理。数字化管理是一项系统工程，它包含了信息技术及数字技术在企业产品设计、采购、制造、营销等各个职能环节的全面应用，从而全面提升企业的运营效率。这必然将引起思维观念、技术基础、业务流程等方面的重要变革。本章首先阐述数字经济的基本内涵和重要影响，而后详细介绍几类常见的数字技术，接着从企业管理的角度提炼数字化管理的内容及实施框架，最后对我国企业数字化管理的优势、问题及发展策略进行简要介绍。

1.1　数字经济概述

中国信息通信研究院 2024 年的研究数据显示，2023 年美国、中国、德国、日本、韩国 5 个国家的数字经济总量超 33 万亿美元，同比增长超 8%；数字经济占 GDP 的比重为 60%，较 2019 年提高约 8 个百分点。2019 年至 2023 年，德国、日本、韩国的数字经济稳定发展，美国、中国的数字经济实现了快速增长，其中产业数字化的比重最高，占比达到 89.8%，较以往提高较多。《全球数字经济白皮书(2024 年)》显示，随着人工智能大模型等应用的爆发式发展，全球各国都在加快推动数字经济重点领域的发展，在数字产业化、产业数字化、数据要素等领域积极抢抓发展机遇。中国信息通信研究院院长余晓晖表示，全球产业数字化融合探索的新模式新业态持续涌现，一方面，数字化探索正在发生系统性、深层次变革，传统行业数字化转型逐步深化，先进制造模式探索不断推进，数字原生企业利用"数据+技术"持续探索价值发现新模式；另一方面，数字化转型带动支撑产业创新演变，形成新的增长动力。2025 年工业互联网产业规模已达到 1.53 万亿元，在推进数字经济的发展过程中，企业数字化管理也起着至关重要的作用。

1.1.1　数字经济的内涵

"数字经济之父"Don Tapscott 在其 1996 年出版的《数字经济：网络智能时代的希望和危险》一书中，首次系统介绍了数字经济(Digital Economy)的发展和影响。数字经济是继农业经济和工业经济之后的主要经济形态，是以数据资源为关键要素，以现代信息网络为主要载体，以信息通信技术融合应用、全要素数字化转型为重要推动力，促进公平与效率更加统一的新经济形态。

从经济学的角度，数字经济被定义为人类通过大数据(数字化的知识和信息)的识别、选择、过滤、存储、使用，引导并实现资源的快速优化配置与再生，进而实现经济高质量发展的经济方式。从科技的角度，数字经济不仅是科学发展和技术突破的产物，也是新一轮信息革命的核心主体。数字经济需要依托于电子商务、信息技术等相应信息通信技术的成熟发展和通信、计算机产业的相互依托，它是信息技术和数字技术的结合以及相互作用的成果，并以通信网络为核心，将现实世界的各种信息通过科学技术转化为虚拟世界的信息。

数字经济的内涵相对比较宽泛。理论上直接和间接利用数据来引导资源发挥作用，推动生产力发展的经济形态都可以纳入其范畴。在技术层面，它包括大数据、云计算、物联网、区块链、人工智能、5G 通信等新兴技术；在应用层面，"新零售""新制造"等都是其典型代表；在产业层面，数字化的技术、商品与服务不仅在向传统产业进行多方向、多层面与多链条的加速渗透(即产业数字化)，而且在推动诸如互联网数据中心(Internet Data Center，IDC)建设与服务等数字产业链和产业集群的不断发展壮大(即数字产业化)。例如，我国重点推进建设的 5G 网络、数据中心、工业互联网等新型基础设施，本质上就是围绕新兴科技和新兴产业的数字经济基础设施。数字经济已成为驱动我国经济实现高质量增长的新引擎，数字经济所催生出的各种新业态也将成为我国经济新的重要增长点。

思政案例

1.1.2　数字经济的特征

数字经济是伴随着全球数字化浪潮，在新一轮科技革命和产业变革中孕育兴起的经济模式。数字经济的特征包括以下三个方面。

(1) 数据成为关键生产要素。在农业经济时代，经济发展依靠的关键生产要素是土地和劳动；在工业经济时代，经济发展依靠的关键生产要素是资本和技术；在数字经济时代，经济发展依靠的关键生产要素则是数据。数据是未来企业、国家之间竞争的核心资产，是未来的"新石油"。农业经济和工业经济时代的关键生产要素面临着稀缺性制约，而当数据成为关键生产要素后，只要有人的活动，数据的生产就是无穷尽的，加上数字化技术可复制和共享，从而从根本上打破了稀缺性生产要素的制约，数据成为推动经济持续发展的根本保障。

(2) 数字设施成为新型基础设施。在数字经济时代，数据成为推动经济发展的关键生产要素，改变了基础设施的形态。一方面需要加大资金投入，推动无线网络、云计算、宽带、云存储、物联网等数字化基础设施的普及和推广，加大对劳动者数字素养的培训；另一方面，需要利用数字化技术对传统的基础设施进行数字化改造，通过在传统基础设施上安装数字化传感器，实现传统基础设施的数字化转型。

(3) 数据处理能力飞速发展。数字经济是智能经济，人工智能让数据处理能力得到了指数级的增长。通过"人工智能 + 算法"驱动，各领域应用的数字仿真、知识模型、物理模型等和数据模型融合，可实现跨界创新和智能服务，极大地提升了社会生产力。

1.1.3　数字经济的影响力

(1) 数字化消费创造了"实景型"消费新体验。在 5G 技术、人工智能技术的加持下，消费互联网正发生质的变化，从过去的链接信息转变为链接行为、活动。例如，智能体育这种新的互联网数字化消费形态正走进人们的生活，因为年轻人健身锻炼、学生上体育课等均需真实场景支持。5G 技术除了能够传送数字、文字信息，还可以用来进行体育教学，通过实训操作设备，可在互联网上呈现出几乎真实的现场教学感受。新的技术和产品还提供了更多的消费形态。比如，自动驾驶汽车提供了一种新的消费场景，一辆自动驾驶汽车随着人的移动，能够提供学习、工作、社交、健身、娱乐等多种场景。

(2) 数字化生产开创了数字经济新蓝海。数字化生产是数字经济的重要组成部分，它既可实现生产过程的智能互联，还可实现和消费链、供应链的智能互联，以及消费者和服务者平台的智能互联，优化社会资源配置。比如，工程机械维修和维护服务成本高，而将其智能地连在企业的产业互联网后，不仅可远程监控设备的运转情况，使备件修复和维护变得非常及时，还可以智能化派单。除此以外，数字化生产可采用一致的综合生产设

普通案例

计方法，使产品、流程、工厂和资源信息在整个变更流程中实现相互关联，并可被查看和处理。除了机器加工和工装指令之外，数字化生产还可以灵活地生成能够显示二维和三维零件信息的工作指令，更能借助其仿真功能对机械手和自动化程序进行仿真检验。

（3）数字化供应链提高了产业链效率和安全性。一般而言，产业链对于一个企业来说较为稳定。数字化供应链的出现可以让行业中的客户、生产厂家、零部件供应商、原材料供应商、研发等相关信息实现充分共享，同时智能化链接可以推送出最有可能形成新型供求关系的企业，必要时还能快速调动和组织平台上的生产能力，快速推出产品。数字化供应链有助于现代化企业稳定经营，帮助企业节约时间成本，对产业链的稳定也有重要意义。

（4）数字化配置促进了资源全球化。当前，数字全球化发展迅速，以数字化为基础的复杂技术产品、服务和研发全球化都在飞速演进。比如，关于波音 787 的设计，每个客户对飞机的需求不一样，客舱的设计、座位的设置、音响系统的布置，这些需求的个性化程度都非常高。这就需要把分布在世界各地的制造厂家连接起来，可以同步回应诉求、发现问题、迭代技术。

1.2　数据、信息和数字技术概述

1.2.1　数据

国际标准化组织 ISO 对数据的定义为：数据是对事实、概念或指令的一种特殊表达形式。数据是人们用来反映客观世界而记录下来的可以鉴别的物理符号，或者说数据是用各种可以鉴别的物理符号记录下来的客观事实。一般而言，数据可以从以下两个方面来理解。

（1）客观性。数据是对客观事实的描述，它反映了某一客观事实的属性。数据的表示需要使用属性名和属性值，两者缺一不可。例如，年龄 20 岁，年龄是属性名，20 岁是属性值，只有两者结合才能完整地反映客观事实。

（2）可鉴别性。数据是对客观事实的记录，这种记录是通过一些特定的符号来表现的，而且这些特定的符号是可以鉴别的，尤其是可以由计算机来识别。常用的特定符号有声、光、电、数字、文字、字母、图形、图表和图像等。

1.2.2　信息

1. 信息的定义

信息的概念是广泛的。古人的"结绳记事""烽火驿站"，就是人们存储和传递信息的方式。但信息至今尚无统一、确切的定义。信息一词在我国已经使用很久，早在一千多年前，唐朝诗人李中在《碧云集·暮春怀故人》一诗中就留下了"梦断美人沈信息，目穿长路倚楼台"的佳句，这里的信息是指消息、音信。近五十年来，科学界一直都在对信息进行着积极的研讨。有关信息的定义很多，但由于其本身内涵的广泛性，目前尚无一个令大家都能接受的定义。在经济管理领域，通常认为信息是提供决策的有效数据，而哲学家认为信息是认识世界的依据，数学家认为信息是概率论的发展，通信工作者则认为信息是不确定性的描述。下面列举几种对信息的观点。

(1) 信息是对事物运行状态和特征的描述。

(2) 信息是关于客观事实的可通信的知识。

(3) 信息是帮助人们做出正确决策的知识。

(4) 信息是实体、属性、值所构成的三元组。

(5) 信息是数据加工后的结果。

(6) 信息是被认识了的数据，是数据的含义。

根据以上几种观点，我们认为信息(Information)是关于客观世界的事实反映，是可通信的知识。信息的概念不同于数据。数据(Data，又称资料)是记录客观事物的、可鉴别的符号。这些符号不仅包括数字，还包括字符、文字、图形等。数据经过处理仍然是数据。处理数据是为了便于更好地解释。只有经过解释，数据才有意义，才能成为信息。可以说，信息是经过加工以后对客观世界产生影响的数据。例如，行驶中的汽车时速表上的数据不一定成为信息，只有当司机需要观察时速表上的数据以便做出加速或减速的决定时，它才成为信息。同一数据，每个人的解释可能不同，其对决策的影响也可能不同。决策者利用经过处理的数据做出决策，可能取得成功，也可能遭受失败，关键在于对数据的解释是否正确，因为不同的解释往往来自不同的背景和目的。

2. 信息的特征

(1) 事实性。事实性是信息最基本的属性。不符合事实的信息不仅不能使人增加任何知识，而且有害。保证信息的事实性，也就是保证信息的真实性、准确性、精确性和客观性等，从而达到信息的可信性。

(2) 可传输性。信息可通过各种手段传输到人们想要使其到达的地方。它主要是利用各种通信工具(如电话、电报、微波、卫星)和技术(如网络)等进行信息的传输，信息的传输快速、便捷且成本远远低于传输物质和能源。随着计算机技术和数字技术的不断发展，信息传输的形式多种多样，不仅可以传输文字、数字，而且可以传输声音、图像等，且传输的可靠性越来越高，误码率越来越低。

(3) 共享性。信息是可共享的。信息的拥有者可把信息发送给多个接收者共享，而拥有者并未失去该信息。如股票信息可供股民共享，不会因某人获得信息而使他人减少信息。但信息共享是有条件、有权限、有控制的。信息的共享与保护是相互矛盾的，这就涉及各种信息的安全和保护措施。

(4) 可加工性。信息可通过一定的手段进行加工，如压缩、分类、排序、统计、综合等，加工是有目的性的(往往是满足人们对信息的某种需要)，加工后的信息反映了信息源和接收者之间相互联系、相互作用的更为重要和更加规律化的因素。需要说明的是，信息加工过程要保证语法、语义和语调三者的统一，以免造成信息失真。实际上，信息加工是人们利用信息为社会服务的重要途径。

(5) 时效性。信息的时效是指从信息源发送信息，经过接收、加工、传递、利用所经历的时间间隔及其效率，时间间隔越短，使用信息越及时，使用程度越高，则时效性越强。

(6) 等级性。信息是可分级的，一般分为作业级、战略级和战术级。不同级别的信息，其应用对象、内容、来源、精度、寿命和使用频率都不相同。作业级信息大部分来自内部，其内容具体，精度要求高，使用频率也高，但使用寿命短；战略级信息大部分来自外部，其内容抽象，精度要求低，使用频率也低，但使用寿命长；战术级信息介于两者之间。

3. 信息的衡量

前面所描述的信息含义基本上是定性的，但日常生活中人们经常谈论"信息量"这个概念。比如，在学校的教师讲课比赛中，就有以授课内容的信息量作为评分标准的。如何判断教师授课内容信息量的多少呢？评委们靠的是直觉。再比如，我们可以说，这本书的信息量比那本书大，显然这是指这本书比那本书给人们提供了更多的知识和启发，而不是指这本书比那本书重或这本书比那本书的字数多。有时人们在谈论数据库时，常用容量、字节数、记录条数等来描述信息量。

不同的数据资料中包含的信息量是有差别的，有的数据资料中包含的信息量多一些，有的则少一些，有的甚至空洞、啰嗦，不包含信息量。数据资料中包含信息量的多少是由消除对事物认识的"不确定程度"来决定的。在获得数据资料之前，人们对某一事物的认识不清晰，存在着不确定性；获得数据资料后，就有可能消除这种不确定性(人们认识上的不确定性)。数据资料所消除的人们认识上"不确定性"的大小也就是数据资料中所含信息量的大小。

那么，信息量的大小如何衡量呢？

按照信息论的观点，信息量的大小取决于信息内容消除人们认识上不确定性的程度；消除的不确定性程度大，则发出的信息量就大；消除的不确定性程度小，则发出的信息量就小。如果事先就确切地知道信息内容，那么信息中所包含的信息量就等于零。故而，我们可以利用概率来度量信息。例如，渔民在安排明天的工作：是出海打鱼，或是在岸上结网。从工作的紧迫性、人力要求以及收益性等条件看，做哪种工作都无所谓。正在人们犹豫不决时，收到了天气预报的消息，明天将有七级大风，出海打鱼是十分危险的，于是决定明天的工作是在岸上结网。这里所谓的"犹豫不决"就是不确定性。比如有一半的意见赞成出海打鱼，有一半的意见赞成岸上结网。听了天气预报后，99%的人赞成岸上结网，决策就接近确定方案了。

那么，如何度量这个天气预报给人们带来的信息量的大小呢？

美国贝尔实验室的香农 1948 年设计了一个信息量的计算公式。设某不确定性事件或某试验的所有可能结果数为 n，p_i 表示第 i 种结果发生的可能性(概率)的大小，$0 \leqslant p_i \leqslant 1$，$\sum_{i=1}^{n} p_i = 1$，则香农的信息量计算公式为 $H = \sum_{i=1}^{n} p_i \mathrm{lb} p_i$。信息量的单位叫比特(bit)。例如，硬币下落可能有正反两种状态，出现这两种状态的概率都是 1/2，则该不确定性系统拥有的信

息量为：$H(x) = -[P(X_1) \mathrm{lb} P(X_1) + P(X_2) \mathrm{lb} P(X_2)] = -\left[\dfrac{1}{2} \mathrm{lb}\left(\dfrac{1}{2}\right) + \dfrac{1}{2} \mathrm{lb}\left(\dfrac{1}{2}\right)\right] = 1(\mathrm{bit})$。

1.2.3　数字技术和信息技术

数字化时代的重要标志之一就是数字技术在社会经济发展中的主导作用。数字技术是由信息技术延伸而来的，是信息技术发展的高级阶段，很多地方甚至把数字技术等同于信息技术。下面从理论上阐释数字技术和信息技术的差别，再进一步对当前流行的几种数字技术做简要介绍。

1. 数字技术

数字技术(Digital Technology，DT)是与电子计算机相伴相生的科学技术，它是指借助一定的设备将各种信息(包括图、文、声、像等)转化为电子计算机能识别的二进制数字"0"和"1"后进行运算、加工、存储、传送、传播、还原的技术。由于在运算、存储等环节中要借助计算机对信息进行编码、压缩、解码等，因此数字技术也称为数码技术、计算机数字技术等。另外，数字技术也称为数字控制技术。

数字技术具有如下特点。首先，抗干扰能力强、精度高。由于数字技术传递加工和处理的是二值信息，不易受外界的干扰，因而抗干扰能力强。另外可采用增加二进制数的数位的方式提高数据的表示精度。其次，数字信号便于长期存储，使大量珍贵的信息资源得以保存。再次，保密性好。利用数码技术的加密处理可使一些珍贵的信息资源不易被窃取。最后，通用性强，可以采用标准化的逻辑部件来构成各种各样的数码系统。

在数字经济时代，数字技术一般为多种数字化技术的集成，包括区块链、大数据、云计算、人工智能等。数字技术应用的最大好处是能够大幅提高整体经济效率。采用数字技术可以构建一个更加直接高效的网络，打破过去企业和企业之间、个人和个人之间、人和物之间的平面连接。而平面连接或者构架存在的问题是节点多、效率低。未来采用数字技术可建立起立体的、折叠的、交互式的架构。在此架构中，实现的点对点、端对端的交互式连接将更直接，效率更高。

2. 信息技术

信息技术(Information Technology，IT)是用于管理和处理信息所采用的各种技术的总称，它主要是运用计算机科学和通信技术来设计、开发、安装和实施信息系统及应用软件。它也常被称为信息和通信技术，主要包括传感技术、计算机与智能技术、通信技术和控制技术等。

信息技术的应用包括计算机硬件和软件、网络和通信技术、应用软件开发工具等。计算机和互联网普及以来，人们日益普遍地使用计算机来生产、处理、交换和传播各种形式的信息(如书籍、商业文件、报刊、唱片、电影、电视节目、语音、图形、影像等)。在企业、学校和其他组织中，信息技术体系结构是一个为达成战略目标而采用和发展信息技术的综合结构。它包括管理成分和技术成分。其管理成分包括使命、职能与信息需求、系统配置和信息流程，技术成分包括用于实现管理体系结构的信息技术标准、规则等。

3. 数字技术与信息技术的区别

数字技术可以视为信息技术发展的高级阶段，两者在多个方面存在差异，如表 1.1 所示。

表 1.1   数字技术和信息技术的差异

项目	数字技术(DT)	信息技术(IT)
起始时间	21 世纪初	20 世纪 60 年代
代表企业	亚马逊、谷歌、腾讯、小米	IBM、Oracle、EMC、惠普、苹果
技术体系	新一代开放的 DT 技术：5G、AI、大数据、云计算、区块链、物联网	传统的 IT 技术(IOE)：小型机、大型机、网络设备、数据库、ERP 系统、财务系统、办公系统
技术与业务关系	技术赋能业务，技术业务深度融合	技术支撑业务，技术业务"两层皮"
覆盖范围	全方位、产业链 + 生态圈	局部性、企业部门内、项目导向
需求	用户需求为主，个性化的不确定性需求	企业内部需求，规模化的相对确定性需求
目的	商业模式创新，业务模式重构	降本增效，提高内部运营效率和管理效率
数据价值	数据是核心资产，数据价值充分释放	数据是副产品，数据价值没有挖掘

(1) 技术体系的差异。信息技术硬件以"IOE"为代表，即 IBM 的小型机、Oracle 的数据库以及 EMC 的存储设备；软件包括 ERP 系统、财务系统、OA 办公系统、CRM 客户管理系统等。数字技术以 5G、AI、大数据、云计算、区块链和物联网为代表，是新一代信息技术。在信息化阶段，可以明确区分出自动化技术、通信技术、信息化技术等。而在数字化阶段，工业化、自动化、信息化、数字化，甚至智能化技术已经融合在一起，很难区分清楚。

(2) 技术与业务关系的差异。信息技术是技术支撑业务，技术与业务是"两层皮"。它以业务流程化、标准化为前提，用信息技术将线下的业务流程搬到线上，以提升企业内部的管理效率、运营效率。信息化让企业内部人员清楚地了解业务进展的状态，从而为业务的开展提供支撑，如我们熟知的 OA 办公系统、ERP 资源管理系统、CRM 客户管理系统、SCM 供应链管理系统以及 MIS 管理信息系统。信息化不改变业务本身，业务还是按照线下的流程去走，只是加快了信息传递、流通的速度，从而提升效率、降低成本。

数字技术是技术赋能业务、技术与业务深度融合。数字化时代让内外所有资源和全业务流程都与技术产生真正的交互，并对内外数据的交互做分析和处理，进而改变传统的商业运作模式。也就是说，数字化会通过数字技术改变原有的业务流程、经营模式，包括研发模式、生产模式、营销模式、决策模式等。这是数字化与信息化最本质的区别。

(3) 覆盖范围的差异。早期的信息技术不涉及跨部门问题，只是针对局部业务进行优化，是局部性、项目导向的。它主要在单个或多个部门内部应用，很少有跨部门的融合，更少有产业链上下游的整合和集成。这样导致的结果就是信息系统之间是相互割裂的、独立的，形成了信息孤岛。比如，若查询相关数据，则需要登录企业的不同系统，销售是一套系统、库存是一套系统、客户数据是一套系统，查询数据要花费很多时间。不同信息系统之间没有交互功能，每个信息系统都有自己的数据库、操作系统、应用软件和用户界面，完全是独立的体系。

数字技术涉及跨部门的数据打通乃至跨组织的数据融合。数字技术强调整合所有业务流程、覆盖全域系统，需要全方位的设计蓝图和路线图。它将企业整个业务流程进行数字化打通，破除部门墙、组织墙，跨部门甚至跨上下游的系统互联互通、数据融合，打通整个价值链甚至生态圈。因此，数字化转型中会遇到数据共享问题，需要设计跨部门的利益分配和激励机制。这是数字化带来的数据治理新挑战。

(4) 数据价值的差异。信息技术中，数据是副产品，其价值没有被挖掘；数字技术中，数据是核心资产，数据价值被充分释放。

从数据的产生来看，信息技术是将现实中、物理世界存在的事物通过电子终端呈现，便于信息的传播与沟通，这个过程中数据的产生主要是通过人工进行信息录入。数字技术的数据源头很多，偏向于自动化采集，最主要的数据采集方式是利用物联网技术，实现采集、呈现、分析同时完成，也因此产生了大数据。数字化通过对数据的实时采集，实现了物理世界的数字化。比如在无人零售商店的整个购买过程中，消费者看似什么都不需要做，但后台技术会自动识别、自动跟踪行走轨迹、自动识别商品、自动完成结算。整个购物活动是经过机器芯片处理直接变成 0/1 二进制数字信息的。

从数据的地位来看，对于信息技术来说，业务流程是核心，信息系统是工具，而数据只是信息系统运行过程中产生的副产品。而在数字技术中，数据是核心资产、是主体、是最重要的生产要素，流程只是附属。

从数据的价值来看，以往的信息技术也会产生很多数据，但数据分散在不同的系统里(没有被整合)，没有统一的数据标准，数据价值没有真正地发挥出来，成了"冷数据、死数据"。而数字技术真正把数据看成一种重要的资产、资源，通过深入挖掘数据价值，寻找新的盈利模式，不仅能提升企业的经营、生产和管理效率，而且能给管理层提供决策支持。数据的利用价值得以极大地提高。

1.2.4　几种重要数字技术介绍

1. 大数据技术

大数据(Big Data)，或称巨量资料，指的是所涉及的资料量的规模巨大到无法通过主流软件工具，在合理的时间内达到撷取、管理、处理并整理成为帮助企业经营决策更具积极目的的资讯。由维克托·迈尔·舍恩伯格及肯尼斯·库克耶编写的《大数据时代》一书中提出了大数据的一个重要特征，即不再依赖于随机分析法(抽样调查)这样的捷径，而采用对所有数据进行分析处理的方法。麦肯锡将大数据定义为无法在一定时间内用传统数据库软件工具对其内容进行抓取、管理和处理的数据集合。大数据不是一种新技术，也不是一种新产品，而是一种新现象，是近年来研究的一个技术热点。大数据具有以下 4 个特点，即 4 个"V"。

(1) 数据体量(Volume)巨大。大型数据集的数据量从 TB 级别跃升到 PB 级别。

(2) 数据类别(Variety)繁多。数据来自多种数据源，数据种类和格式冲破了以前所限定的结构化数据范畴，囊括了半结构化和非结构化数据。

(3) 数据价值(Value)密度低。以视频为例，在连续不间断监控过程中，可能有用的数据仅仅有一两秒钟。

(4) 数据处理速度(Velocity)快。大数据能够满足大量在线或实时数据分析处理的需求，符合"1 秒定律"的标准。

大数据相对于传统数据并不在于"大"，而在于"有用"。价值含量、挖掘成本比数量更为重要。对于很多行业而言，如何利用这些大规模数据是赢得竞争的关键。大数据的价值体现在以下几个方面：

(1) 为大量消费者提供产品或服务的企业可以利用大数据进行精准营销；

(2) 小而美模式的中小微企业可以利用大数据做服务转型；

(3) 互联网压力之下必须转型的传统企业需要与时俱进地充分利用大数据的价值。

大数据的出现提升了对信息管理专家的需求，Software AG、Oracle、IBM、微软、SAP、易安信、惠普和戴尔已在多家数据管理分析专门公司上花费超过 150 亿美元。在 2010 年，数据管理分析产业市值就已超过 1000 亿美元，并以每年将近 10%的速度增长，是整个软件产业增长速度的两倍以上。

2. 区块链

区块链(Blockchain)起源于比特币，是数字化时代解决信任问题、重复消费问题的重要技术。2019 年中共中央政治局就区块链技术发展现状和趋势进行第十八次集体学习，习近平总书记在主持学习时强调，"把区块链作为核心技术自主创新的重要突破口""加快推动区块链技术和产业创新发展"。如今，区块链已走进大众视野，成为社会的关注焦点。

本质上，区块链就是一个又一个区块组成的链条。每一个区块中都保存了一定的信息，它们按照各自产生的时间顺序连接成链条。这个链条被保存在所有的服务器中，只要整个系统中有一台服务器可以工作，整条区块链就是安全的。这些服务器在区块链系统中被称为节点，它们为整个区块链系统提供存储空间和算力支持。如果要修改区块链中的信息，必须征得半数以上节点的同意并修改所有节点中的信息，而这些节点通常掌握在不同的主体手中，因此篡改区块链中的信息是一件极其困难的事。广义而言，区块链技术利用块链式数据结构验证与存储数据，利用分布式节点共识算法生成和更新数据，利用密码学的方式保证数据传输和访问的安全，利用由自动化脚本代码组成的智能合约编程和操作数据的全新的分布式基础架构与计算范式。相比于传统的网络，区块链具有两大核心特点，一是数据难以篡改，二是去中心化。基于这两个特点，区块链所记录的信息更加真实可靠，可以帮助解决相关互不信任的问题。

区块链可以划分为公有区块链、行业区块链和私有区块链三大类。

(1) 公有区块链(Public Block Chains)：世界上任何个体或者团体都可以发送交易，且交易能够获得该区块链的有效确认，任何人都可以参与其共识过程。公有区块链是最早的区块链，也是应用最广泛的区块链，各大 bitcoins 系列的虚拟数字货币均基于公有区块链，世界上有且仅有一条该币种对应的区块链。

(2) 行业区块链(Consortium Block Chains)：由某个群体内部指定多个预选的节点为记账人，每个块的生成由所有的预选节点共同决定(预选节点参与共识过程)，其他接入节点可以参与交易，但不过问记账过程(本质上还是托管记账，只是变成了分布式记账)，预选节点的多少以及如何决定每个块的记账者成为该区块链的主要风险点，其他任何人可以通过该区块链开放的 API 进行限定查询。

(3) 私有区块链(Private Block Chains)：仅采用区块链的总账技术进行记账，可以是一个公司，也可以是个人，独享该区块链的写入权限，在这种架构下本链与其他分布式存储方案在技术上没有太大区别。传统金融机构大都想尝试在私有区块链进行实验，而公链的应用(如 bitcoin)已经实现了工业化部署，相比之下私链的应用产品当前还在摸索当中。

区块链的主要特征体现在以下几个方面。

(1) 去中心化。区块链技术不依赖额外的第三方管理机构或硬件设施，无中心管制，除了自成一体的区块链本身，通过分布式计算和存储，各个节点都能实现信息的自我验证、传递和管理。去中心化是区块链最突出最本质的特征。

(2) 开放性。区块链技术基础是开源的，除了交易各方的私有信息被加密外，区块链的数据对所有人开放，任何人都可以通过公开的接口查询区块链数据和开发相关应用，因此整个系统的信息高度透明。

(3) 独立性。基于协商一致的规范和协议(类似比特币采用的哈希算法等各种数学算法)，整个区块链系统不依赖其他第三方，所有节点都能够在系统内自动安全地验证、交换数据，不需要任何人为的干预。

(4) 安全性。只要不能掌控全部数据节点的 51%，就无法肆意操控修改网络数据。这使区块链本身变得相对安全，避免了主观人为的数据变更。

(5) 匿名性。除非有法律规范要求，单从技术上来讲，各区块节点的身份信息不需要公开或验证，信息传递可以匿名进行。

3. 云计算

云计算(Cloud Computing)是继计算机、互联网后在信息时代又一种新的革新，是信息时代的一个大飞跃。从广义上说，云计算是与信息技术、软件、互联网相关的一种服务，这种计算资源共享池叫作"云"，云计算把许多计算资源集合起来，通过软件实现自动化管理，只需要很少的人参与，就能让资源被快速提供。也就是说，计算能力作为一种商品，可以在互联网上流通，就像水、电、煤气一样，可以方便地取用，且价格较为低廉。总之，云计算不是一种全新的网络技术，而是一种全新的网络应用概念，它具有很强的扩展性和实用性，可以为用户提供一种全新的体验。云计算的核心是可以将很多的计算机资源协调在一起，在网站上提供快速且安全的云计算服务与数据存储，让每一个使用互联网的人都可以使用网络上的庞大计算资源与数据中心。

与传统的网络应用模式相比，云计算具有如下优势与特点。

(1) 虚拟化技术集成。虚拟化突破了时间、空间的界限，是云计算最为显著的特点，虚拟化技术包括应用虚拟和资源虚拟两种。众所周知，物理平台与应用部署的环境在空间上是没有任何联系的，正是通过虚拟平台对相应终端操作完成数据备份、迁移和扩展等。

(2) 动态可扩展。云计算具有高效的运算能力，在原有服务器基础上增加云计算功能能够使计算速度迅速提高，最终实现动态扩展虚拟化的层次达到对应用进行扩展的目的。

(3) 按需部署。计算机包含了许多应用、程序软件等，不同的应用对应的数据资源库不同，所以用户运行不同的应用需要较强的计算能力对资源进行部署，而云计算平台能够根据用户的需求快速配备计算能力及资源。

(4) 可靠性高。即使服务器故障也不影响计算与应用的正常运行。因为单点服务器出现故障可以通过虚拟化技术将分布在不同物理服务器上的应用进行恢复或利用动态扩展功能部署新的服务器进行计算。

(5) 可扩展性好。用户可以利用应用软件的快速部署条件来更为简单快捷地将自身所需的已有业务以及新业务进行扩展。如，计算机云计算系统中出现设备的故障，对于用户来说，无论是在计算机层面上，抑或是在具体运用上均不会受到阻碍，可以利用计算机云计算具有的动态扩展功能来对其他服务器进行有效扩展。这样一来就能够确保任务得以有序完成。在对虚拟化资源进行动态扩展的情况下，同时能够高效扩展应用，提高云计算的操作水平。

4. 物联网

物联网(Internet of Things，IoT)是指通过各种信息传感器、射频识别技术、全球定位系统、红外感应器、激光扫描器等各种装置与技术，实时采集任何需要监控、连接、互动的物体或过程，采集其声、光、热、电、力学、化学、生物、位置等各种需要的信息，通过各类可能的网络接入，实现物与物、物与人的泛在连接，实现对物品和过程的智能化感知、识别和管理。物联网是一个基于互联网、传统电信网等的信息承载体，它让所有能够被独立寻址的普通物理对象形成互联互通的网络。

物联网是新一代信息技术的重要组成部分，IT 行业又称之为泛互联，意指物物相连，万物互联。由此，"物联网就是物物相连的互联网"。这包含两层意思：第一，物联网的核心和基础仍然是互联网，它是在互联网基础上的延伸和扩展的网络；第二，其用户端延伸和扩展到了任何物品之间，进行信息交换和通信。因此，物联网是通过射频识别、红外感应器、全球定位系统、激光扫描器等信息传感设备，按约定的协议，把任何物品与互联网相连接，进行信息交换和通信，以实现对物品的智能化识别、定位、跟踪、监控和管理的一种网络。

物联网的应用领域涉及方方面面，在工业、农业、环境、交通、物流、安保等基础设施领域的应用，有效的推动了这些方面的智能化发展，使得有限的资源更加合理的使用分配。在家居、医疗健康、教育、金融与服务业、旅游业等与生活息息相关的领域的应用，从服务范围、服务方式到服务的质量等方面都有了极大的改进，大大地提高了人们的生活质量；在涉及国防军事领域方面，虽然还处在研究探索阶段，但物联网应用带来的影响也不可小觑。大到卫星、导弹、飞机、潜艇等装备系统，小到单兵作战装备，物联网技术的嵌入有效提升了军事智能化、信息化、精准化，极大提升了军队战斗力，是未来军事变革的关键。

5. 人工智能

人工智能(Artificial Intelligence，AI)，它是研究、开发用于模拟、延伸和扩展人的智能的理论、方法、技术及应用系统的一门新的技术科学。20 世纪 70 年代以来，人工智能被称为世界三大尖端技术之一(空间技术、能源技术、人工智能技术)。也被认为是 21 世纪三大尖端技术(基因工程、纳米科学、人工智能)之一。近三十年来，人工智能获得了迅速的发展，在很多学科领域都获得了广泛应用，并取得了丰硕的成果，已逐步成为一个独立的分支，无论在理论和实践上都已自成一个系统，成为新一轮科技革命和产业变革的重要驱动力量。

人工智能是智能学科重要的组成部分，是研究使用计算机来模拟人的某些思维过程和智能行为(如学习、推理、思考、规划等)的学科。它主要包括计算机实现智能的原理、制造类似于人脑智能的计算机，使计算机能实现更高层次的应用。除了计算机科学以外，人工智能还涉及信息论、控制论、自动化、仿生学、生物学、心理学、数理逻辑、语言学、医学和哲学等多门学科，其主要内容包括知识表示、自动推理和搜索方法、机器学习和知识获取、知识管理处理系统、自然语言理解、计算机视觉、智能机器人、自动程序设计等方面。人工智能与思维科学的关系是实践和理论的关系，人工智能处于思维科学的技术应用层次，是它的一个应用分支。

人工智能从诞生以来，理论和技术日益成熟，应用领域也不断扩大，可以设想，未来人工智能带来的科技产品，将会是人类智慧的"容器"。人工智能可以对人的意识、思维的信息过程进行模拟。人工智能不是人的智能，但能像人那样思考，也可能超过人的智能，这也是人工智能研究的一个主要目标。但是，不同的时代、不同的人对这种"复杂工作"的理解是不同的。2017年 12 月，人工智能入选"2017 年度中国媒体十大流行语"。2021 年 9 月25 日，为促进人工智能健康发展，《新一代人工智能伦理规范》发布。　　　思政案例

1.3　企业数字化管理概述

1.3.1　企业数字化管理的内涵及特征

随着我国加速进入数字经济时代，产业演变的速度也在加快，我国企业开始迈入数字化管理转型阶段。所谓数字化管理(Digital Management)，是指利用计算机、通信、网络等技术，通过统计技术量化管理对象与管理行为，实现研发、计划、组织、生产、协调、销售、服务、创新等职能的管理活动和管理方法的总称。实施数字化管理的企业以数字化转型升级重构产业创新生态，实现数字化赋能企业管理和生产性、生活性服务，从而推动企业发展、运营管理等的有机融合。

基于数字技术的企业管理一般具有如下特征。

1. 立足客户

立足客户需求体现了数字化管理的基本原则。传统企业形态与传统信息化技术并没有解决客户导向的问题，数据的起始端并非直接来自客户，因此，客户需求一旦变化，整个组织系统运行就会变得僵化，时效性大大降低。数字化管理必须解决这一问题。数据起始

端包含内部客户需求和外部客户需求，理想状态是外部客户需求触发内部客户需求联动，通过数字化系统，引导组织开展所有价值创造活动。

2. 面向未来

面向未来体现了数字化管理的战略属性。进入新商业时代，客户需求变得分散且多变，市场不确定性越来越明显，系统也变得越来越复杂，"判断"与"选择"逐渐成为组织管理的常规活动，这是数字化管理存在的前提。传统信息化系统更多是对历史与现状的总结，缺少对未来预判的能力，而数字化管理系统必须为未来的战略发展提供有效支撑。市场风险越大，数字化管理的价值越明显，数字化系统越将成为企业核心竞争力的必要组成部分，为团队创新、战略业务发展起到明显推动作用。

3. 聚焦个体

聚焦个体体现了数字化管理的基本要求。客户价值形态是由团队创新力为企业创造的主要价值，聚焦个体目标即为了提升团队整体的创造力，使公司战略举措与人的结合更加充分。数字化管理可以把员工个体的绩效表现(包括薪酬)、信息流、工作流统一起来，公司可以知道每个团队、每个角色正在做什么，如何让团队、角色做得更好。如果数字化系统依然没有聚焦个体，战略实施必然缺乏落地的基本保障，这也是数字化管理与信息化管理最明显的区别。管理最终要落实到每个人，数字化管理则可以高效地实现这一目标。

4. 集成数据

集成数据体现了数字化管理的基本功能。集成数据背后其实是集成不同的功能，不仅是同一功能内部实现完全集成，不同功能之间更要实现集成，集成之后将发挥出更强大的功能，因为未来组织系统更复杂，对管理的要求更高。集成数据之后呈现出来的信息更完整，而不再是一个个"孤岛"，功能集成越充分，数据分析越有效，对"判断"与"选择"的价值越明显。为了适应市场变化，企业都将演变为一种高度灵活的动态组织，所有价值创造活动都处于一种变化之中，而集成则是应对变化的最有效方法，能够使动态的、复杂组织的管理逐渐简化，这也是数字化管理的价值所在。

1.3.2　企业数字化管理的实现手段——数字化管理系统

1. 数字化管理系统的特征

目前，数字技术已广泛应用于科研、医疗、交通、金融、军事等各个领域，并越来越发挥着举足轻重的作用。在企业层面，数字化管理已融入企业研发、生产、营销、服务的整个业务过程。企业数字化管理系统是在数据处理系统的基础上发展起来的，其特征是面向管理的一个集成系统，它覆盖了企业整个管理系统，对管理信息进行收集、传递、存储与处理，是多用户共享的系统，直接为基层和各级管理部门服务。管理信息系统不仅具有系统一般的特征，而且具有其特定的特征。管理信息系统具有以下特征。

(1) 它是一个人-机协同系统。在数字化管理系统中，需要充分发挥人和计算机系统的长处，一些工作由计算机系统处理，一些工作要由人进行处理，使人和计算机系统和谐工作。从技术角度看，数字化管理系统已是比较完善的系统，但应用到实际工作管理中后曾出现过许多失败的案例，其中很重要的一个原因是系统中的人的作用没有解决好。

(2) 它是一个综合系统。数字化管理系统是人和数字(信息)技术的综合体，也是计算机硬件与软件的综合体。它包括了管理人员、系统分析人员、系统设计人员、程序员和工作人员等，还包括了计算机、通信工具、网络设备等各种硬件设备；它不仅包括了各种系统软件、应用软件以及各种大数据、运筹学、人工智能模型，还包括了组织的规章制度和岗位职责等不被人所重视的软件。

(3) 它是一个动态系统。数字化管理系统是一种软件产品，因此它具有其他产品所具有的生命周期的特点。随着组织外部环境和内部条件的变化，可以通过对系统的不断维护，以尽可能延长其生命周期。但数字化管理系统的生命周期仍将会终结，需要在新的条件下开发新的管理信息系统，如此周而复始。

2. 企业数字化管理系统的主要类型

虽然数字化系统和数据处理在人类文明开始时就已存在，但直到计算机问世后，随着信息技术的飞跃和现代社会对信息需求的增长才得以迅速发展起来。从第一台电子计算机于 1946 年问世近 80 年来，数字化管理系统经历了由低级到高级，由业务处理系统到管理信息系统、再到决策支持系统，由数据处理到智能处理，由企业内部管理到向外拓展的过程。在此过程中产生的系统类型主要有以下几种。

(1) 业务处理系统(Transaction Processing Systems，TPS)。

TPS 出现于计算机问世后不久，其特点是数据处理的计算机化，目的是利用计算机存储量大、计算速度快的优点来提高数据处理的效率。从发展阶段来看，TPS 可分为单项数据处理和综合数据处理两个阶段。一是单项数据处理阶段(20 世纪 50 年代中期到 60 年代中期)。这一阶段是电子数据处理的初级阶段，主要是用计算机部分地代替手工劳动，进行一些简单的单项数据处理工作，如计算工资，统计产量等；二是综合数据处理阶段(20 世纪 60 年代中期到 70 年代初期)。这一阶段出现了大容量直接存取的外存储器。此外，一台计算机能够带动若干终端，可以对多个过程的有关业务数据进行综合处理。这时各类信息报告系统应运而生。信息报告系统是管理信息系统的雏形，其特点是按事先规定的要求提供各类状态报告，如生产状态报告、服务状态报告、研究状态报告等。

(2) 管理信息系统(Management Information System，MIS)。

随着数据库技术、网络技术的发展和科学管理方法的推广，计算机在管理上的应用日益广泛，数字化管理系统逐渐成熟。同时，计算机网络和通信技术的发展，使得组织内部的各级管理能够联结起来，而且能够克服地理界限，把分散在不同地区的计算机网络互联，形成跨地区的各种业务信息系统和管理信息系统。

MIS 最大的特点是高度集中，它能将组织中的数据和信息集中起来，进行快速处理和统一使用，其重要标志是有一个中心数据库和计算机网络系统，可以在数据库和网络基础上实现数据的分布式处理，并以综合报表向各业务部门中层管理者提供各类重要信息的查询。管理信息系统的另一特点是利用定量化的科学管理方法，通过预测、计划优化、管理、调节和控制等手段来支持决策。

(3) 决策支持系统(Decision Support Systems，DSS)。

早期的数字化管理系统实施并不如想象中那么顺利，失败案例比比皆是。通过分析人们发现，早期系统的失败并非由于系统不能提供信息。实际上 MIS 能够提供大量报告，但经理很少去看，大部分被丢进废纸堆，原因是这些信息并非经理决策时所需要的信息。当时，美国的 Michael S.Scott Morton 在《管理决策系统》一书中首次提出了"决策支持系统"的概念。决策支持系统不同于传统的管理信息系统。早期的 MIS 主要为管理者提供预订的报告，而 DSS 则是在人和计算机交互的过程中帮助决策者探索可能的方案，为管理者提供决策所需的信息。

由于支持决策是高层管理的一项重要内容，因而 DSS 无疑是数字化管理系统的重要组成部分。同时，DSS 以 MIS 管理的信息为基础，是 MIS 功能上的延伸。从这个意义上，可以认为 DSS 是把数据库处理与经济管理数学模型的优化计算结合起来，具有管理、辅助决策和预测功能的管理信息系统。近年来，随着人工智能、大数据技术的兴起，DSS 与神经网络系统、自然语言处理模型的结合越来越紧密，逐步向智能决策支持系统(Intelligent Decision Support Systems，IDSS)和群体决策支持系统(Group Decision Support Systems，GDSS)等方向发展，在智能检测、智能评价、智能决策等方面发挥着越来越重要的作用。

综上所述，TPS、MIS 和 DSS 各自代表了数字化管理系统发展过程中的某一阶段，至今仍各自不断地发展着。它们之间也存在相互交叉关系。首先，MIS 解决结构化管理问题，而 DSS 致力于解决非结构化问题；其次，DSS 和 MIS 需要的大量数据来自 TPS；再次，MIS 可以看成一个面上的辅助决策，而 DSS 是在一个点上支持决策。DSS 在组织中可能是一个独立的系统，也可能作为 MIS 的一个高层子系统而存在。

1.3.3　企业数字化管理的内容

1. 企业资源的数字化管理

企业资源指的是企业在向社会提供产品和服务的过程中所拥有的或控制的能够实现企业战略目标的要素集合，包括企业的生产资源、知识资源、财务资源等。通过对企业资源的数字化管理，将企业的知识资源和财务资源以网络化和定量化方法来实现其数字化和信息化，能给企业管理者提供需要的实时库存数据、财务数据、销售网络、产品生产流程、品质数据和售后数据等。企业的库存是否合理、财务是否健康、销售网络是否正常、生产流程是否顺利，售后网络是否完善，都可以通过数字管理系统来进行管理，最后实现资源的优化配置。

2. 企业管理行为的数字化管理

管理行为的数字化管理是指通过网络来实现企业的各项管理活动，通过建立有效的业务流程组织企业的各项生产经营活动，并在从事管理活动时量化管理行为，实现管理行为的可计算性。具体可表现在以下方面：

(1) 有效的运营监控及分析能力，全面监控现有运营流程，深入业务进行洞察分析，准确进行前瞻性预测；

(2) 通过灵活的数据模型与高效算法，对数据进行深度挖掘、分析，对业务走向进行精确推演，实现科学快速决策；

(3) 在统一的管理规则、数据标准、策略控制和管理的前提下实现对经营规则进行管控，并在企业内完成高效的协同与执行，实现敏捷指挥、任务直达、实时追踪、及时纠偏等一系列管理运营动作。

3. 企业管理主体的数字化管理

管理行为由人来执行，受人的影响非常大。也就是说，人的思想意识、知识水平、工作态度、工作效率、现有工作的完成程度、未来的工作目标、工作能力以及情绪等因素对管理行为执行的结果有着深刻的影响，也必然受到数字化管理的深刻影响。

具体而言，一线员工是数字制造者，原始数字的准确、及时的记录需要进行有效管理和评估；基层管理者是数字的处理者，原始数字的筛选、加工、上传需要有正确的操作方式；中层管理者是数字的组织者，数字的分析、判断、处理需要有合理的计算公式和处理技巧；高层管理者是数字决策者。数字化管理要注重企业管理行为的科学性和人性化，在管理过程中坚持以人为本的原则，对企业的科学规划、合理建设、民主管理和预案防灾等提供有理、有据、有可操作性的咨询和指导意见。

1.3.4　企业数字化管理的实施框架

企业数字化管理的个性化特征明显。到底该选择什么样的数字化策略，数字化架构如何搭建？这类重要问题最终取决于企业自身的特点，照搬任何一种数字化建设模式都会存在问题。从宏观层面看，企业数字化管理的实施需遵循如下框架。

1. 构建数字化组织体系

数字化组织体系按照企业资源划分可以分为人力资源管理体系、知识产权资源管理体系、客户资源管理体系、管理资源管理体系以及财务资源管理体系。企业在制定好数字化管理战略计划之后，需要逐步将这些企业资源管理体系纳入数字化管理进程，建立支持数字化管理的组织体系。在这一体系中，不仅要有负责数字化管理活动的领导人，承担制定数字化管理活动的计划和战略，还要组建专门的数字化实施小组，完成与数字化管理活动有关的建设任务。

2. 夯实数字化技术基础

我国大部分企业的数字化水平还处于较低的层次，尤其是对网络资源的开发和利用还没有引起足够重视，企业数字化基础与数字化管理的要求还相距甚远。与此同时，现行管理应用软件还无法完全满足不同类型企业的数字化管理要求，企业数字化管理缺乏真正有实用价值的信息管理工具。因此，企业数字化管理不仅需建立起支撑数字化管理的基础设施，还需有针对性地采用与管理体系相配套的数字化管理程序。值得注意的是，数字化管理在提供便利的同时，也可能面临着各类风险(如有许多企业在进行数字化技术改造的时候忽视了数字管理体系的安全问题)。一旦出现网络系统中毒、意外操作等情况，系统崩溃、信息丢失，后果将不堪设想。故而，企业进行数字化技术改造必须将安全性放在首位，从安全性出发，进一步夯实现有技术基础。

3. 形成数字化的业务管理流程

业务流程是指一组共同为客户创造价值而又相互关联的活动，企业是通过一系列业务流程来运作的。业务流程是组织设计的基础，所以数字化管理必须先从业务流程再造开始。业务流程再造就是对企业的业务流程进行根本性的再思考和彻底性的再设计，从而获得可以用诸如成本、质量、服务和速度等方面的业绩来衡量的重大成就。当企业运作流程数字化后，企业各部门之间的联系将趋于紧密，数据孤岛现象逐渐消失，并将促成运作成本的可计算、控制和管理，从而全面支持企业的业务流程再造。

1.4　我国数字经济发展的阶段、态势及挑战

自 20 世纪 90 年代以来，我国实现了与互联网的全功能连接。2000—2002 年，互联网泡沫在美国破灭，给美欧互联网行业造成严重打击。与此同时，我国互联网企业兴起，经过不到二十年的努力，中国在数字经济领域成功赶超部分先发国家，成为规模位居全球第二的数字经济领先国家。

1.4.1　我国数字经济发展的主要阶段

中国的数字经济发展大致经历了技术孕育阶段、爆发增长阶段和融合协同阶段。这三个阶段与全球数字经济发展逻辑大致相似，但由于基础设施、商业模式、具体国情等一系列原因，与数字技术发达国家在时序上存在差异。总体而言，在技术孕育和爆发增长阶段，时间上的滞后影响了中国数字经济发展的深度和广度。到了融合协同阶段，我国真正进入全球数字经济前沿领域。可以说，我国数字经济经历了模仿—自主创新—领导全球的发展路径。

1. 技术孕育阶段(1994—2004 年)

该阶段以一系列互联网企业的诞生为标识。如信息门户领域有搜狐、网易；即时通信领域有腾讯；搜索引擎领域有百度，等等。这些企业不断发展壮大，形成了中国数字经济的基本格局。这一阶段，一方面，我国政府就已经开始认识数字经济的未来价值，高度重视互联网基础设施建设，形成了数字经济发展的前提条件。另一方面，互联网企业在模仿国外商业模式的同时，结合我国超大规模市场、流通体制不发达、人力资本充裕等国情，创新形成了 B2C、C2C 发展模式。

2. 爆炸增长阶段(2005—2015 年)

2005 年 12 月我国上网用户总数突破 1 亿。2008 年 6 月底网民数量达到 2.53 亿，超过美国跃居世界第一位。该阶段，我国数字基础设施快速发展推动互联网应用向纵深迈进，网民的多元化应用又引发了对基础设施建设的强大需求，二者相辅相成推动了中国数字经济全面发展。以网络零售为代表的电子商务、门户网站、网上银行、网络游戏等业态加速发力，带动数字经济进入爆发增长阶段。

这个阶段我国数字经济出现三大变化，一是移动互联网兴起和智能手机普及，促使数字经济的发展向移动端转移。二是人工智能、大数据、云计算等技术为互联网平台数据整合机制的实施提供了支撑。同时，受益于中国经济高速增长、庞大人口红利，平台经济出现爆炸式增长，实现了从追赶到创新的跨越式发展。三是平台企业加大商业模式创新，产生了第三方支付、移动支付、网络游戏等具有中国特色的商业模式或营利模式，中国数字

经济发展优势开始显现。一些大型互联网企业开辟出新的经营领域，产生了微信、团购、短视频、直播等创新应用，在商业模式创新上从模仿式创新走向了自主式创新。

3. 融合协同阶段(2016 年至今)

该阶段，我国积极参与甚至开始领导全球数字经济治理。2016 年，在我国主导下，二十国集团首次通过《G20 数字经济发展与合作倡议》，明确了数字经济的内涵，提出合作中的一些共识、原则和关键领域，指明数字经济的特征，即为继农业经济、工业经济之后的主要经济形态。在此基础上，我国不遗余力地推进实体经济和数字经济融合发展。数字技术和实体经济深度融合，出现了产业融合、两化融合、两业融合、线上线下融合、农文旅融合、城乡融合等多种多样的融合发展模式。大数据、云计算、虚拟现实、人工智能等数字技术在各产业加速渗透，出现了在线教育、互联网医疗、线上办公、智能工厂等新产业新业态新模式，推动了传统产业数字化转型。

党的二十大报告提出，"加快发展数字经济，促进数字经济和实体经济深度融合，打造具有国际竞争力的数字产业集群"。我国政府积极探索数字经济治理体系建设，密集出台相关法律法规，对数字经济发展作出专项规划，《"十四五"数字经济发展规划》从顶层设计上明确了我国数字经济发展的总体思路、发展目标、重点任务和重大举措。

1.4.2 我国数字经济发展的态势

(1) 新型基础设施综合实力迈上新台阶。我国已建成全球规模最大、技术领先的网络基础设施。截至 2022 年 5 月底，所有地级市全面建成光网城市，千兆用户数突破 5000 万，5G 移动电话用户数超过 4.2 亿户。"5G+工业互联网"应用不断深化，截至 2022 年 6 月底，工业互联网应用已覆盖 45 个国民经济大类，工业互联网高质量外网覆盖 300 多个城市。

(2) 数字经济和实体经济融合步伐日益坚实。信息化和工业化深度融合这篇大文章越做越好，"综合型＋特色型＋专业型"平台体系基本形成。目前，我国具有一定行业和区域影响力的平台超过 150 个，连接工业设备总数达到 7880 万台套，平台创新发展生态持续繁荣。实施智能制造工程，孵化解决方案供应商超 6000 家，服务范围覆盖 90%以上制造业领域，推动智能制造装备市场满足率超过 50%，无人智能巡检、数字工厂、智慧矿山等新场景、新模式、新业态蓬勃兴起。

(3) 重点数字产业不断发展壮大。我国政府已推动成立开放原子开源基金会，孵化了鸿蒙、欧拉等一批重量级开源项目，网上购物、在线教育、远程医疗等"非接触经济"全面提速。2021 年，全国规模以上电子信息制造业增加值比上年增长 15.7%，增速创下近 10 年新高；软件和信息技术服务业、互联网和相关服务企业的业务收入保持了 17.7%和 16.9%的高增速。

(4) 数字经济治理取得积极成效。数据安全法、个人信息保护法等法律相继出台，《"十四五"数字经济发展规划》正式印发，政策体系不断优化。制定发布《工业和信息化领域数据安全管理办法(试行)》，组织基础电信企业开展数据安全标准贯标工作，指导 660 余家企业开展数据安全合规自评估，开展"断卡 2.0""打猫"等专项整治行动，切实保障人民财产安全。

1.4.3　我国数字经济发展中面临的挑战

1. 数字经济关键核心技术创新能力亟待增强

数字经济主导技术路线和关键技术是体现一国数字经济竞争力的核心指标。首先，除了少数领域外，我国数字关键核心技术对外依存度较高，高端芯片、工业控制软件、核心元器件、基本算法等 300 多项与数字产业相关的关键技术仍然受制于西方，数字技术的产业化应用、工程化推广、商业化运作缺乏体系化推进，对我国数字经济发展安全稳定性形成挑战。其次，过去十多年，我国数字经济的崛起主要依靠以 5G 为代表的"软硬件一体化"数字经济技术路线选择以及庞大的数字经济基础设施。然而，为了避免与我国正面交锋，西方发达国家正凭借其在基础软件和芯片技术上的优势，企图重构全球数字经济技术路线，极力倡导以"开源"取代"软硬件一体化"。因此，我国数字经济底层技术逻辑受冲击风险大。

2. 数字技术与实体经济之间的融合程度有待提升

我国数字经济规模虽稳居全球第二，但整体上数实融合程度还比较低，发展还不平衡。《中国数字经济发展白皮书》显示，2021 年我国一、二、三产业的数字经济渗透率分别为 9.7%、22.4% 和 43.3%，较 2020 年分别提高了 0.8、1.4 和 2.6 个百分点，但是一、二产业数实融合程度较低且增速明显慢于第三产业，极大地影响了劳动生产率的提高。《全球数字经济白皮书(2022 年)》显示，全球一二三产业的数字化水平最高分别超过 30%、40%、60%，我国三次产业数字经济渗透率与发达国家差距较大。

3. 数字治理体系和监管规则亟须健全

数字规则是数字经济时代掌握话语权的重要制度基础，但是我国数字规则存在与数字经济发展地位和速度不匹配、不适应的问题。一是国际上发达国家把持数字规则严重冲击我国数字治理体系。全球数字规则已形成欧盟模式和美国模式"二分天下"的局势，我国数字经济话语权较弱。欧美利用数字规则域外效力主导全球数字经济竞争方向，直接影响我国数据主权安全。二是我国数字制度建设滞后于数字经济发展，成为数字经济发展的掣肘。当前关于数据权属确认、数据交易规则、数据流通体系、数据安全监管等制度体系、法律法规以及标准规范等还不健全，数字经济企业间不同的业务框架和系统导致数据联通、整合与共享不足，"数据孤岛"现象依然严重。

1.4.4　我国数字经济发展的对策建议

首先，要加快数字核心技术攻关，超前部署关键基础设施。一是要坚持执数字关键核心技术自主创新之"牛耳"，加大数字技术基础研发投入，打好关键核心技术攻坚战，深入推进 5G、人工智能等数字经济关键核心技术研发和标准研制，牢牢掌握关键技术自主权。二是系统梳理和研究符合我国国情和安全的数字经济技术路线，适度超前部署数字基础设施建设，扩大数字经济技术发展底层逻辑优势，加快构建高速泛在、天地一体、云网融合的 5G 网络、算力网络，加快推动数字核心技术在工业领域应用。

其次，推进数实融合向纵深发展，释放数字要素发展潜能。发挥数实融合核心价值，通过数字化技术赋能，带动产业链、供应链、创新链、价值链全面升级，提升经济发展的韧性；聚焦人工智能、大数据、区块链等数字核心产业，加强面向多元化应用场景的技术融合和产品创新，丰富数字技术应用场景；激活数据要素潜能，提升数据要素赋值企业发展贡献度，加快培育制造业转型服务生态，布局数字化转型促进中心，降低中小企业数字化转型门槛。

再次，完善数字经济治理体系，扩大数字经济自主权。一是持续完善数字经济治理顶层制度设计，针对数据确权、数据定价、数据交易、数据安全等数字经济发展中出现的新情况、新问题，加快构建全方位、多层次、立体化的制度监管体系，提高数字化发展效能。二是推动数字治理从实体空间向网络空间延伸，构建符合数实融合发展新需求的数据治理模式，加强通用人工智能、数字身份、数据要素等关键技术标准研制，打通数实融合规则和标准接口。三是积极参与和推动数字经济全球治理，抓住数字经济国际规则制定的机会窗口，在全球数据治理、网络空间治理等重点领域，积极参与制定国际标准和规则，贡献我国数字经济治理经验和智慧，加快构建开放、兼容、安全、高效的全球数字经济治理体系。

本 章 小 结

数字经济是继农业经济和工业经济之后人类社会主要的社会经济形态，它是以数据为关键生产要素，不仅为消费者创造了"实景型"消费新体验，更提升了整个社会产业链的效率和安全性，促进了全球资源配置的优化，催生了各种新产品(服务)、新模式、新业态。

数字经济是建立在大数据、区块链、云计算、物联网、人工智能等数字技术基础之上的生态产业链。数字技术可视为信息技术发展的高级阶段。两者在技术体系、技术与业务关系、覆盖范围、需求和目的以及数据价值方面存在着显著差异。

从企业层面来看，数字化管理是在传统企业管理理论的基础上，充分利用各种先进的信息技术和数字技术，量化管理对象与管理行为，实现计划、组织、协调、控制、创新等职能的管理活动和方法的概称。从发展进程来看，企业数字化管理系统可分为业务处理系统、管理信息系统和决策支持系统三种类型。相对于传统管理，数字化管理具有系统管理、量化管理、人工智能管理、系统集成管理、实时动态管理等显著特点。进入数字化时代，不仅生产、知识、财务等企业资源可通过数字化系统来管理，就连企业管理行为、企业主体也将呈现数字化趋势。

从世界主要国家的数字经济进程来看，美国的数字经济规模多年蝉联世界第一，中国现已稳居世界第二，经历了技术孕育、爆炸增长以及融合协同三个阶段。尽管呈现出了良好的发展态势，但我国的数字经济仍然在技术层、应用层和制度层存在诸多挑战。未来可以从加快核心数字技术攻关，推进纵深数字融合、完善数字经济治理体系，扩大数字经济话语权等方面采取积极应对措施。

课 后 思 考 题

1. 试论述数字经济对我国制造型企业运营管理的影响。
2. 信息的价值如何进行衡量？
3. 数字化管理与信息管理的差异如何体现？
4. TPS、MIS、DSS 各具有哪些特征？它们的区别和联系是怎样的？
5. 我国数字经济的发展机遇与挑战有哪些？可举例说明。
6. 数字经济时代的来临，对传统行业分类产生怎样的变化？

第 2 章

企业数字化转型

学习目标

(1) 掌握数字化转型的内涵与特征。
(2) 熟悉企业数字化转型的四种模式。
(3) 了解企业数字化转型对不同类型行业企业的影响差异。
(4) 理解企业数字化的实施框架与演变路径。

本章导读

在现有的经济体制下，企业作为市场经济的重要参与主体，其数字化建设是决定社会数字经济发展的核心要素。在不断加强的政策支持以及日益发展的数字技术驱动下，企业数字化转型的浪潮已经来临。数字化转型是企业整体业务转型战略的关键组成部分，可以帮助企业捕获新的市场机会，构建全新的商业模式以帮助企业在未来商业市场中占据优势地位，是企业提升创新绩效、经济绩效乃至社会绩效的重要途径。然而，企业数字化转型是一项复杂的系统工程，受到技术、文化、领导能力等多维因素的影响，不同企业开展数字化转型的动机不尽相同，推进数字化转型的模式和路径也存在差异。本部分在阐释企业数字化转型基本概念的基础上，归纳数字化转型的四种模式及推进动力，凝练企业数字化转型可依赖的一般框架，并进一步从框架中分解出实施步骤及演化路径。

2.1 企业数字化转型概述

2024 年 2 月，中国互联网络信息中心(CNNIC)发布第 43 次《中国互联网络发展状况统计报告》。《报告》显示，截至 2023 年 12 月，我国网民规模达 10.92 亿人，较 2022 年 12 月新增网民 2480 万人，互联网普及率达 77.5%。与此同时，以大数据分析、人工智能技术和云计算为代表的数字技术随之发展，数字经济的发展态势愈发迅猛。作为经济社会发展的微观主体，数字时代的到来对企业而言既是机遇，也是挑战。现阶段数字化已经渗透到企业运作管理的方方面面。从企业内部到外部产业链，从创新发展到生产经营，再到资源配置、商业模式、组织机制等，均将迎来一场数字化管理的改革。数字化转型是企业真正实现高质量、跨越式发展的首要条件。

2.1.1　企业数字化转型的定义及主要观点

企业数字化转型(Digital transformation)建立在数字化转换(Digitization)、数字化升级(Digitalization)基础上，是以大数据、物流网、5G、智能化等数字技术为依托，触及企业核心业务层次的一种高层次战略转型。数字化转型的目标为开发数字化技术以构建一个富有活力的数字化商业模式，对其业务进行系统性、彻底的(或重大和完全的)重新定义——不仅仅是数字技术，更是对组织活动、流程、业务模式和员工能力的方方面面的重新定义。以下为关于企业数字化转型的一些基本观点。

1. 建立"数字孪生"

当下，数字化转型的目标不仅是将线下的信息转到线上，而是更注重利用自动化、智能化及移动技术，根据环境和基础设施的变化来重新定义企业业务。从这一层面，企业数字化转型的本质可以理解为建立"数字孪生"(或"元宇宙")：将基于物理世界的企业采集到的数据传输到数字世界中汇集起来，在数字世界中还原和重建，并运用可指数级增长的计算能力去做大量分析、计算、建模等处理，最后再让数字世界产生的结果在现实物理世界中发挥价值。

随着互联网中海量数据的不断产生、用户交互方式的多样化，客户需求随之增长，企业就需要更多、更深层次、更丰富的数字化服务来完善各个业务环节的服务，这为"数字孪生"提供了需求基础。从商业角度而言，技术最终还是要服务于业务，但技术发展的周期可能无法与业务发展的周期完全贴合，从而出现"有技术无场景"或"有技术缺监管"的问题。因此，从行业角度而言，企业在数字化转型时首先要对自身能力及资产数据现状做盘点，再选择适合的转型路径或服务商；而服务商则需要贯穿到每个行业的数字化路径中，从前期整体战略咨询到转型过程中的深度支撑都要到位。

2. 先"资产数据化"再"数据资产化"

在数字经济大背景下，大部分企业已沉淀了一定体量的数据及资产。但数字化转型作为企业顶层战略，必然要重新规划及设计架构。因此，当前企业数字化转型主要遵循先"资产数据化"再"数据资产化"的原则。所谓"资产数据化"，是指企业需要有顶层规划，以及对自身能力、数字化转型的现状和未来目标的基本考量，并对企业自身整体资产现状做盘点，以"数据化"形式加以存储和利用。有了较清晰的战略和策略后，才能够选择相应的工具及服务进行数字化转型的下一步。"数据资产化"则是指当企业已经可以用标准的数字化方式去统计、分析与运营时，即可逐渐进入"数据资产化"的阶段，让运营过程中存量沉淀下来的、持续产生的数据产生可量化价值，并在量化这些价值的过程中不断去调优、分析每一次运营效果的优劣，以此调整经营策略，进而让经营业绩更上一层楼。进入良性循环时，数据的价值变得可衡量，某种意义上就实现了"数据资产化"。

3. 以"数据驱动"改变决策方式

数字化转型前，企业的经营决策很大程度上依靠经验或灵感，决策的效果具有很大的偶然性，没有可量化的标准。随着互联网企业通过数据来驱动决策和运营的方式兴起，这个过程中所产生的可量化效能愈发明显，许多传统企业意识到了他们原本决策方式存在的问题，随之带动各行各业开始重视数据的使用。数据驱动业务的核心在于企业不同业务板块之间的协作性。无论是在消费侧还是供给侧，如何用数据更好地去驱动决策的发生，且能将整个决策链条闭环，让所有决策的链路都可量化、可优化，"数据驱动"让经营决策变得"有理有据"。

2.1.2　企业数字化转型的四种模式

数字化转型是一项战略变革，必须从转型深度和广度这两个维度进行度量。变革深度需考虑行业变化、不确定因素、变化可塑性和可预测性等方面，分为幅度较小的增强式变革和幅度较大的重塑式变革。变革的广度主要是指在哪些层面进行变革。一种方式是重点突破，另一种方式是全面推进。从以上两个维度出发，可以确定四项数字化转型的策略，具体包括精益式转型、增强式转型、创新式转型和跃迁式转型。如图 2.1 所示。

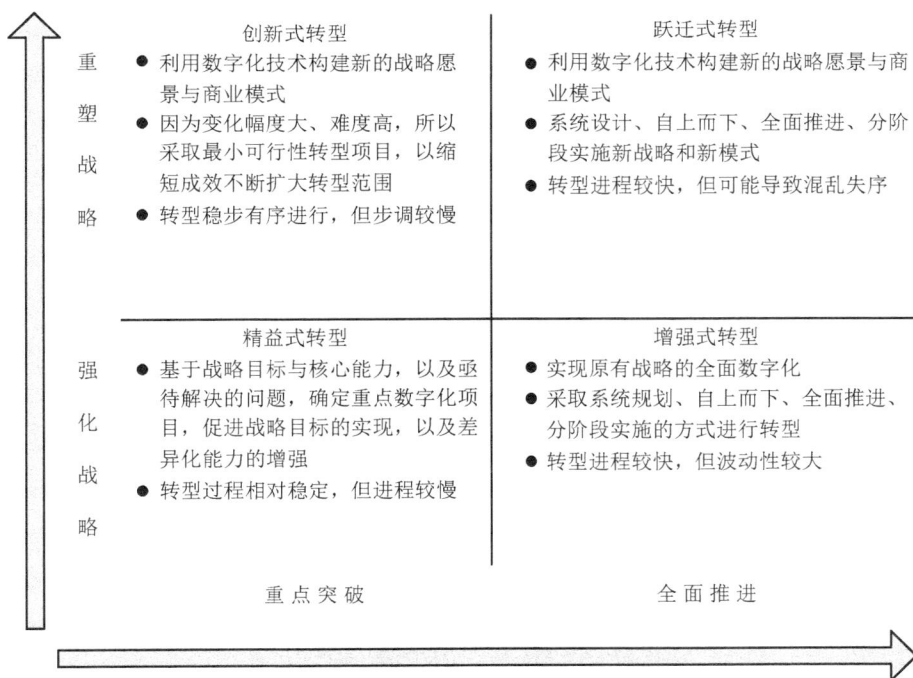

图 2.1　数字化转型策略矩阵

1. 精益式转型

精益式转型模式下，企业基于战略需要，从产品和服务、生产方式、管理方式或商业模式层面，找到重要和急需的场景进行数字化变革，从而更强有力地推动战略目标的实现，强化企业的战略优势。这是目前数字化转型中企业广泛采取的一种策略。精益式转型的最大优势在于转型的深度和广度都较小，可以短期见效，通过一个个场景的成功，帮助企业迅速看到数字化的价值并认同数字化转型的必要性，赢得更广泛的变革积极性和主动性，为后续更深层的数字化转型奠定基础。精益化转型策略的劣势在于进度相对缓慢，缺少战略高度。然而，实践证明，在数字化的探索过程中是可能催生战略性变化的。例如，为了提高销售，人们进行用户数据的分析，从中可能发现用户的新需求，为研发新的产品、提出新战略主张带来契机，所谓"小变积大胜"。

采取精益式转型策略需要把握两个要点：第一是进行场景优先级规划，即梳理可能的场景，找到哪些场景是重要的，哪些是急需的，哪些是短期可见效的，从而确定数字化转型的起点和优先性场景；第二是"效果可视化"，当每一场景数字化活动成功时，哪怕是阶段性成功，都要将其效果和价值通过可视化的方式传播出去，这样做可以证明数字化的价值，提高变革的认同度和支持度，这个过程也是塑造数字文化的过程，可以促进后续的全面数字化转型。

知识扩展

2. 增强式转型

与精益式转型类似，增强式转型也不涉及战略与商业模式层面上的变革，不同的是，增强式转型对全场景采取齐头并进式的数字化升级。这种转型通常是由中层骨干与数字化专家推动完成的，变革更加系统化，如果推动得力，往往可以更加快速地彰显数字化的巨大价值。不少企业倾向于采取这种转型策略，期待变革整体性地、快速地完成。这自然是好的，但是企业需要对自身特点有深刻的理解。

特别需要注意的是，采取增强式转型策略必须将战略作为第一焦点。转型之初，必须保证战略是明确清晰的，这样才能有的放矢地应用数据技术，使数据技术能够真正地服务于战略，真正地增强企业的竞争优势。如果无法建立战略与数据技术的适配性，那么会导致两个问题：一个是数字化转型的效果不理想，可能使人们产生对数字化价值与前景的怀疑，影响变革信心；另一个是导致资金、资源和人力的浪费。例如，某家企业从多个层面进行数字化探索，包括智能制造、组织、流程等，并自认为其管理比较高端，但是其业绩并没有提升。其问题就出现在战略层面，只有彻底地、正确地搞清楚企业战略，数字化尝试才有意义。

3. 创新式转型

与前两种转型策略不同的是，在创新式转型中，战略与商业模式层面发生了本质性的变化。采取这种转型策略的企业，一般其竞争领域已经或者即将发生巨大变化，原有的竞争优势正在被摧毁，如果不快速进行战略变革，很可能失去现有的市场地位，甚至被淘汰出局。创新式转型是保持"持续性竞争优势"的关键。有学者研究了美国 40 个行业、6772 家企业的数据后发现，在美国，虽然确实有一些企业具备持续性竞争优势，但数量极少，仅占企业总数的 2%～5%。

当下，企业的竞争环境变得更加动荡，企业必须不断认知竞争环境的变化，并及时做出有效的战略决断，才有可能转化为"持续性竞争优势"。过去，企业通常利用迈克尔·波特提出的五力模型分析和认知竞争环境，但这一模型是一种静态理论，它假定产业结构是既定不变的，这显然已经不适用于当下。每个行业都正在或者即将被数字化技术重构和刷新，行业间不断发生跨界和融合，也在形成新的行业格局。无论是面对传统行业的重构，还是面对新兴行业的生成，都需要一种新思考框架，将问题落在商业模式的创新设计上。

4. 跃迁式转型

跃迁式转型策略是最具挑战性的，它将使得商业模式、产品、服务、生产方式和管理方式都同步进入变革状态。该模式既能带来巨大成功，也能带来极大风险，需要企业采取更加审慎的态度，对商业环境、内部环境、自身能力进行评估。可从以下几个维度着手。

(1) 领导维度。企业最高领导及管理团队应鼎力支持数字化转型。跃迁式转型对企业是一种巨大的变革，会涉及许多人的切身利益，需要领导者具有强烈的意愿进行持续推动，明确数字化愿景与方向，鼓舞全员保持努力探索的热情，以及提供强大的资源支持等。跃迁式转型毫无疑问是企业的"一把手工程"。

(2) 文化维度。采取跃迁式转型这种挑战性比较大的转型方式，需要有强大的文化基础。一是变革型文化。即全员接受变化和风险，具有变革的热情和动力。二是试错型文化。鼓励员工尝试和探索如何利用数字化技术，允许失败，反思失败，不断迭代。这里需要一种"犯错的艺术"，即犯"正确的错误"，有价值的错误，这样才能带来高质量的反思。三是数据型文化。管理者要相信数据的力量和价值，全员能够把数据利用作为一种基本的、普遍的工作能力。

(3) 能力维度。跃迁式转型需要更强的数字化能力，当然数字化能力建设也需要一个过程。技术本身会不断发展，各种技术对企业来说是否需要、是否合适这都是需要考虑的。企业需要动态评估自身的数字化能力，包括数据治理水平、硬件设施、人才储备等方面，从而与数字化战略更好地相匹配。

2.2 企业数字化转型的根本动力

2.2.1 创新需求

企业数字化转型既有内在动因，也有外力驱动。内在动因是企业的市场份额下降、产品滞销、渠道成本过高；外力驱动包括消费者的个性化需求、竞争对手的精准市场投放、跨界领域的产业互联等方面颠覆原有的商业逻辑等。在数字经济环境下，不论是数字原生企业，还是数字化转型企业，都必须具备全方位、体系化、平台化的创新能力，包含组织创新、产品创新、业务创新、服务创新、模式创新、技术创新、场景创新等。

例如，原来某企业活动的大体流程是：市场部经过市场调研做出策划方案，找广告主进行广告推广，或找地推人员对商品和品牌进行地面推广。通过地推可覆盖企业周边 3 公里半径的区域，一般需要 10 名地推人员，可能要持续 1 个月的时间。在数字化环境下，具有创新思维的企业可以随时开启秒杀、团购、抢红包等活动，而且是线上线下同时开展的，持续时间只有 1 分钟、1 个小时或 1 天，只需要 1 名运营人员，还可以实时在线监控活动的过程，大大提高了运营效率。这种方式就是以用户需求为导向的。就这么一个简单的场景变化，需要企业打破原有的组织壁垒进行高效协作，实现扁平化，这是组织创新；需要技术部门提供稳定、安全、不卡顿的购物体验技术，这是技术创新；需要市场部门针对不同用户、不同区域、不同品类进行更精准营销，这是业务创新。

2.2.2　中台技术

数字化转型企业必须清醒意识到两个技术问题：一是强大的技术平台；二是全网的数据运营能力。中台是能力的枢纽和对能力的共享，是将企业的各种资源转化为易于前台使用的能力，为企业进行"以用户为中心"的数字化转型服务。大量数据从业务系统中产生，而业务系统又需要数据分析的结果。数据中台用技术连接大数据计算存储能力，用业务连接数据应用场景能力。数据在数据中台上按照标准模型进行规范加工处理后需要服务于多种场景，同时也需要提供标准的数据服务接口将数据与应用场景连接起来。所以，连接是中台技术的根本能力，也是中台技术最大的价值。

2.2.3　产业互联

不同产业之间的互联是企业业务边界拓展的最重要途径，是促进企业内的人、物、服务，以及企业间、企业与用户间互联互通、线上线下融合、资源与要素协同的一种全新产业发展方式。产业互联正逐步重构传统产业的业务协作关系和产业价值模型。以最传统的农业领域为例，产业互联网将从根本上改变农业企业与上下游的服务与合作模式，不断改变着农产品的价值实现方式，同时也推动新型农业合作体的发展。另外，运用传感设备和大数据技术，科学化、规模化地开展农产品的生产，触达消费者端时提供更加健康、新鲜的农产品。产业互联的发展将再造农产品流通形态，拓宽农产品销售渠道。

从发展的角度看，产业互联还处在从萌发到成熟的发展阶段，在未来十年，随着技术发展、消费互联的逐渐饱和，更多企业会利用其独立的行业优势和壁垒，快速发展自身的产业互联数字化业务。

2.2.4　生态运营

传统企业管理以往是基于专业化分工进行的，更多是追求效率提升、风险控制。而未来企业的管理首先是基于连接的，整个人员、组织形态也在向开放、生态方向进化。未来的商业竞争是基于多向的非线性价值网络的，在层层相关的价值网络中，客户位于价值链中心，为了创造更多的增量价值，需要开放与共享，企业也必将向共生、共赢、共创方向进化，这就是企业的生态化运营。重构企业生态体系的最终目的是在如今经济新常态的市场竞争中占据优势，实现企业的自我净化。由于企业生态体系中所涉及的行业跨度大、用户群体复杂，通过传统的合作和管理很难达到预期的效果，因此就需要数字化平台赋予全域全触点的用户以连接能力。

2.3 企业数字化转型的特征

2.3.1 企业数字化转型的行业特征

埃森哲(Accenture)在《2019 年中国企业数字化转型指数研究》报告中，把数字化影响的所有行业分成四大类(见表 2.1)，基本反映了数字化对各类行业与企业的影响程度。

表 2.1 受数字化影响的行业及形态

类别	形 态	代表行业
I 类	数字化颠覆已经基本能完成的行业	高科技、软件平台
II 类	数字化颠覆即将发生的行业	公共事业、自然资源、资本市场
III 类	数字化颠覆会持续发生的行业	零售、银行、保险、交通运输
IV 类	数字化颠覆影响较低的行业	基础科研、生命科学和化工等

第一类是数字化颠覆已经基本能完成的行业，如在高科技产业领域的行业及企业，不实现数字化转型的企业必然遭到市场的淘汰。典型的如美国柯达公司，不及时跟进数码相机的市场变化，最终被摄影装备数字化浪潮所抛弃。

第二类是数字化颠覆即将发生的行业，譬如社会治理方面的公共事业部分，数字化转型已经见到实实在在的成效，政府治理的手段与时效性得到空前提升。在生态治理与保护方面，数字化的应用范畴日益广泛，企业"三废"治理技术改造与环境监管的数字技术手段大量运用，成为生态环境治理水平提高的重要路径。

第三类是数字化颠覆会持续发生的行业，譬如人们生活中的电子商务、网络银行、无线移动支付等，已经极大地冲击了传统商业模式与形态，大量重复性与可流程化工作迅速被数字技术与手段所替代。

第四类是数字化颠覆影响较低的行业，如体系相对独立的基础科研等行业。该类行业数字化路径向行业前端或后端功能增强转型，目的在于提升客户体验与产业化转化市场效率。

普通案例

2.3.2 企业数字化转型的组织变革特征

数字化是新一代通信技术和先进科技对企业经营方式的根本性改变，是企业运用数字化技术重塑战略、流程、组织和模式的全过程。企业推进数字化转型的核心是通过构建数据处理与运用的能力形成全新的价值创造体系，进而形成强大的市场拓展与控制能力。组织变革的特征主要体现在以下三方面。

(1) 数字要素的主导地位已形成。这将打破企业由传统劳动力、资本、技术要素驱动的路径依赖，向新型数据要素驱动方式转型，企业开拓市场的能力将主要在数据收集、整理及运用等方面得到体现。

(2) 企业组织的构架发生较大变化。传统科层制管理模式将逐渐被扁平化自组织形态取代，企业管理效能得以提升，基层组织与员工创造力得以释放，企业经营决策与执行力也得到极大增强，市场洞察与反应能力更为强大。

(3) 企业经营决策的方式发生根本性变化。管理与决策层凭经验认知与决断的决策模式，将被依托数字化与智能化系统形成的市场决断机制所取代，而企业领导者的作用更多体现在数字化思维培养与发展路径选择上，以更为合适的企业组织架构形成企业数字化转型的高效通路。

2.4　企业数字化转型的基本架构、实施步骤与路径分析

企业数字化转型既是高层战略决策的难点，也是数字化革新参与者的困惑所在。必须从"点—线—面—体"空间层次来把握企业数字化推进步骤，从系统化构建层面来理解企业数字化的模块组成及运行机理，从价值链视角观察企业数字化改造环节及系统集成。以下详细介绍企业数字化转型的基本构架、实施步骤及具体路径。

2.4.1　企业数字化转型的基本架构

企业数字化转型不是简单的技术革新与企业新技术的应用，而是以数据要素为新型生产要素，对企业战略思维、组织架构、业务流程、商业模式等产生全方位冲击和影响。企业数字化转型是企业整体运营思维的变革，既是战略性的转型，又是系统化的战略、组织与业务流程的重构过程。虽然企业数字化转型具有"千企千面"的不同特性，但数字化转型较为成功的企业的经验与特点具有共性，成为企业推进数字化转型可资借鉴的基本架构。如图 2.2 所示。

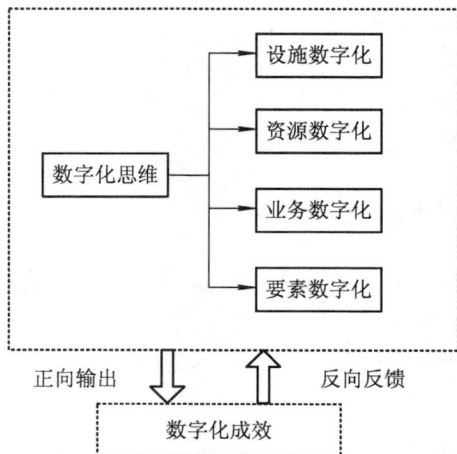

图 2.2　系统思维下的企业数字化转型架构

1. 数字思维与系统化思维是企业数字化转型的先导

数字思维是企业决策层破解现代企业经营管理难题的必备条件。传统企业面临生产与市场问题时，习惯于从传统生产要素与流程中寻找原因。但溯其本源，往往是企业生产经营方式已经难以跟上互联网时代数字经济发展变化。企业只有以数字化思维进行自我审视，才可以发现生产经营活动中的症结所在，从而找到数字化改造的合理方案。

系统化思维与数字化思维彼此是相辅相成的。企业数字化是企业战略、组织、生产与业务流程的整体再造，不是某个生产经营管理环节单一的数字技术革新与赋能。数字化转型是现代企业系统化技术革新的重大工程，关系企业在数字经济时代的生存空间及其在市场中的地位。统一思想观念与认识，确立数字化发展的战略目标、步骤与任务，明确企业合理的数字化发展路径，制订要素投入计划，并通过强有力的执行机制将之实施到位，是数字化整体推进的必要流程。因此，必须在系统化思维指导下强化顶层设计和制度安排，在企业管理层形成具有强大执行力的实施团队，保障企业数字化转型带来的变革成效。

2. 企业数字化转型是由若干数字化模块组成的系统工程

企业数字化转型包括设施数字化、资源数字化、要素数字化和业务数字化几大模块。

(1) 设施数字化是基本硬件配备。企业借助新一代通信网络及数字技术(如云计算、大数据、5G、物联网、区块链等)构建数字化硬件平台，硬件设施的系统、接口、协议等要实现标准化，并紧盯前沿推动技术升级，提升数字化装备与安全防护能力，形成强大支撑。

(2) 资源数字化是企业设施与流程的虚拟化。把企业设施转化为数字语言，形成数字化与智能化控制基本架构，推动生产经营资源全过程的虚拟化、结构化。包括诸如系统、设备、物料等，向平台云端迁移资源数据，形成产业链共享的资源库与数据池，进而实现高效聚合、调动与配置资源。

(3) 要素数字化促使各生产经营要素转化为数据管理对象，以节点方式形成企业数据平台架构。数据资源应该集中存储、统筹管理和有效处理，以数据充分融通支持企业数据应用的连续创新。

(4) 业务数字化是数据开放利用的基本要求。企业研发、生产、管理、售后等业务流程都要依托数据驱动进行流程再造，数据成为企业核心价值创造的新要素，数字业务可极大提升企业价值增值空间，衍生出协同研发、数字孪生车间、智慧管理、场景服务等诸多新型业务环节。

3. 获取创新、经济和社会效益是企业推进数字化转型的三大目标

创新效益是企业数字化最为积极的成效。数字化促使企业协同创新能力得到极大提升，产品研发能力增强、研发周期缩短、研发成果产业化应用效果显著。经济效益是企业数字化转型的基本动力。数字化优化了组织架构和生产流程，运营成本得以精确控制，能耗物耗更为降低，要素配置能力与水平不断提高，企业产品品质、服务内容、品牌价值在数字技术加持下，增值效应凸显。社会效益既是数字化改造社会属性的体现，也是企业在数字化过程中履行的社会责任和价值的呈现。

作为反馈与检验的标准，可以把各类数字化成效作为企业修订数字化战略与方案的重要依据。既可以通过对照数字化改造之前的数值发现

思政案例

问题，也可以通过比较手段，在行业及企业之间以数字化改造成效作为参照值，寻找需要改进与完善的地方。

2.4.2　企业数字化转型的实施步骤

在数字化成为大趋势的巨大推动力作用下，企业的数字化转型也在循序渐进地发展，企业数字化转型的具体实施步骤主要包含以下几个阶段。

第一阶段，数字化转型的起步阶段。企业根据市场需求与生产运营配套的结合，将数字技术在各类工具、生产设备、应用软件及各个岗位上进行赋能，这也是数字技术为企业所接纳的发展过程。数字化技术介入企业生产经营环节，必定经历冲突和磨合阶段，尽快推动数字技术与企业生产经营环节融合，提高企业数字化应用水平与效率，是企业管理层要密切关注的重点，管理团队和技术团队以及第三方支持体系要建成及时反馈与协调处理机制。

第二阶段，数字化转型的发展阶段。企业数字化发展进入一定规模，对数据收集处理及应用有更高要求，管理层要关注数字化的提升，对数字化应用平台和系统环境进行深度改善。在这个阶段，规模较大的企业一般会加快数据平台及处理应用系统构建，成长为头部领军企业，形成对市场及行业数字化应用的优势地位。而大量中小企业则通常借力第三方数字技术与软件公司，对业务流程数字化进行方案调整与优化，对相关数据平台及软硬件应用进行升级与效用提升。

第三个阶段，数字化转型的深化阶段。在这一阶段，数字化平台深化应用与硬件提升成为企业数字化转型的关键节点，拓展企业核心业务范围、促进核心业务增值是企业数字化工作的重心。

第四阶段，数字化转型的成熟阶段。管理层可依托数字化进阶产生的推力，着重消除生产运营的边界，对企业进行全流程再造，推动在商业模式、组织模式、生产模式、业务模式等方面的全方位创新。企业发展边界得以拓展后，可形成强大的行业溢出效应，使行业发展水平和产业集群核心竞争力显著提升。

2.4.3　企业数字化转型的路径分析

数字化转型实施路径要以全局为视野，直观、系统地展示企业数字化转型所包含的阶段，每个阶段的目标以及所包含的数字化项目，以及每个项目的周期和时间关键节点。因此，企业数字化路径的推进一方面需要不断优化行业价值链，另一方面需要构建开放协同的数字生态系统。

1. 优化行业价值链数字化

企业数字化转型是全产业链的数字化改造组合，既有线上企业流程化的分解与协作，也有企业自身生产与经营特点的数字化技术实施规范与要求。各个企业在行业与产业链中扮演不同角色，在行业价值链中发挥不同的作用，相互依托，互为支撑。从价值链观察企业数字化应用节点与环节，能够看出更为清晰的数字化演进路径。不同企业在行业中担当不同角色，体现在行业价值链的构成上。价值链从原料采购、产品研发、部件加工到成品制造，最后配送到客户手中，形成价值链上下游各企业间的分工与协作关系。

在行业价值链中，各环节的企业数量会随着竞争激烈程度变化而增减，进而决定利润率的高低、利润的大小。与行业价值链相对应的则是企业价值链，它是客户愿意为产品或服务付费的，能够增加客户价值的业务关键环节，也是企业核心竞争力所在。把企业价值链按照职能逐项解开，基本可由设计研发数字化、生产物流数字化、管理数字化、营销数字化、渠道数字化、用户服务数字化等模组构成。每个部分与环节都可以在数字化转型中找到合适的数字化解决方案，可以利用数字化技术对企业生产经营进行全方位改造或优化。企业通过系统化、精准化的数字技术嵌入，形成独具特性的数字化应用体系和竞争优势，在产业链、价值链中获得日益显著的行业地位。

2. 构建开放协同的数字化生态系统

价值链数字化既是数字技术赋能过程，也是共建开放协同的数字化生态系统过程。

在产品的设计研发阶段，企业可以采用数字化技术，通过市场需求的大数据分析，找到企业产品创新与消费者需求变化的结合点，再由设计人员运用数字化的设计技术手段，如 CAD、3D 放样、VR/AR、电脑仿生等数字技术工具，设计出贴近消费者与市场需求的产品；又如，在生产制造阶段，企业可以通过数字化的技术进行设备改造升级，强化工业互联网与物联网建设，构建智能工厂、无人车间，提升生产流程的智能化与自动化水平，促进产品质量与生产效率提高。

在生产与市场管理环节加大数字化技术与设备的供给，如协同办公 OA 系统、BI 仪表盘、渠道数字化、用户数字资产化、CRM 数据库、远程诊断与维修、智能化定制等，都将极大地提升企业的生产与经营管理效能，给企业带来全新的运行机能与经营效率。由于数字经济具备数据集成控制的分布式、网络构建的开放性、技术创新服务的协同化以及数据分析处理的云端化、中心化，因此企业数字化应用系统构建过程就是与行业价值链数字化生态系统的交互成型过程。要按照管理与技术有机融合、加快数字化基础设施建设、促进行业数字化生态协同、构建更加开放共享的行业生态原则，制定企业数字化转型的核心战略与长远计划。

本 章 小 结

大数据、云计算、物联网等新一代数字技术的不断发展，"中国制造 2025 伟大规划"和"互联网+"概念的正式提出，再加上新冠疫情后对全球的影响，越来越多的业务由线下转到线上完成，许多企业的数字化转型由"选择题"变成"必答题"。数字化转型是企业运用数字技术的创新过程，通过重塑企业愿景、战略、组织结构、流程、能力和文化，以适应高度变化的数字环境。数字化转型不仅有助于企业实现数字技术与不同业务间的紧密合作，提升运营效率，还能够通过提升产品或服务品质和消费者满意度，最终提升企业的市场地位与影响力。企业进行数字化转型进而通过降本、提效、创新等路径实现业绩目标。

可以把企业数字化转型的根本动力归结于来自整个商业环境变化所引起的业务创新、中台技术、产业互联及生态运营等方面的需求。依据转型深度和广度这两个重要维度，企业数字化转型可以分为精益式、增强式、创新式和跃迁式四种类型。其中，跃迁式可能带来巨大成功但也最具挑战性和风险性，必须从领导、文化、能力三方面进行变革。

数字化时代的来临，使企业成长摆脱了对传统要素驱动的路径依赖，数据要素在促进企业创新与发展中的作用日益凸显。在以数据为核心主体形成的价值创造体系里，企业经营管理与决策方式必将发生重大变化。然而，数字化转型对不同行业企业的影响程度存在显著差异，可以分为四种类型。在企业数字化转型的路径中，企业要以数字化与系统化思维为先导，从发展的层次、数字化模块选择和基于价值链的数字技术改造演化等环节，分步骤有序地进行数字化转型。

课 后 思 考 题

1. 试论述数字经济时代下企业数字化转型的必要性。
2. 思考当前中国企业数字化转型的进程中面临的机遇与挑战。
3. 对于制造型企业而言，企业数字化转型如何开展？
4. 企业数字化转型对当代行业分类划分标准产生怎样的影响？
5. 企业数字化转型的模式主要分为哪几类？试分析它们的差异性。

第3章

智能财务管理

学习目标

(1) 了解智能财务发展历程与趋势。
(2) 掌握智能财务的内涵与特征。
(3) 掌握智能财务的核算原理。
(4) 理解智能财务的管理内容。
(5) 了解智能财务分析决策技术。

本章导读

数字经济的出现，掀起了商业世界的变革，催生出全新的消费模式，孕育了新的生产要素和组织结构，影响着社会、经济、企业的各个方面。财务作为企业核心职能之一，其内涵、模式也将被彻底颠覆。智能财务作为一种与传统财务相对应的理念应运而生。由于大数据、人工智能、移动互联网、云计算、物联网、区块链等技术的深度应用，智能财务不仅能够帮助财务人员全面获取财务信息，还可以快速地计算、智能地处理和人性化地输出财务数据，从而为企业和管理层提供更好的智能决策支持。本章在梳理智能财务发展脉络的基础上，概括出智能财务的内涵与特征；从智能财务核算、智能财务管理、智能财务分析与决策等方面，阐述智能财务的典型应用场景。

3.1 智能财务概述

3.1.1 智能财务的发展历程

智能财务的兴起得益于电子商务浪潮迭起和互联网技术快速迭代，智能财务的发展建立在企业经营环境与管理模式的革命性变化之上。总体来看，从计算机引入传统财务演进到智能财务大致经历了三个阶段。

1. 会计电算化阶段

会计电算化是指以电子计算机为代表的电子技术和信息技术应用到会计实务之中，形成电算化会计信息系统模式。1946 年，由美国政府和宾夕法尼亚大学合作开发的世界上第一台电子计算机 ENIAE 在费城公之于世。1954 年美国通用电气公司第一次使用计算机计算职工工资，从而引起了会计处理的变革，标志着电算化会计信息系统模式的开始。

电算化会计信息系统模式借助计算机软件代替人工记账，以及部分代替人脑完成对会计信息的分析、预测、决策，其目的是提高企业财务管理水平和经济效益，从而实现会计工作的现代化。20 世纪 80 年代，我国的会计核算也进入了会计电算化阶段。其特点是使用微型数据库和简易型财务软件进行会计处理，逐步实现了从固定资产核算、成本核算、工资核算等单项独立核算到计算机辅助账务综合处理的转变。会计电算化阶段只是用计算机程序实现了部分会计核算环节，在核心内容上没有改变账务处理的流程和财务管理的本质内容。

2. 财务信息化阶段

进入 20 世纪 90 年代，互联网在全球掀起一股浪潮，供应链随之而生，各行业利用互联网的优势，将业务和财务相结合，逐渐将核算型财务管理转化成管理型。财务信息化的重点在于人工和智能工具分工合作。通过使用 ERP(Enterprise Resource Planning，企业资源计划)软件，数据加工和处理效率得到提升，再结合计算机网络的传输能力，初步实现了业财融合。同时，对业务信息进行抽象加工处理，财务核算的工作更加自动化，财务信息的及时性和便利性得到了提升，企业管理人员可以根据决策的需要在不同地点查看企业关键的财务信息，从而使决策更加具体明确。通过使用信息化技术，财务管理的流程和内容有了革命性的变化，同时也对业务管理过程进行了优化和提升。

2005 年，财务共享服务模式诞生，并在短时间内得到了认可和推广，成为财务管理领域的最新模式。在 OCR(Optical Character Recognition，光学字符识别)、移动通信、云计算和大数据等技术的大力推动下，财务共享获得了突破性进展，推动了财务信息化的发展进程。但是，财务共享服务也仅仅是流程化财务管理过程，或者标准化财务管理过程，没有从本质上提出业务上的智能化以及会计核算、管理决策上的智能化。

3. 财务智能化阶段

2010 年以后，人工智能(Artificial Intelligence，AI)技术取得了突破性进展，不仅结合高性能的计算机能力和大数据分析技术，将专家系统、模式识别、机器推理等技术附加了很多新的应用场景，而且深入研究了基于神经网络和遗传算法的机器学习。在此背景下，企业财务管理的很多方面有了新的解决办法，财务管理中的预测决策、风险管控和成本管理等有了更先进的算法、模型和工具。数据处理技术可以汇集更全面的数据，BI(Business Intelligence，商业智能)和 ES(Expert System，专家系统)能够综合不同专家的意见，移动计算可以帮助财务人员随时随地完成管理工作，财务机器人可以实现财务管理活动的自动化操作，现代系统集成技术可以消除业务、财务和税务等之间长期形成的信息和管理壁垒。

相对于财务信息化阶段的信息加工处理和网络传输实时性的特点，财务智能化阶段对企业各类信息处理的效率、效益和智能化的程度有了新的突破。例如，利用物联网、RPA(Robotic Process Automation，机器人流程自动化)和知识图谱等技术实现财务处理的自动化和智能化，实现财务管理的低成本、高效率，基于神经网络、规则引擎、深度学习等技术实现财务管理中的预测和智能决策，以提升其智能性和实时性。这个阶段的重点是对管理决策和管理模式等提供智能化的支持，这种支持不再局限于流程和组织环节，而是在概念和模式上更高层面的提升，进而促成财务管理从核算型向决策型转变。

3.1.2　智能财务的内涵

在传统会计范畴中，一般会将其划分为财务、会计两项分支，其中会计的主要职能是记账，将非结构化信息转化为数据，提供会计报表给外部使用者；财务就是财务管理，将分析过后的财务数据信息提供给企业内部管理人员，进而将其运用到决策当中。但是，随着人工智能和大数据技术的发展，不仅会计面临智能化转型需求，会计和财务的融合、财务和业务的融合都必将是大势所趋、管理所向。因此，未来的企业财务将是一个大财务概念，包括财务核算、财务分析、经营决策、预算管理等企业管理的各个方面。

继"互联网+"之后，人工智能升级为"智能+"被写入 2019 年《政府工作报告》，并作为国家战略逐步开始与产业进行融合。在此背景下，"智能+"在财务领域的应用使得智能财务的概念破土而出。财务信息化阶段同智能化阶段存在一定差异。前者更聚焦于财务和商业信息的集成、高速处理和即时共享，而后者更关注公司信息处理效率的高低以及能够为公司带来的收益等。例如，利用互联网、财务机器人和专家系统等技术实现财务处理流程的自动化，达成缩减成本、错误最小化和增加效能的目的。智能财务为现代财务工作提供了极大的便利，实现了财务流程自动化、整体优化和更新再造，对财务管理模式和理念进行革命性变化，可以借助人机的深度配合实现新型财务管理功能。

基于此，本教材将智能财务定义为在财务数字化转型与智能化应用过程中不断发展起来的新一代财务。它将以人工智能为代表的"大智移云物区"等新技术运用于财务工作，对传统财务工作进行模拟、延伸和拓展，并不断赋能财务组织，提升财务组织的服务效率，拓展财务服务职能的广度和深度，最终实现财务组织价值的颠覆性创新。

3.1.3　智能财务的特征

从上述智能财务的定义可以看出，智能财务是人工智能、大数据、物联网等新技术背景下财务管理的新模式，在这种新模式下，智能财务体现出区别于传统财务的特征。

(1) 流程化。智能财务的数据来源于企业的业务流程、会计核算和管理流程，财务人员根据预设程序进行数据的填列并上传至下一个环节，环环相扣，实现智能财务分析流程化作业。例如，会计的核算工作就是把会计分录预先设定好，智能财务系统根据填列的基础数据按设定规则进行账务处理，实现会计核算工作流程的自动化。以此类推，智能财务系统再将三大流程数据的初步采集和核算分类数据结果传递至下一个环节，即提前建立的财务分析模型，进行智能财务分析，最后得出分析结果，并自动传送至不同信息使用者。整个分析过程无需人工参与，体现了智能财务分析的流程化特点。

(2) 精准化。智能财务的精准化可以分别概括为数据收集的精准化和适用对象的精准化。由于智能财务所采集的数据来源于业财融合的统计结果，对不同部门不同工作流程的数据都按"分类—审核—汇总"的流程进行。如果企业的管理人员要抽查基层工作情况，可以直接从系统中调取相应部门的流程数据，实现数据收集的精准化。企业的利益相关者都是财务分析结果的使用者，包括股东、管理人员，以及市场股票散户等。通过智能财务分析平台，可以利用系统用户加密等方式，使不同使用者有且仅有其对应财务分析结果模块查看的权限，实现了分析结果的使用对象精准化。

(3) 智能化。与传统的纯人工财务、电算化财务和信息化财务相比，智能财务在信息收集和数据处理方面进行了全面的变革。智能财务借助 RPA、VPA、语音识别、计算机视觉识别等技术，自动、快速、精确、连续地收集和处理财务信息，并将这些信息快速地进行加工，处理成计算机可以学习的数据，用于财务工作的智能化。例如，人工智能技术的应用，可以实现发票、日记账自动生成凭证，缩短记账时间；一键报税可以减少税务的申报时间。智能财务借助统计学、数据挖掘、机器学习等算法模型，对汇集和加工的离线或实时的财务数据，进行深度的挖掘和学习，构建融合财务、业务知识的算法模型，并将这些模型应用到企业业务、财务管理的方方面面，实现财务管理工作全面的智能化。

3.1.4　智能财务的系统框架

广义的智能财务框架包含的内容比较广泛，既有智能财务发展所需的内外部生态环境，又包含智能财务各系统的运作规律，还包括具体应用到财务核算、财务管理和决策规划中的狭义智能财务。智能财务的实现不仅需要外部力量的推动，更依赖智能财务系统提供商构建出科学的智能财务系统，其系统框架如图 3.1 所示。

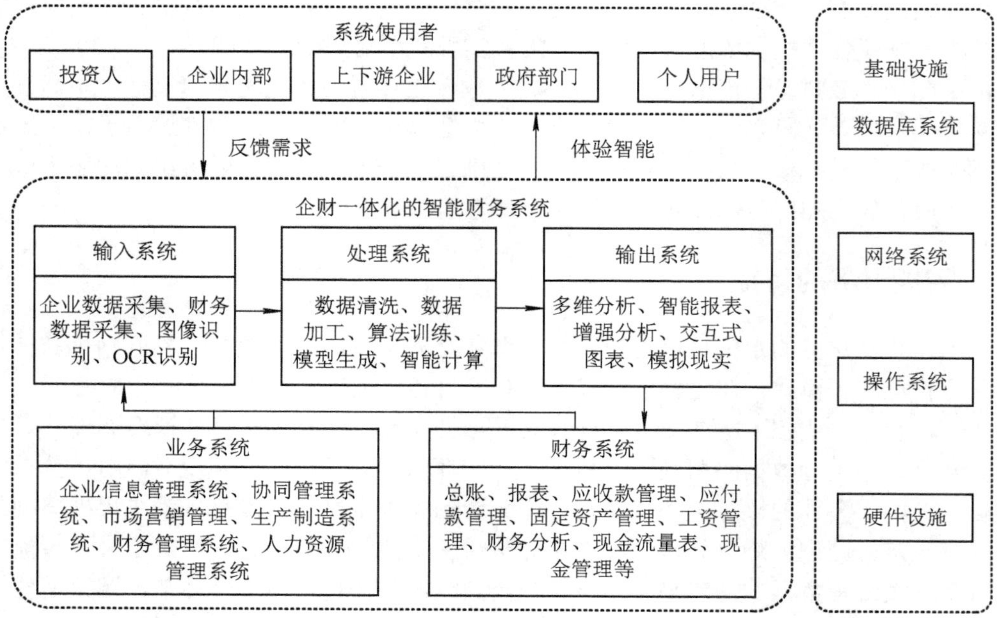

图 3.1　智能财务的系统框架

　　智能财务的出发点是业务和财务数据，因此业务系统和财务系统是智能财务的基石，这两个系统的数字化和自动化是智能化的关键。在智能财务系统中，业务系统和财务系统类似于采集数据的机器，在智能财务时代，它们还会不断地发展和完善，当然其一些流程会融入自动化和智能化的技术，使得系统运行更加顺畅，但总体的流程和业务属性不会改变。比如，制造系统可以利用条码、射频识别、传感器等技术，客观地感知设备运行的情况，自动完成设备数据的收集工作，但制造系统本身的职能没有改变，发生改变的主要是在其上一层，也就是数据加工和智能形成阶段。在这个阶段会出现一些新型的系统形态，如数据中台、智能中台、事项库，在这些系统形态中，其总体思想是使用自动化、人工智能等技术，对来自业务和财务的数据进行加工、整理和融合，通过智能处理系统，生成财务领域不同的智能模型，这些模型包括财务核算、过程管理和决策规划等各方面，然后通过交互式图表、增强分析、多维分析等新技术和手段，融入财务系统和各环节中，从而实现财务智能。

　　在中间的数据加工处理系统形成智能算法模型时，智能财务处理方式将体现为智能核算层、智能管理层和智能决策层三个层次。在智能核算层，主要利用视觉识别技术，RPA技术，语音识别技术，部分或全部自动化地实现财务管理工作中的会计核算内容；在智能管理层，主要是在智能核算的基础上，使用数据挖掘、机器学习、深度学习等技术，针对核算中产生的数据进行智能加工和处理，由机器产生统一系统管理上的规则和模式，从而实现智能化；在智能决策层，依据核算产生的数据管理产品的规则和模式，使机器形成分析、推理、判断的能力，从而为决策者提供不同角度分析处理的方案。

　　由于智能财务需要利用数据采集和加工来实现智能化和数字化，因此，位于底层的数据库系统、操作系统、网络通信系统、软硬件设施系统也是必不可少的，这些系统对智能财务系统起到很好的支撑作用。

3.2　智能财务核算

3.2.1　智能财务核算原理

1. 智能会计核算系统

　　企业的智能会计核算系统是以业务系统为源头，自动采集业务处理的数据，按照企业的各种核算目的及核算原则进行核算，生成凭证并记录到核算模型数据库中的一种核算系统(见图 3.2)。

　　业务系统指企业用以支持业务运行的系统，如供应链系统、生产制造系统、资产管理系统、人力资源管理系统、资金管理系统、费用管理系统等。这些系统中的业务处理数据被传输到集成平台，与后续的核算工作集成。

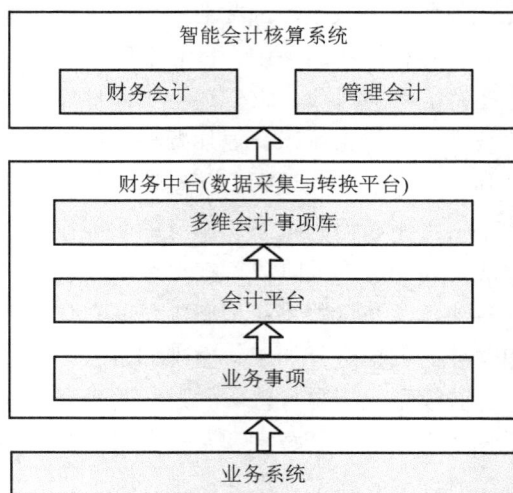

图 3.2　智能会计核算系统框架

财务中台提供数据采集对接的数据接口，可以对接前端业务系统的业务事项数据，对中台的业务事项进行数据加工和转换，形成会计核算处理数据及用于会计核算的多维会计事项库。该平台包括配置规则、执行转换两部分功能，用以实现业务事项有关数据的采集、转换规则的配置以及业务事项的转换处理。该平台可以实时采集业务事项的数据，进行实时核算处理，形成会计核算所需要的数据信息，如对应的科目、币种、金额等数据；可以根据不同的核算目的生成对应的核算数据。业务事项的数据及财务核算的数据会保存到多维会计事项库中，构成会计核算所需要的数据。

对企业经营业务进行智能核算的会计核算系统，包括会计处理所需要的有关核算模型的功能，将各项核算处理的分类核算的数据或者分类账集成统一，其核心数据存储在业务事项的多维会计事项库中。多维会计事项库是将各业务模块的相关事务处理结果按照设定的格式进行记录的明细数据集。该数据集包括业务处理涉及的各个维度的数据，也包括财务会计需要的有关核算目的、科目、币种等数据。基于此数据库，可以进行多目的和多维度核算。

知识扩展

2. 多目的核算体系

传统的会计系统基本上是财务会计核算，以及基于财务会计数据进行加工形成的满足其他管理需求的报表，核算的数据主要满足对外报告的要求。这种模式最大的问题是，报表的数据是加工出来的，不能追溯源头的业务，而且由于加工过程是一个黑箱，数据的加工过程和逻辑不清楚，准确性无法保证。因此，需要有更加体系化的数据作为报表和数据分析的基础，并针对企业不同的管理目的要求，构建一套满足多目的财务核算要求的体系。

多目的核算是指根据不同的核算目的形成相关的核算数据，每个核算目的均有独立的核算数据，这样就可以根据不同的要求、不同的核算目的提取相应的数据。多目的核算体系主要是按照组织和产品对象等建立的。按照组织建立可分为按照法人公司建立的财务会计体系、税务会计体系，按照内部责任中心建立的责任会计体系；按照产品对象建立的有实际成本体系、标准成本体系、日成本体系、集团成本体系等。

3. 多维度核算模型

多维度核算是指由于数据集中的数据保留了最细粒度的业务处理数据，记录了业务交易处理的相关维度，因此具有完整的业务信息，可以根据此数据集中的数据，按照统计分析的维度口径获得需要的各种角度的分析信息。

多维度核算模型的处理对象为多维数据，这种基于最细粒度数据的核算模型将来可以满足精细化的数据处理和分析要求。多维会计事项库中的数据包含两部分，一部分是业务处理信息及相关维度的数据列，另一部分是业务处理对应的财务数据列，这些财务数据列是在数据进入多维会计事项库时，由会计核算引擎转换形成的。以销售出库业务为例，假设销售出库的同时开具销售发票，那么销售出库的事项会进入会计平台，对应的财务处理事务包括销售收入核算、销售出库核算，而这些财务处理事务按照相关的转换规则分别形成销售收入应收的凭证及销售成本出库的凭证。

3.2.2　智能财务核算流程

企业在经营过程中的实际流程可分为经营业务流程、会计流程和管理流程。企业经营业务流程产生大量业务信息，会计流程对这些信息数据进行采集、加工、存储并输出给管理流程，搭建起业务流程和管理流程之间的桥梁。管理流程根据会计流程提供的信息对企业经营进行计划、控制和评价。因而，会计流程设计的有效性将直接影响管理活动的质量和效率。随着管理实践的发展，传统会计流程难以满足企业及时、多样化的管理需要，运用新技术、新思维对会计流程进行改造升级是现代会计行业发展的必由之路。

1. 会计目标决定会计业务流程设计

会计业务流程是财务会计部门为实现会计目标而进行的一系列活动。会计目标是财务会计活动的逻辑起点，决定着会计业务流程的设计。20 世纪 70 年代以来，会计界逐渐形成了关于会计目标的两种主流观点："受托责任观"和"决策有用观"。"受托责任观"的基本思想是：资源的受托方接受委托，管理委托方交付的资源，受托方因此承担了合理、有效管理与应用受托资源、使其尽可能保值、增值的责任。"决策有用观"则认为，会计的根本目标是向信息使用者提供对他们决策有用的信息，主要是关于企业现金流动的信息和关于经营业绩与资源流动的信息。因此，"决策有用观"更关注会计信息的相关性。

21 世纪以来，互联网技术迅速发展，"大智移云物区环"成为新的时代技术背景，资源和信息在更大的范围内实现流动和共享，大量潜在的交易买方的存在，使潜在的投资者、潜在的债权人等成为会计信息的使用者，因而"决策有用观"的会计目标对会计信息的及时性和相关性提出了更高的要求。面对复杂多变的市场环境，管理者、投资者以及其他利益相关者希望可以随时获取企业最新的会计信息，以便对市场变化迅速做出反应，减少风险。同时信息使用者的投资决策趋向多样化、个性化，需要企业提供更多前瞻性的财务信息和非财务信息为管理和决策服务。然而，目前的会计业务流程无法满足这些需求。因此，根据会计环境的变化和会计目标的要求对会计业务流程进行重组优化是必然之举。

2. 业务驱动的会计业务处理流程

传统会计业务流程认为会计业务流程的起点是业务活动产生的原始凭证，经过对原始凭证进行数据加工，形成记账凭证并登记账簿，最后编制财务报表提供给会计信息使用者，会计工作是事后核算和事后报表。会计业务处理进入信息化阶段，企业财务管理向业财融合发展，但这种融合仍是在传统财务模式下有限的、表面化的融合，没有真正打破财务与业务之间的鸿沟，信息孤岛依旧存在，与"用技术再造企业业务流程"的核心相去甚远。

要想从根本上解决上述问题，企业就需要跳出传统财务管理模式，建立基于业务驱动的业、财、管一体化会计信息化处理流程。一方面打通业、财、管各个环节，重构会计流程，消除大量冗余环节，实现流程联动，数据联通，打破信息孤岛。另一方面，将业务流程、财务流程和管理流程全部在线化和显性化，使财务端所有业务能够基于线上交易信息实时进行处理，从而实现将事后记账报账转变为业务发生时的记账报账。同时，充分挖掘数据价值，利用业务数据、财务数据形成的数据资产为企业的运营分析、预测、决策提供支持，并逐步实现会计业务处理智能化。

以费用报销为例，该业务的工作量最大，涉及的员工、事项、单据数量多，工作繁杂琐碎。然而传统费用报销流程复杂冗长，且无法有效实现费用控制。智能会计下费用报销引入人脸识别、智能语音、OCR 识别、票据实时认证、商旅对接等新技术手段，通过流程重构，业务自动化处理大幅提高了报销业务处理效率。智能费用报销总体流程见图 3.3。通过改进人机交互方式，提供移动报销等渠道，员工可实时查看报销进度，提升员工报销体验。突破时间与空间的局限，实现高效精准沟通、及时业务处理和敏捷决策管控。不仅关注企业的内部互联，更加关注企业的外部互联，深度整合商旅、交通、银行、税务局等第三方服务，打通以财务为核心的企业内外生态链。

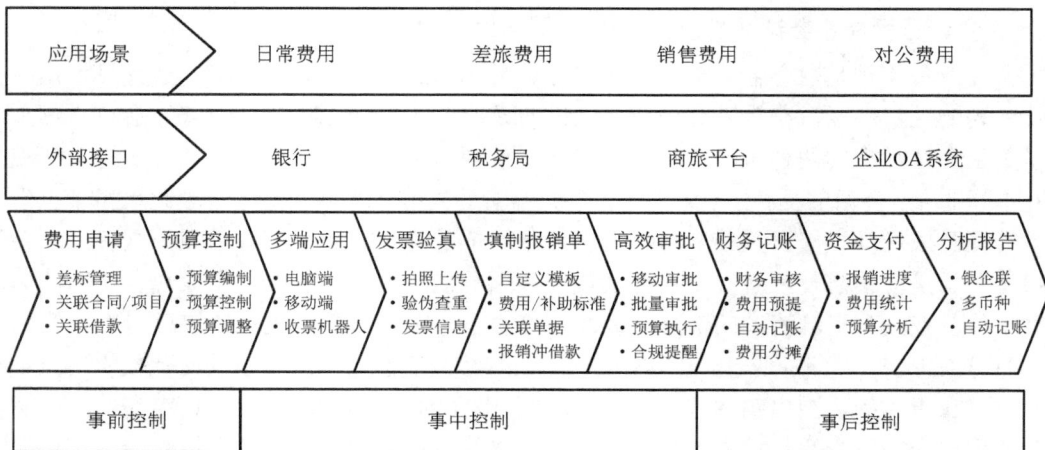

图 3.3　智能费用报销总体流程

3.2.3　智能化账务处理

智能财务建立在财务数字化的基础上。智能化是基于海量数据，结合计算机技术、互联网技术、数据挖掘技术和人工智能技术等，为企业管理提供基于机器学习算法推荐的最优行动选择。没有数字化就无法获取海量数据，智能化也就无从谈起。智能会计的账务处理是智能财务实际业务操作中的最基础环节，实现会计智能化业务处理的初步应用是实现自动化账务处理。

1. 财务共享中心是智能账务处理的基础

财务共享中心是指企业集团为提高财务管理效率，增强对企业集团内部的财务管控能力，通过构建智能财务平台，以信息系统为依托，以财务会计处理流程优化为基础，将企业集团内部各个分支机构相对较为简单的财务处理和会计核算集中起来，通过财务共享中心进行规范化、标准化、专业化处理的财务管理模式。

财务共享中心也是实行智能账务处理的必经之路和必要基础。一方面，在财务共享服务这种新型管理模式的实践中，大量简单重复且易于标准化的财务业务集中到财务共享服务中心统一处理，财务共享服务中心有巨大动力去应用新技术提升组织内的工作质量和运转效率。另一方面，财务共享中心有利于企业整个财务部门内部以及财务部门各个业务部门之间的数据共享，在此基础上充分利用企业的数据实现更优的数据分析与管理决策。

2. 机器学习助力智能化

机器学习技术是指机器通过对历史数据的学习来提升自身对数据加工处理的能力，并能按照数据的规律或人类指定的规则，自动寻找该规则或模式，并使用该规则或模式像人类专家一样指导业务系统的处理流程，实现对业务或财务系统流程的再造。机器学习是人工智能技术的核心，也是将人工智能与其他自动化技术区分的关键。机器学习可以在企业的财务工作中，基于企业的数据不断学习训练获得更优模型，对于高效处理业务、简化工作流程具有重大意义。

知识扩展

机器学习对财务会计的智能化改造主要围绕记账凭证的生成展开。应用机器学习技术之后，在大量标签化数据的训练之下，可以实现对业务信息高效率的准确辨识，接下来，基于改进后的转换规则生成预制记账凭证并及时向财务系统传递，而进入财务系统后预制记账凭证将成为正式记账凭证并自动完成记账过程。基于机器学习的智能财务会计将在很大程度上解决令财务人员烦恼不已的重复性手工记账问题，通过高效识别并提取业务信息和改进现有记账凭证转换规则，给企业的会计核算工作带来质的飞跃。

3.3 智能财务管理

财务组织如同生物一样，有着自身发展和进化的规律。在不同历史时期，财务组织与当时的社会、经济以及技术环境相匹配。进入智能化发展阶段，财务组织快速创新、积极变革，财务共享中心及业财一体化建设加速推进，许多大中型企业将战略、专业、共享、业财等财务职能分离。战略财务主要聚焦集团或总部的经营分析、考核、预算等领域，专业财务主要聚焦税务、资金、合同等内容，财务共享是会计运营的大工厂，业务财务则是承接战略财务和专业财务在业务部门的数据采集、加工等功能。

3.3.1 智能财务共享服务

1. 智能财务共享服务历程

财务共享服务诞生于 20 世纪 80 年代，世界上第一家建立共享服务中心的是美国的福特公司。为了摆脱生产经营困境，解决企业管控与管理成本、企业扩展与管理成本、企业扩张与管理质量之间的矛盾，福特公司引入共享服务模式作为公司管控创新的手段，取得了理想效果。20 世纪 90 年代，互联网风靡全球，共享服务进入发展快车道，在东欧、印度、东南亚等地区出现了大量共享服务(业务流程外包)公司。最早在中国尝试财务共享服务模式的是跨国公司的在华企业，如摩托罗拉、惠普、埃森哲等，后来国内企业也开始尝试，如海尔、中兴、长虹等。2013 年后在国家政策的激励下，中国集团型企业进入财务共享服务建设高峰期。从信息化程度看，智能财务共享服务的发展经历了三个阶段(见图 3.4)。

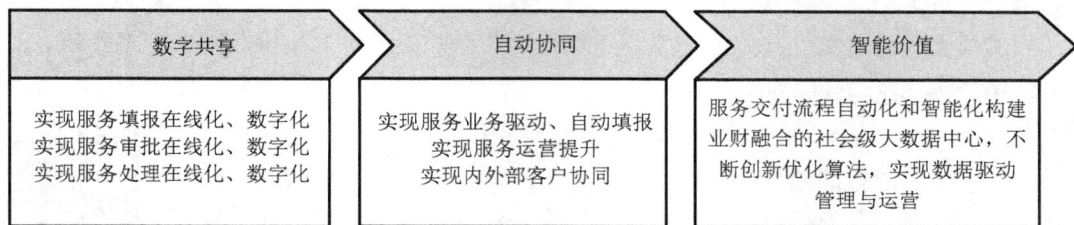

数字共享	自动协同	智能价值
实现服务填报在线化、数字化 实现服务审批在线化、数字化 实现服务处理在线化、数字化	实现服务业务驱动、自动填报 实现服务运营提升 实现内外部客户协同	服务交付流程自动化和智能化构建业财融合的社会级大数据中心，不断创新优化算法，实现数据驱动管理与运营

图 3.4　智能财务共享服务的发展历程

(1) 智能财务共享服务 1.0：数字化、共享化。

通过搭建财务共享服务平台实现财务报账和财务作业在线化、数字化、共享化、服务化。一方面，推行全员报账和在线审批，实现基础数据、报账单、审批流程标准化、在线化、数字化；另一方面，推行财务作业集中化处理和专业化分工，实现财务作业共享化和服务化。企业财务数字化和共享化改造升级，通常从费用共享起步，逐步将采购应付、销售应收、总账核算、资金结算、税务处理、财务报告、会计档案等事务性基础财务工作纳入财务共享服务中心。

(2) 智能财务共享服务 2.0：自动化、协同化。

利用应用程序接口，RPA 机器人实现各类生产经营系统与财务共享服务平台集成打通，业务处理完成后，系统自动完成财务报账，尽量减少人为干预；通过搭建云采平台和商旅平台，实现采购和费用信息共享，场景化、端到端实现业、财、税、资、档集成协同自动化、一体化；另外，升级财务共享服务平台，一方面可优化内部运营管理，另一方面可加强与客户、供应商、员工的协同交互，提升协同交互的便捷性、时效性，关注被服务者的需求和满意度。

(3) 智能财务共享服务 3.0：智能化、价值化。

采用人工智能新技术，如影像识别、语音识别、电子签章、知识图谱、专家系统、预测系统、机器学习等，从感知智能、运算智能和认知智能等方向，实现财务服务智能化升级。一方面，对服务交付流程进行自动化和智能化升级，进一步提升服务质量和效率；另一方面，基于业财融合的社会级大数据，不断创新优化算法，实现数据驱动管理与运营，进一步提升服务内涵和价值。

2. 财务共享服务的智能升级

以人工智能为代表的"大智移云物区"等新一代数字技术应用于财务共享服务领域，颠覆了传统财务共享服务组织、人员、内容、流程和系统，赋予了财务共享服务新内涵、新场景。智能财务共享服务是指应用数字技术来升级改造财务共享服务，从组织模式、员工类型、服务内容、服务流程和信息系统等多要素入手，将财务共享服务中心这一"会计工厂"升级为"智能会计工厂"。

(1) 从组织模式上看，智能财务共享服务通常会新增数智卓越运营中心，其职能主要是收集数智化需求，设计数智化方案，实施、运维和优化数智化应用。

(2) 从员工类型上看，智能财务共享服务除了有人类员工，还新增数字员工，将处理、迭代、预测和适应等工作交由数字员工，让人类员工从事领导、共情、创作和判断等工作，强调人机协同，让人类员工弥补数字员工的不足，让数字员工赋予人类员工更强大的能力。

(3) 从服务内容上看，智能财务共享服务在服务业务交易基础上，更突出数据服务和预测服务。

(4) 从服务流程上看，智能财务共享服务流程节点更多是由数字员工完成，或者由人机协作完成。服务流程不再过于强调标准和统一，而是追求按照客户需求提供量身定制的个性化流程。

(5) 从信息系统上看，智能财务共享服务对信息系统数据收集、数据治理、数据存储、数据算力、数据展示等提出更高要求，要求其具备构建社会级大数据中心的能力，要求信息系统具备人工智能新技术，如影像识别、语音识别、电子签章、知识图谱、专家系统、预测系统、RPA、机器学习等。

思政案例

3.3.2　专业财务智能化管理

在智能化发展背景下，企业的税务管理、资金管理、合规管理等专业财务模块中都出现了可以为之所用的新概念、新技术，而业财税管融合理念的提出无疑也是对企业财务人员的全新要求。

1. 智能税务管理

随着我国市场经济的不断发展，我国的税收政策和税收征管体制也在加快改革。税费构成复杂多变，对企业内部税收管理提出了更高的要求。目前，我国大多数大型企业集团基本建立了内部信息处理系统，但尚未建立专门的税务管理信息系统，无法及时完成税务信息数据的记录、汇总、统计和处理工作，影响纳税申报和纳税的准确性、及时性。另外，由于税务机关和企业没有约定具体的纳税信息和传递沟通时限，当企业对一些重要的税务信息未及时上报或迟报时，如果税务机关不能及时发现，就会形成税收风险的来源。

要解决我国现行税务管理中存在的诸多问题，最可行、最直接的办法就是利用互联网技术实现智能税务，打造票税一体化平台。智能税务是以企业税收集中管理为核心，通过信息共享、服务共享、知识共享，实现税务机关、企业和下属单位有机结合的过程。企业运用信息数据网络思维，更新传统企业税收制度规则，构建从企业内部税收活动到税务机关税收征管平台的税收信息共享路径，开展各类税种、全主体、全业务、全过程的企业集团税务管理应用工作，形成税务管理网络化组织模式，实现纳税申报自动化(见图3.5)。

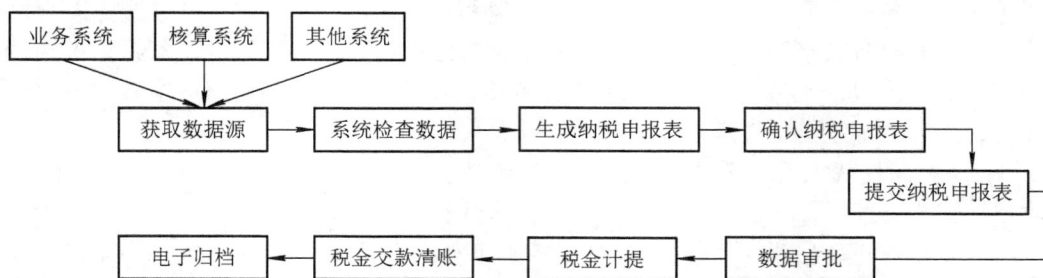

```
┌─────────┐  ┌─────────┐  ┌─────────┐
│ 业务系统 │  │ 核算系统 │  │ 其他系统 │
└────┬────┘  └────┬────┘  └────┬────┘
     └──────────┐ │ ┌──────────┘
                ▼ ▼ ▼
┌──────────┐  ┌──────────┐  ┌────────────┐  ┌────────────┐
│ 获取数据源 │→│ 系统检查数据│→│ 生成纳税申报表│→│ 确认纳税申报表│
└──────────┘  └──────────┘  └────────────┘  └──────┬─────┘
                                                    ▼
                                            ┌────────────┐
                                            │ 提交纳税申报表│
                                            └──────┬─────┘
┌────────┐  ┌──────────┐  ┌────────┐  ┌────────┐    │
│ 电子归档 │←│ 税金交款清账│←│ 税金计提 │←│ 数据审批 │←───┘
└────────┘  └──────────┘  └────────┘  └────────┘
```

图 3.5　纳税申报自动化流程

通过税务信息平台的建设，实现税基管理、应计税金、纳税申报、纳税统计等涉税业务管理一体化。税务信息平台与前端系统紧密相连，自动获得数据，并在申报过程中，将保险信函和处理规则提交业务信息平台，以实现业务信息和会计信息在业务发展的过程中可以转化为税收信息，实时自动纳税申报，动态掌握企业的纳税情况，嵌入的填报逻辑使纳税申报更加标准化。税务相关数据由综合会计系统录入，实现税务申报数据的事后追踪。

2. 智能资金管理

智能资金管理是指运用自动化、数字化及智能化工具取代集团企业传统的以线下手工操作为特点的资金管理业务方式，在集团内部构建统一的资金管理智能化平台，支持各种形式的资金运营及管理。集团总部通过收付结算、计划管控、实时监控等手段，可随时掌握成员企业的资金运营行为，从而对集团整体资金营运情况进行清晰准确的掌控。

随着智能资金管理系统的出现，集团可以通过智能系统实现对集团资金存量、流量、流向的集中管理与监控，进行资金收付、资金调度，资金结算、资金监控、融资管理、资金分析等一体化业务管理，解决传统模式下办理业务需要去银行柜台或登录各个银行网银分别操作的瓶颈，搭建集团统一资金池，帮助集团提高运营效率，提高偿债能力，全面提升企业的核心竞争力。具体如下：

(1) 搭建智能资金管理系统，规范业务流程。建立由集团统一规划、统一实施推进的智能资金管理系统，平台涵盖账户管理、收付结算、资金计划、投融资管理、票据管理等业务功能，同时与其他业务、财务系统集成，实时监控资金情况，实现资金的可追溯，避免出现平台信息孤岛。

(2) 线上审批留痕，杜绝付款风险。智能资金管理系统将审批和支付一体化，可以有效防止资金风险的产生。企业通过设置经办岗、支付岗等分级审批系统，实现资金支付端的风险控制。同时，如果使用资金计划管控付款的功能，可以使先进的资金管理理念真正落地。

(3) 加强资金计划管理，实现资金计划事前控制，提升头寸管理水平。集团总部按管理需求下发资金计划。集团总部汇总成员企业资金计划，统一安排资金，提前做好头寸管理。在付款时点，集团可以统一对供应商进行风险评级，设置黑白名单，确保集团整体资金的合理支配，降低集团整体的资金支付风险。

(4) 实现银企对接，提高资金利用效率。企业与银行签订银企直联协议，对接资金管理平台，可以帮助企业提升管理全集团账户的能力。同时通过大数据分析，帮助企业及时甄别闲置账户，为企业清理账户提供数据依据。把账户集中到若干银行，统一和银行进行银企直联开立和金融业务洽谈，可以增加企业与金融机构合作时的话语权。

3. 合规管理

合规管理是指企业制定和实施合规管理制度，建立合规管理机制，培育合规文化，防范合规风险等一系列行为。合规不仅要遵守法律、法规、规章等规范性文件和行业自律规则，还要遵守公司内部的规章制度，以及诚信、公平交易等职业道德和行为准则等。随着大数据时代的到来，人们对数据本质和数据使用的认识发生了根本的变化，形成了一种与时俱进的思维方式——大数据思维。互联网舆情的特征与大数据是一致的，相互影响并逐渐融合。因此，在合规管理方面，可以考虑将大数据技术用于网络舆情监测，使网络舆情监测工作顺利开展，企业可以对当前社会形势做出合理判断，从而对相关政策和行为做出分析判断。

在网络舆情监测应用过程中，还必须注意一些问题。例如，由于大数据技术自身的缺陷，过分强调数据之间的相关性，重视因果关系，分析结果可能会产生偏差，从而影响决策者的理性判断。数据安全和个人隐私保护是最重要的问题。在利用大数据技术进行舆情监测的过程中，个人信息的收集和分析是不可避免的重要环节，因此必须重视数据安全和个人隐私保护问题。只有利用大数据技术掌握网络舆情，同时兼顾对他人隐私的保护，才能发挥大数据技术的真正价值和积极作用。

知识扩展

3.4 智能财务决策分析

>>>>

伴随着云计算、大数据、物联网、人工智能、区块链等技术的应用，企业生成财务信息的速度、精准度、不可篡改等特性都有了显著的提升和优化，进而提升了企业的财务信息生成效率。但企业财务信息的生成并非财务活动的终点，智能技术应用于财务信息的最终落脚点在于使用这些信息进行分析和据此做出决策。智能财务分析与决策体系可以帮助企业对各种核算数据和业务数据进行分类、整理和加工，将以往无法采集和正确使用的数据转化成能为高层决策者使用的决策支持信息。诚然，智能财务决策系统不会完全取代管理者的实际经验和判断力，而是要提升决策制定的效能，以及在高层决策者的决策过程中提供辅助性的作用。企业经营的多数战略性决策最终应该由管理者来制定。

3.4.1 智能财务报告体系

数字经济时代为企业经营提供了庞大的数据池，而这些数据必须得到有效的处理才能够反映企业经营状况。因此，有必要编制由底层数据做支撑、报告更便利、决策效率更高、满足多样化管理需求的智能财务报告。同时，由于企业内外对了解、分析、考核企业经济效益的要求是多方面的，因此，需要有一套完整的财务报告体系才能满足要求。

企业财务报表分为两大类：一类为向外报送的会计报表，如资产负债表、利润表、现金流量表、利润分配表和资产减值准备明细表；另一类为企业内部管理需要的报表，如税务报表、共赢增值表、成本报表等。传统财务报告体系只包含第一类报表，而忽视了向外传递管理方面的信息，这是不合理的。因为随着资本市场信息化水平越来越高，各类利益相关者迫切想要了解企业全方位的信息，以减少信息不对称所带来的风险。而智能财务报告体系则对这一问题做出改进，推出可视化报表、共赢增值表、销售财务报表等管理信息模块。

1. 可视化报表

数据可视化是商务智能的重要组成部分，是数据分析结果呈现的必要手段和方法。信息图表是数据可视化工具的重要组件。每一种新型报表工具的出现，都会对信息图表展示的灵活性和智能性功能进行提升。可视化报表能够非常直观地为管理者和决策者提供有效的企业信息，使快速有效的决策成为可能。目前，新型的可视化图表不仅可以呈现数据库数据，还可以抽取各种数据源，如网页数据、API 和大数据等。报表展示方式的种类也更加丰富，使用户使用更加简单，界面设计也更加友好。

大数据时代的可视化在保证数据获取、整理和分析效率的基础上，对可视化的持续性、分析的深入性和决策支持力度提出了更高要求，服务导向性也更高。随着信息技术的发展，各种数据可视化工具也应运而生，例如 Power BI、Fine Report。这些工具不仅利用色彩提升了可视化的视觉效果，增强了信息表达的准确性，还帮助人们在大量的原始数据中筛选、计算出有用的信息，弱化那些次重要信息对人们进行相关分析决策的影响，为用户提供动态联动的图表，从而为人们发现信息之间的关联提供便利。

2. 共赢增值表

共赢增值表，顾名思义，包含了共赢和增值两重含义，分别代表收益共赢和价值增值。共赢增值表分别从用户资源、收入(基础/硬件收入、生态收入)、成本、生态各方的增值分享、边际收益、利润六个大类指标来评估验证小微企业的共创共赢模式(见表3.1)。共赢增值表是海尔转型发展的有效支撑与驱动工具。

表 3.1　共赢增值表

1. 用户资源	交互用户(粉丝)
	终生价值
2. 收入	基础/硬件收入
	生态收入
3. 成本	硬件成本
	列示：边际成本
4. 生态各方的增值分享	
5. 边际收益(每单位)	
6. 利润	硬件利润
	生态利润

作为信息治理的创新，共赢增值表的业绩度量是反映经营实质的"用户信息"，和传统的财务报表相比，最直接的变化是增加了用户资源、生态、增值的概念，具有鲜明的数字经济特征。共赢增值表和传统的利润表相比，更多地体现了用户资源，以及生态各方的增值分享，在利润方面也区分了硬件利润和生态利润。在传统的利润表中，体现的是股东收益，而没有体现员工对利润的分享，但在共赢增值表中，员工能很好地观察到自己创造了多少价值，能够分享到多少增值，人人成了经营者，由于对分配机制的触及，更容易调动员工的积极性，管理会计的重要性得到显现。

3. 其他报告

随着经济、社会的不断发展进步，利益相关者对上市公司会计信息的透明度要求越来越高，尤其是对管理信息的可获得性要求越来越高。因此，智能财务报告的报表体系新增了人力资源报表、无形资产报表和销售财务报表，以向报告使用者传递更多的企业管理信息和其他重要的经营细节。

人力资源报表主要包含企业人力资源调整与变动情况、人力成本统计分析和人力资源效率分析等几大模块。其中，人力资源效率分析模块主要介绍了在不同的时间段内企业的人力成本率、人力资源效率、工资率、人均利润、人工成本利润贡献值、人工成本收入贡献值。人力资源的真实价值往往难以量化估计，在一些高新技术企业，人力资本能更直观地反映公司的资源和实力情况，信息使用者对该类企业的人力资源信息披露情况更加重视。人力资源报表还能充分反映员工在公司发挥的价值，从而激励员工充分发挥工作的积极性和自身的潜能。

无形资产报表一般采用收益法的评估方法对企业的无形资产进行评估。运用收益法评估无形资产价值是指根据收益预期原理，着眼于持有无形资产的预期未来经济收益并折算成现值之和。针对这一问题，智能财务报表通过详细列示一些重要无形资产预测方法与过程，详细向企业利益相关者展示出无形资产的相关信息，有助于会计信息使用者掌握企业真实财务状况，做出科学的投资经营决策。

销售财务报表主要分析各项销售指标和财务比率，例如毛利、毛利率、交叉比、销进比、盈利能力、周转率、同比、环比等，同时根据海量数据中能够外生预测信息、分析信息等分析数据，从而实现相应的趋势预测及风险评估。富有经验的用户能够利用趋势预测，发现特定业务绩效背后的详细信息，并使用该信息预测远期效果。通过及时交付目标信息，关键相关人士和决策者可以识别潜在的风险，从而进行相应的风险评估。

在经济发展新时期，智能财务报告向我们提供了更多样化的选择。在新的报告体系中，报告使用者既能获取制式报表，还能够根据报告主体的个体特征和使用者个性化需求定制生成个性化报表；既能沿用传统财务报告中的表达逻辑和原理框架，又能充分利用现有的科学技术，以丰富的数据源为基础，使智能财务报告实现信息穿透性、底层基础性、报告个性化、即时生成性、动态完整性、报告可视性，从而达到决策过程优化、用户使用优化的效果。

3.4.2　智能财务模型的决策库构建

智能财务决策系统功能的实现需要依托海量数据以及数据分析形成的基础决策单元，

这些数据和单元将在应用过程中被各种财务分析模型和报表模块所调用，因此，这些单元的构建对于实现智能财务分析和决策来说至关重要。基于前面分析的智能财务决策使用的数据来源，依托大数据技术收集的数据将会通过机器识别和初步处理自动进入决策库中匹配、存储，并且可以根据各种预设的模型生成决策子依据。智能财务决策要实现的功能是动态性和智能化，因此，有别于传统财务分析系统依靠月季年财务报表数据实现的各类指标的分析的静态财务分析，智能财务分析的体系中除了应该大量收集企业自身的数据外，还应该关注两个来源的数据，即市场竞争数据和宏观环境数据。

1. 企业内部财务指标决策库

基于智能会计的财务分析体系需要构建一个内部数据库来提供决策支持体系。所谓内部财务指标决策库，主要是从企业自身经营、管理出发，所有的能够从企业内部提取的财务数据。这些指标的提取决定了传统财务分析在智能财务时代的实现具有更加高速、智能化的体现。内部财务指标包括企业各类资产、负债指标的实时增减变动、企业所有者权益指标的变动、企业的收入获得指标、企业的具体成本核算指标、各类税费的指标。这些指标构成了所有财务分析和财务决策的基础，并且这些数据形成的财务指标可以通过计算机自动抽取并实时生成，无需等待年度或者会计期末，而在企业经营过程中随时取得。

人力资源作为企业经营不可或缺的成本，其价值在传统财务核算中无法体现，主要是因为传统财务体系当中无法对人所提供的价值进行分析。在智能财务体系下，通过设定模型将企业当中每个人员的边际贡献、自我学习、企业培训等要素都作为变量输入，就可以评价每个员工对企业创造的价值，这也符合资产价值的定义，这些数据都可以从基础财务指标当中抽取。企业拥有的能够给企业带来超额收益的真实无形资产，也是在传统财务领域当中无法进行精细核算的因素。在智能财务体系下，可以通过对新技术生成以后新产品的收入、超额收益的获取来判断企业能够因为某一项无形资产或者某一个无形资产组的投入产生了多少价值的增益，从而判断无形资产的价值。

综上所述，基础财务指标库体现为如图 3.6 所示的企业基础财务数据库模型。

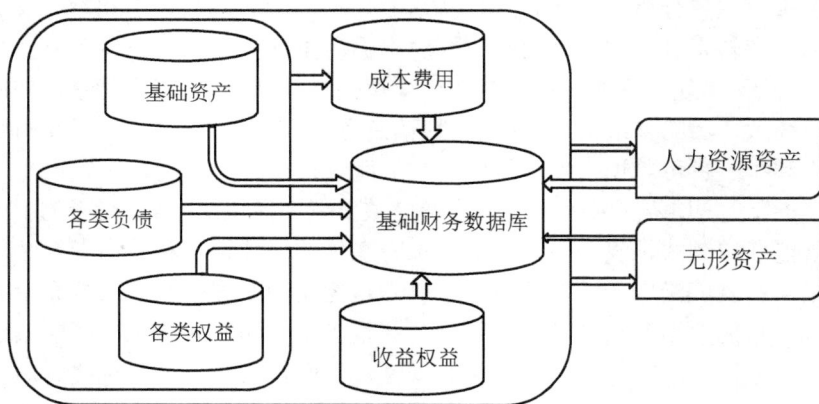

图 3.6　企业基础财务数据库模型

2. 基于集团共享及企业间数据共享的市场竞争财务数据决策库

不同于传统财务决策过程，智能财务决策在关注企业的内部财务指标之外，应该基于财务共享的理念关注集团内部其他子公司的财务数据，以及能够获得的其他企业的财务数据。基于获得数据的难易程度，两种数据的详细程度是不同的。但是，这两种数据来源可以构建企业的市场竞争财务决策库。

智能财务决策过程中构建市场竞争财务数据库使用到的企业内部共享数据并非建立在集团管控的基础上，而是新型赋权式管理，每个企业通过财务智能化系统实时收集财务信息，信息通过扁平化的共享体系在各个公司的财务决策系统内部共享，每个公司都可以在一定的授权范围内使用其他公司的财务数据，而母公司保留对所有子公司财务数据的使用权，这样每个公司在进行投融资决策的过程中，就可以根据抽取的集团内部所有同类型数据判断生产、投资、融资等活动。

企业在进行决策的过程中，往往需要参照其他企业的财务决策或者数据模型，这部分数据可以通过购买或者网络数据获取的方法来获得更多的其他企业的数据，将这部分数据库作为企业进行决策的参考依据。

结合前面的分析，企业市场竞争决策数据库结构如图 3.7 所示。

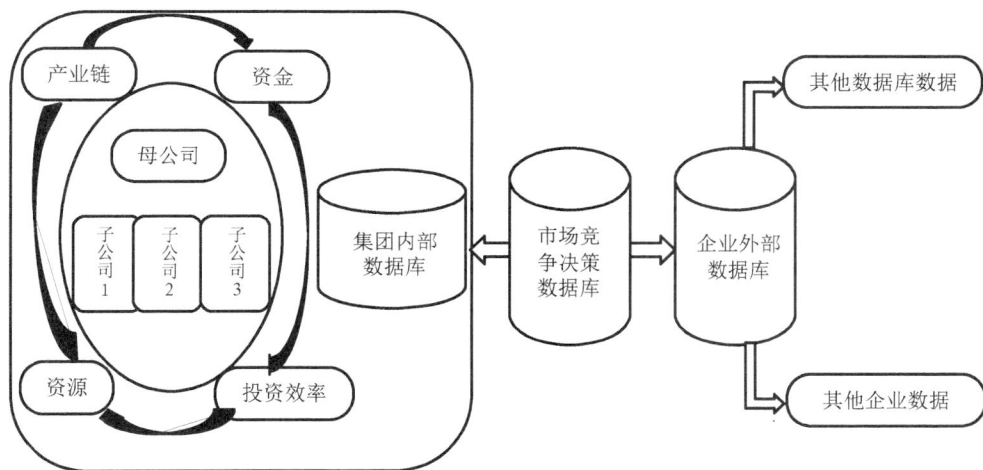

图 3.7　企业市场竞争决策数据库结构

3. 宏观经济环境决策库

宏观经济环境决策库重点关注企业外部宏观经济环境当中的各种外生变量及其对企业产生的作用，依据各类企业实际经营活动和相关学术研究的成果积累以及国家宏观经济政策和重大经济事件对企业产生的影响，即事件发生或者环境改变时对企业产生的影响，在决策模型需要时自动调用相关的数据，即可模拟可能生成的结果，从而将外部环境的变化带来的影响嵌入决策模型中，使智能决策过程保持动态性。

宏观经济环境决策库主要关注重大经济政策变化、重大突发事件的影响和重要的企业外部竞争环境的变化，以便结合企业的生产过程提出预警。例如重大产业政策调整、社会群体事件发生、主要竞争对手研发出新技术等。

3.4.3　智能财务决策的自动生成诊断报告系统

根据前面分析实时生成的智能财务信息及相关分析决策体系，智能财务决策最终的目的是为管理层提供高质量的决策依据，而最终的管理决策是由人做出的，因此，智能财务决策体系可以根据预先设定好的模型进行前置性分析，同时给出风险诊断建议，并且在机器学习和人工智能的作用下，可以不断地进行自我修正以达到更好的效果。

1. 经营性质量诊断模型

企业的经营能力以及获利能力是企业的所有经济利益的来源，因此，对其经营性的评价主要从利润产生能力维度进行分析。根据前述分析，企业经营过程中对收入和成本的确认是企业衡量经营成果的关键，结合新收入准则的确认，企业应该在不同的履约义务点确认收入。而与此同时，不同收入获得时企业所产生的成本和费用需准确衡量。通过数据技术直接调用企业经营及营运资金等数据库的数据，形成实时诊断数据。

2. 流动性诊断模型

企业经营过程中需要实时衡量自身偿债能力，偿债能力的大小取决于企业的流动性水平。很多企业由于现金周转问题出现了"蓝字"破产的问题，说明对于企业的财务决策来看，实时监控流动性资源的数量和匹配到期债务具有十分重要的意义，因此诊断模型应该结合经营性数据库、企业债务数据及融资情况数据等进行综合判断。企业流动性诊断模型主要涉及资产变现及抵押价值检测指标、企业债务指标、融资指标三个方面。

3. 企业整体成长性及建议报告

在综合了上述分析之后，应该根据不同指标通过 AHP 和专家打分法进行指标的层次分析，并且确定各层指标的权重，这个权重可以通过自动匹配不同专家及动态打分进行动态调整，并且根据权重得到企业整体需要预警的财务分析过程及参考不同企业的处理方法，形成初步的财务分析报告，该报告可以供管理者进行进一步财务分析和决策使用。而借助软件技术实现的动态分析和报告实时输出的优点，在于企业管理者可以通过监控系统以及预警系统即时掌握企业的财务动向，并且将流动性风险、投资风险等企业重要的传统财务分析中滞后且不可控的影响要素进行前置，并且通过动态数据的获取为未来财务决策提供更加可靠的数据，进而提高财务决策的效率。

本 章 小 结

智能财务是在财务数字化转型与智能化应用过程中不断发展起来的新一代财务。智能财务是人工智能、大数据、物联网等新技术背景下财务管理的新模式，具有流程化、精准化、智能化、实时化等特征。智能财务的实现不仅需要外部力量的推动，更依赖智能财务系统提供商构建出科学的智能财务系统。

在智能核算系统下，原来的手工会计处理流程转变为以数据驱动的会计核算方式，并且具有高度自动化、智能化处理能力，可以实现将业务活动与会计核算进行同步、实时核算，并实时提供分析报告。基于会计事项库，可以进行多目的和多维度核算。秉持"决策有用观"，智能财务建立了业务驱动的业、财、管一体化会计信息化处理流程，借助财务机器人和机器学习技术，在财务共享中心实现核算的自动化、智能化。

　　智能财务共享服务是指应用数字技术从组织模式、员工类型、服务内容、服务流程和信息系统等多要素入手来升级改造财务共享服务。在智能化发展背景下，企业的税务管理、资金管理、合规管理等专业财务模块中也都出现了可以为之所用的新概念、新技术。

　　智能技术应用于财务信息的最终落脚点在于使用这些信息进行分析和据此做出决策。通过设计智能财务报告体系，建立智能财务模型的决策库、构建自动生成诊断报告系统和智能风控体系，为高层决策者的决策过程提供支持。

课 后 思 考 题

1. 简述你对智能财务的理解。
2. 与传统财务相比，智能财务有哪些特征？
3. 如何依据"决策有用观"进行多目的和多维度智能财务核算？
4. 如何实现财务共享服务的智能化升级？
5. 简述智能财务报告体系及其未来发展趋势。

第4章

企业生产与供应链管理数字化

学习目标

(1) 了解生产计划和物料需求计划的内容和实施过程。

(2) 了解企业资源计划的管理思想和结构功能。

(3) 理解计划和采购的数字化转型与变革。

(4) 理解生产/制造和运营的数字化转型与变革。

(5) 掌握金蝶 K3 数字化供应链系统的主要流程模块和功能。

本章导读

当下正处于数字经济时代,随着数字技术颠覆席卷各个行业,工业 4.0 及中国制造 2025 潮流的势不可挡,企业面临着前所未有的竞争压力。供应链计划变得越来越复杂,传统的预测和计划已经无法适应这个变化无常的数字环境。常常使得企业生产计划与销售计划不协调,往往导致某些产品积压或缺货。而补货不及时、不准确,又将造成供不应求或供过于求,顾客的满意度不断下降直至顾客流失加剧。很多企业已经意识到供应链计划的这种缺陷,并积极采取措施进行生产和供应链管理革新以应对数字经济挑战,不断减轻成本压力。本章在梳理生产计划、物料需求计划、企业资源计划等相关概念及实施过程内容的基础上,从计划的数字化转型与变革、采购的数字化转型与变革、生产/制造的数字化转型与变革及运营的数字化转型与变革四个方面对供应链管理数字化转型与变革进行了全面分析。企业生产和供应链管理的数字化转型的研究将为企业采用基于人工智能的同步计划技术、改进供应链的数字化架构和流程、实现组织灵活性和企业资产的数字化管理,最终提高企业的运营效率和降低运营成本,以合适的成本和客户满意的绩效,执行供应链的计划和流程提供借鉴。

4.1　生产和物料需求计划

4.1.1　生产计划

作为企业生产与供应链管理的基础部分，生产计划是确定最终产品在每一具体时间段内生产数量的计划。

1. 生产计划系统的构成

根据企业组织层次和管理目标的不同，生产计划可在多个维度上进行分类。长期计划的计划期一般为 3～5 年，主要给出企业战略性的生产发展计划，一般包括战略计划、市场营销计划、财务计划、资源规划和需求管理等；中期计划的计划期一般为 1 年左右，主要给出在计划年度内企业要实现的目标，一般包括年度生产计划、主生产计划、粗能力计划和细能力计划等；短期计划的计划期一般为 1 个月左右，有的甚至只有 1 周或更短的时间，一般包括物料需求计划、采购计划、生产作业计划和能力需求计划等。

2. 生产计划的指标体系

生产计划的主要任务是回答生产什么、生产多少、何时生产等问题，它是由一系列指标来表示的，故称为生产计划的指标体系。我国企业中常见的生产计划指标体系主要包括品种、产量、质量、产值和出产期。

品种指标是企业在计划期内出产产品的品名、规格、型号和种类数，它涉及"生产什么"的决策；产量指标是企业在计划期内出产的合格品数，它涉及"生产多少"的决策，关系到企业能获得多少利润；质量指标是企业在计划期内产品质量应达到的水平，常采用诸如"一等品率""合格品率""废品率"等指标表示；产值指标是企业在计划期内应完成任务的货币表现，根据具体内容和作用的不同，分为商品产值、总产值、净产值；出产期是为了保证按期交货而确定的产品出产日期。

3. 主生产计划(MPS)

主生产计划是确定每一具体的最终产品在每一具体时间段内生产数量的计划。这里的最终产品是指对于企业来说最终完成并将出厂的产成品，它要具体到产品的品种、型号。这里的具体时间段通常是以周为单位，在有些情况下，也可以是日、旬、月。主生产计划根据客户合同和市场预测，把经营计划或生产大纲中的产品系列具体化，使之成为展开物料需求计划的主要依据，起到了从综合计划向具体计划过渡的承上启下作用。MPS 的编写步骤如下。

(1) 产品资料的准备。

(2) 制订主生产计划草案。一般需要考虑：现有库存量能满足的部分不列入计划；选择适当的批量和间隔期，以保证生产的经济性；检查负荷量是否存在急剧的波动性，是否超过或低于实际的生产能力；某些需求过于笼统，应将它们化为具体产品的品种、型号和规格。

(3) 检查生产能力能否满足需要，并进行任务量与实有生产能力的核算平衡。

4. 粗能力计划(RCCP)与细能力计划(CRP)

企业根据发展的需要与市场需求来制订生产规划，根据生产规划制订主生产计划，同时进行关键工作中心的负荷平衡，该过程主要是针对关键资源的能力与负荷的分析，称为粗能力计划(RCCP)，它的计划对象为独立需求件，主要面向的是主生产计划；在 RCCP 基础上，根据物料需求计划，产品生产工艺路线和车间各加工工序能力数据生成各工作重心的能力需求计划，亦称细能力计划(CRP)。RCCP 和 CRP 均为闭环 MRP 的核心内容。

CRP 和 RCCP 均聚焦于解决如下问题：

① 各个物料都经过哪些工作中心加工；

② 各工作中心的可用能力和负荷是多少；

③ 各工作中心的各个时段的可用能力和负荷是多少。

CRP 与 RCCP 的区别如表 4.1 所示。

表 4.1　细能力计划与粗能力计划的区别

对比项目	区　　别	
	粗能力计划 RCCP	细能力计划 CRP
计划阶段	MPS 制定阶段	MRP 与 SFC 阶段
能力计划对象	关键工作中心	各个工作中心
负荷计算对象	独立需求件	相关需求件
计划的订单类型	计划及确认的订单(不含已下达的订单)	全部订单(含已下达的订单)
使用的工作日历	工厂工作日历	工作中心工作日历

能力计划能帮助企业在分析主生产计划及物料需求计划后产生出一个切实可行的能力执行计划，进而在企业现有生产能力的基础上及早发现能力的瓶颈，提出切实可行的解决方案，为实现企业的生产任务而提供能力方面的保证。

4.1.2　物料需求计划(MRP)

1. 库存订货点理论

早在 20 世纪 30 年代初期，企业控制物料的需求通常采用控制库存物品数量的方法，为需求的每种物料设置一个最大库存量和安全库存量。最大库存量是为库存容量、库存占用资金的限制而设置的，意思是说物料的消耗不能小于安全库存量。由于物料的供应需要一定的时间(提前期)，因此不能等到物料的库存量消耗到安全库存量时才补充库存，而必须有一定的时间提前量，即必须在安全库存量的基础上增加一定数量的库存。这个库存量作为物料订货期间的供应量，即应该满足这样的条件：当物料的供应到货时，物料的消耗刚好达到了安全库存量。这种控制模型必须确定两个参数：订货点与订货批量，如图 4.1 所示。

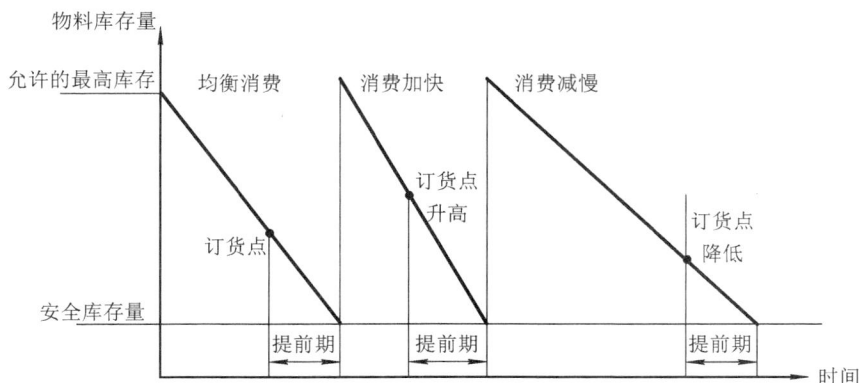

图 4.1　库存订货点理论

这种模型在当时的环境下也起到了一定的作用，但随着市场的变化和产品复杂性的增加，它的应用受到一定的限制。下面是订货点应用的条件：

(1) 物料的消耗相对稳定；

(2) 物料的供应比较稳定；

(3) 物料的需求是独立的；

(4) 物料的价格不是太高。

2. 物料需求计划(MRP)

订货点控制法受到众多条件的限制，而且不能反映物料的实际需求，往往为了满足生产需求而不断提高订货点的数量，从而造成库存积压，库存占用的资金大量增加。20 世纪 60 年代，IBM 公司的约瑟夫·奥利佛博士提出了把对物料的需求分为独立需求与相关需求的概念。在此基础上，人们形成了"在需要的时候提供需要的数量"的重要认识。在理论的研究与实践的推动下，发展并形成了物料需求计划理论，也即基本的 MRP。这种思想提出物料的订货量是根据需求来确定的，这种需求应考虑产品的结构，即与产品结构中物料的需求量是相关的。

(1) MRP 的基本原理。

在已知主生产计划(根据客户订单结合市场预测制订出来的各种产品的排查计划)的条件下，根据产品结构或所谓产品物料清单(BOM)、制造工艺流程、产品交货期以及库存状态等信息由计算机编制出各个时段各种物料的生产及采购计划。

(2) MRP 的基本任务。

MRP 的基本任务可以归纳为以下两项：

① 从最终产品的生产计划(独立需求)导出相关物料(原材料，零部件等)的需求量和需求时间(相关需求)；

② 根据物料需求时间和生产(订货)周期来确定其开始生产(订货)的时间。

企业生产产品可以说是从原材料的购买开始的，也就是说，任何产品最终都由原材料构成。原材料经过一定的生产加工，发生物理或化学变化，然后经过组装和配制形成产品的组件，也即中间件，再通过一定的加工(组装等)形成最终产品。产品的结构与产品的复杂程度有关，有的产品由成千上万个零部件组成，如飞机、火箭、轮船、汽车等；有的比较简单,如镜子、圆珠笔、乒乓球台等。乒乓球台的组成示例如图 4.2 所示。

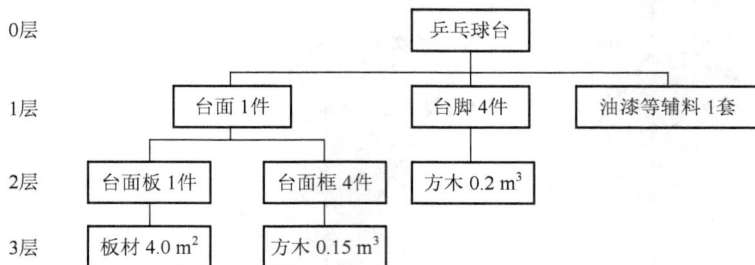

图 4.2　乒乓球台组成示例图

图 4.2 中,顶层是最终产品(是指生产的最终产品,但不一定是市场销售的最终产品),最下层是采购件(原材料),台面、台脚是中间件。这样就形成了一定的结构层次。在由直接构成的上下层关系中,把上层的物料(组件)称为母件,下层的构成件都称为该母件的子件。因此,处于中间层的所有物料(组件、部件)既是其上层的子件,又是其下层的母件。

由于产品构成的层次性,产品在生产时的生产和组装就存在一定的顺序,假设该产品生产的各层零部件的制造时间周期如表 4.2 所示。

表 4.2　产品物料清单与加工周期

层次	物料号	物料名称	单位	数量	类型	成品率	ABC 码	生效期	失效期	采购提前期
0	PP005	乒乓台	张	1	M	1	A	030808	051231	18
1	TM1225	台面	件	1	M	1	A	030728	051231	3
1	TT0415	台脚	件	4	M	1	A	030728	051231	2
2	MB1225	台面板	件	1	M	1	A	030630	051231	1
2	MK0208	台面框	件	4	M	0.99	B	030628	051231	1
2	080031	方木	m^3	0.2	W	1	A	030728	050831	8
3	030045	板材	m^2	4	W	1	A	030728	051231	5
3	080035	方木	m^3	0.15	W	1	A	030728	050831	7

换成用时间顺序表示就更加直观,如图 4.3 所示。

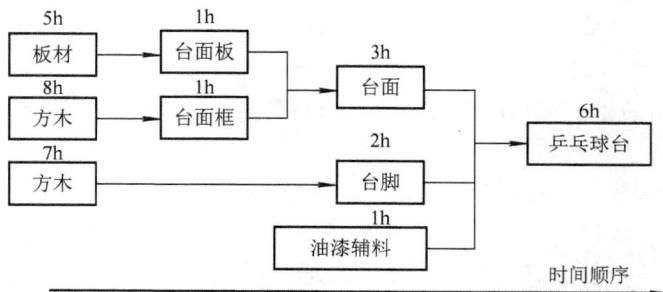

图 4.3　乒乓球台加工时间顺序

从表 4.2 与图 4.3 中可以看出，要完成该产品，必须提前 18 个小时采购，也就是产品的累计提前期为 18 个小时(但不是产品的工时)。产品结构是多层次和树状结构的，其最长的一条加工路线就决定了产品的加工周期。由于产品各层次需求时间不同，这就要求"在需要的时候""提供需要的数量"。这个原理也就是网络计划中的关键线路法原理。因此，在制定物料需求计划时，需要考虑产品的结构，得出需求后，才考虑物料的库存(含在制品)数量，再得出各层次物料的实际需求量。其中最终原材料就是采购的需求量，中间件就形成了生产的加工计划，可用简化的逻辑流程图表示，如图 4.4 所示。

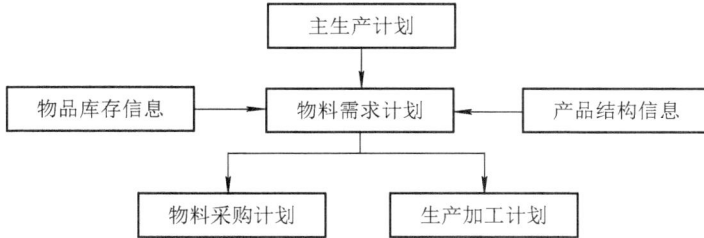

图 4.4 MRP 逻辑流程图

(3) MRP 计算结果。

MRP 系统可以提供多种不同内容和形式的输出，其中主要的是各种生产和库存控制用的计划和报告。主要包括以下内容。

① 零部件投入产出计划。该计划制订了每个零件和部件的投入数量和时间，产出数量和产出时间。如果一个零件要经过几个车间的加工，则要将零部件投入产出计划分解成分车间零部件投入产出计划。

② 原材料需求计划。该计划规定了每个零件所需的原材料的种类，需要的数量以及需要的时间，并且按原材料品种、型号、规格汇总，以便供应部门组织供料。另外，该计划提供了库存状态记录：各种零部件，外购件以及原材料的库存状态数据，随时提供查询。

3. 闭环 MRP

在 MRP 的形成、制定过程中，考虑了产品结构相关信息和库存相关信息。但实际生产中的条件是变化的，如企业的制造工艺、生产设备及生产规模都是发展变化的，甚至要受社会环境的影响，如能源的供应、社会福利待遇等的影响。基本 MRP 制定的采购计划可能受供货能力或运输能力的限制而无法保障物料的及时供应。另外，如果制定的生产计划未考虑生产线的能力，就可能在执行时经常偏离计划，计划的严肃性将受到挑战。因此，利用基本 MRP 原理制订的生产计划与采购计划往往容易导致不可行。因为信息是单向的，管理信息必须是闭环的信息流，由输入至输出再循环传输至输入端，从而形成信息回路。因此，随着市场的发展及基本 MRP 的应用与实践，20 世纪 80 年代初在此基础上发展形成了闭环 MRP 理论。

闭环 MRP 理论认为主生产计划与物料需求计划(MRP)应该是可行的，即考虑能力的约束，或者对能力提出需求计划，在满足能力需求的前提下，才能保证物料需求计划的执行和实现。在这种思想要求下，企业必须对投入与产出进行控制，也就是对企业的能力进行校验和执行控制。闭环 MRP 流程如图 4.5 所示。

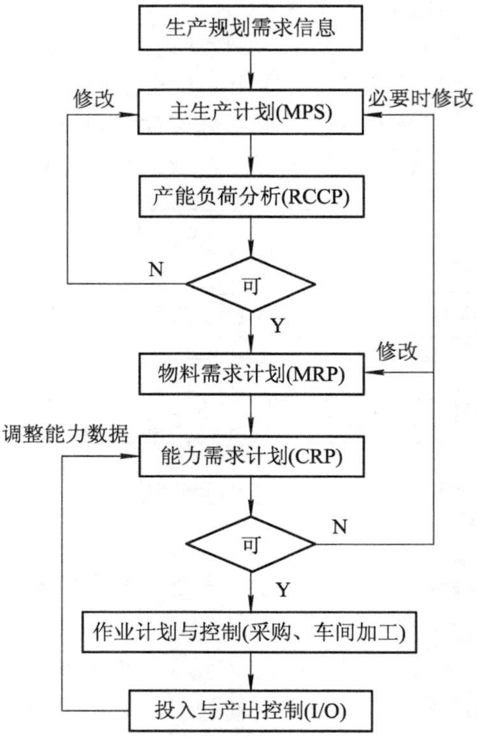

图 4.5　闭环 MRP 流程

从图 4.5 中可以看出闭环 MRP 具有以下特点。

(1) 主生产计划来源于企业的生产经营规划与市场需求(如合同、订单等)。

(2) 主生产计划与物料需求计划的运行(执行)伴随着能力与负荷的运行，从而保证计划是可靠的。

(3) 采购与生产加工的作业计划与执行是物流的加工变化过程，同时又是控制能力的投入与产出过程。

(4) 能力的执行情况最终反馈到计划制订层，整个过程是能力的不断执行与调整的过程。

4.2　制造资源计划(MRP-Ⅱ)

4.2.1　制造资源计划的流程

从闭环 MRP 的管理思想来看，它在生产计划的领域中确实比较先进和实用，生产计划的控制也比较完善。闭环 MRP 的运行过程主要是物流的过程(也有部分信息流)，但生产的运作过程，产品从原材料的投入到成品的产出过程都伴随着企业资金的流通过程，对这一点，闭环 MRP 却无法反映出来。并且资金的运作会影响到生产的运作，如采购计划制订后，由于企业的资金短缺而无法按时完成，这样就影响到整个生产计划的执行。

1977 年 9 月，美国著名生产管理专家奥列弗·怀特(Oliver W. Wight)提出了制造资源计划(Manufacturing Resources Planning)这一新概念，其简称也为 MRP。为了与传统的 MRP 区别，其名称改为 MRP-Ⅱ。MRP-Ⅱ对于制造业企业资源进行有效计划具有一整套方法。它是一个围绕企业的基本经营目标，以生产计划为主线，对企业制造的各种资源进行统一计划和控制的有效系统，也是对企业的物流、信息流和资金流进行统一计划和控制并使之畅通的动态反馈系统。MRP-Ⅱ的逻辑流程图如图 4.6 所示。

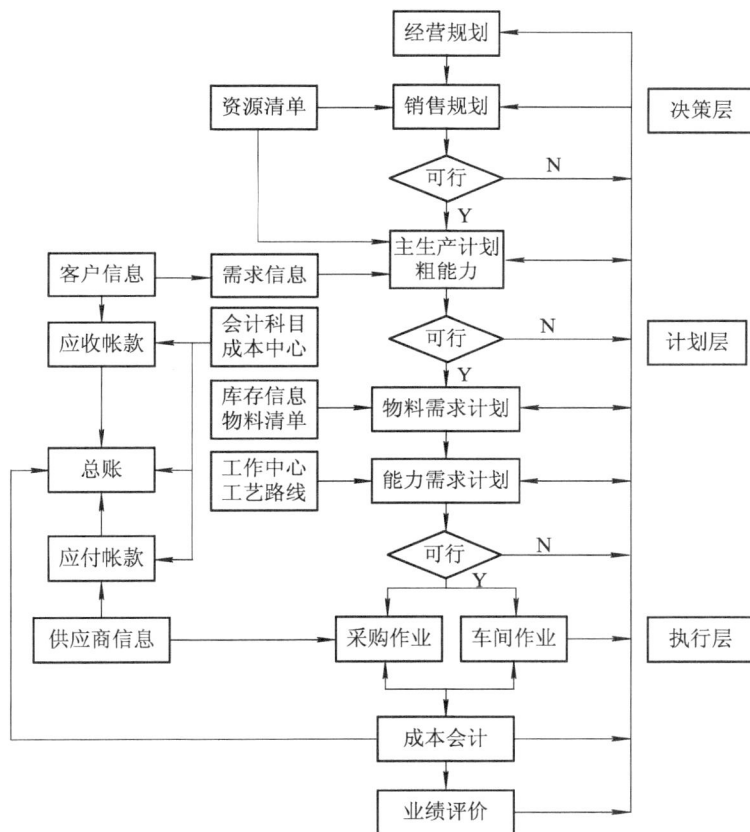

图 4.6　MRP-Ⅱ逻辑流程图

MRP-Ⅱ集成了应收、应付、成本及总账的财务管理。其采购作业根据采购单、供应商信息、收货单及入库单形成应付款信息(资金计划)；销售商品后，会根据客户信息、销售订单信息及产品出库单形成应收款信息(资金计划)；可根据采购作业成本、生产作业信息、产品结构信息、库存领料信息等产生生产成本信息；能把应付款信息、应收款信息、生产成本信息和其他信息等记入总账。产品的整个制造过程都伴随着资金流通的过程。通过对企业生产成本和资金运作过程的掌握，调整企业的生产经营规划和生产计划，从而得到更为可行、可靠的生产计划。

MRP-II 理论从 20 世纪 80 年代初开始在企业中得到广泛的应用，MRP-II 的应用与发展给制造业带来了巨大的经济效益。据 1985 年的不完全统计数字，美国有 160 多家计算机软硬件公司，开发与提供了 300 余种 MRP-II 商品软件，已拥有数万家用户。西德也有许多软件公司，开发与提供了数十种商品化的 MRP-II 软件。根据有关统计，在美国，80%以上的大型企业安装了 MRP-II 系统，50%以上中型企业安装了 MRP-II 系统，30%以上小型企业安装了 MRP-II 系统。在我国，计算机辅助企业管理起步于 20 世纪 80 年代。1981 年，沈阳鼓风机厂率先引进 IBM 公司的 COPICS 系统，揭开了 MRP-II 系统在我国开始应用的序幕。MRP-II 是全球数字化生产制造管理中的一个重要里程碑。

4.2.2　制造资源计划的局限性

与传统 MRP 相比，MRP-II 做到了计划的一贯性与可行性、管理的系统性、数据的共享性、动态的应变性以及模拟的预见性，真正实现了物流、资金流和信息流的统一。

然而，MRP-II 只是制造领域信息化的重要表现，在相应的阶段发挥了重要作用。随着市场竞争日趋激烈和科技的进步，MRP-II 的局限性也日益显现，主要表现在以下几个方面。

(1) 企业竞争范围的不断扩大要求在企业的各个方面加强管理，并要求企业有更高的信息化集成，要求对企业的整体资源进行集成管理，而不仅仅对制造资源进行集成管理。现代企业都意识到，企业的竞争是综合实力的竞争，企业应有更强的资金实力和更快的市场响应速度。与竞争有关的物流、信息及资金要从制造部分扩展到全面质量管理、企业的所有资源(分销资源、人力资源和服务资源等)及市场信息和资源，并且要求能够处理工作流。在这些方面，MRP-II 都已经无法满足。

(2) 企业规模的不断扩大要求多集团、多工厂协同作战，统一部署，但这已超出了MRP-II 的管理范围。全球范围内的企业兼并和联合潮流方兴未艾，大型企业集团和跨国集团不断涌现，企业规模越来越大，这就要求集团与集团之间，集团内各工厂之间统一计划，协调生产步骤，汇总信息，调配集团内部资源。这些既要独立，又要统一的资源共享管理是 MRP-II 目前无法解决的。

(3) 信息全球化趋势的发展要求企业之间加强信息交流和信息共享。企业之间既是竞争对手，又是合作伙伴。信息管理要求扩大到整个供应链的管理，但 MRP-II 只注重企业内部管理，无助于企业建立顺畅的供销渠道，这些更是 MRP-II 所不能解决的。

4.3　企业资源计划(ERP)

>>>>>>

4.3.1　ERP 的产生背景及概念

1. ERP 的产生背景

随着现代管理思想和方法的提出和发展，尤其是 Internet 的发展与应用，企业与客户、企业与供应商、企业与用户之间，甚至是竞争对手之间都要求对市场信息快速响应，信息共享。越来越多的企业之间的业务在互联网上进行，这些都向企业的信息化提出了新的要求。继 JIT(Just In Time，及时生产)、TQC(Total Quality Control，全面质量管理)、OPT(Optimized Production Technology，优化生产技术)及 DRP(Distribution Resource Planning，分销资源计划)等管理方式之后，又出现了 MES(Manufacturing Execute System，制造执行系统)、AMS(Agile Manufacturing System，敏捷制造系统)等现代管理思想。MRP-Ⅱ逐步吸收和融合其他先进思想来完善和发展自身理论。于是，在 20 世纪 90 年代初。美国著名的 IT咨询和评估公司加特纳集团(Gartner Group Inc)在 MRP-Ⅱ的基础上首先提出了ERP(Enterprise Resource Planning)，即企业资源计划。

2. ERP 的定义

从最初的定义看，ERP 只是一个为企业管理服务的管理软件，后来各国政府、学者、企业界人士都根据自己的角度和对 ERP 的认识程度，给出了许多有关 ERP 概念的不同表述。其中，全球最大的企业管理软件公司 SAP 赋予了 ERP 最权威的定义：管理 + IT。对于这个概念，可以从管理思想、软件产品和管理信息系统三个方面做出如下的阐述。

首先，从管理思想的角度，ERP 的实质是在制造资源计划(MRP-Ⅱ)基础上进一步发展而成的以用户需求为中心，面向供应链(Supply Chain)的管理思想。

其次，从软件产品的角度，ERP 是综合应用了 C/S 或 B/S 体系结构、大型数据库、面向对象技术(OOT)、图形用户界面(GUI)、第四代语言(4GL)、网络通信等信息技术成果，面向企业信息化管理的软件产品。

第三，从信息系统的角度，ERP 是整合了企业管理理念、业务流程、基础数据、人力物力以及计算机软硬件于一体的集成式企业资源管理信息系统(MIS)。

4.3.2　ERP 的管理思想

ERP 的核心管理思想就是实现对整个供应链的有效管理，主要体现在以下三个方面。

(1) 体现对整个供应链资源进行管理的思想。信息经济时代企业的竞争已经不是单一企业与单一企业间的竞争，而是一个企业供应链与另一个企业供应链之间的竞争，企业不但要依靠自己的资源，还必须把经营过程中的有关各方如供应商、制造工厂、分销网络、客户等纳入一个紧密的供应链中。ERP 系统正是适应了这一市场竞争的需要，实现了对整个企业供应链的管理。

(2) 体现精益生产、同步工程和敏捷制造的思想。ERP 系统支持混合型生产方式的管理，其管理思想表现在两个方面：其一是"精益生产(LP)"的思想，即企业把客户、销售代理商、供应商、协作单位纳入生产体系，同他们建立起利益共享的合作伙伴关系，进而组成一个企业的供应链；其二是"敏捷制造(AM)"的思想，当市场上出现新的机会，而企业的基本合作伙伴不能满足新产品开发生产的要求时，企业组织一个由特定的供应商和销售渠道组成的短期或一次性供应链，形成"虚拟工厂"，用最短的时间将新产品打入市场，时刻保持产品的高质量、多样化和灵活性，这即"敏捷制造"的核心思想。

(3) 体现事先计划与事中控制的思想。ERP 系统中的计划体系主要包括主生产计划、物料需求计划、能力计划、采购计划、销售执行计划、利润计划、财务预算和人力资源计划等，而且这些计划功能与价值控制功能已完全集成到整个供应链系统中。ERP 系统还通过定义事务处理相关的会计核算科目与核算方式，在事务处理发生的同时自动生成会计核算分录，保证了资金流与物流的同步记录和数据的一致性，从而实现了根据财务资金现状，追溯资金的来龙去脉，并进一步追溯所发生的相关业务活动，便于实现事中控制和实时作出决策。

总之，ERP 是建立在信息技术基础上，以系统化的先进管理思想为企业提供决策、计划、控制与经营业绩评估的全方位和系统化的管理平台，ERP 系统集信息技术与先进的管理思想于一身，成为现代企业的一种运行模式，反映了时代对企业合理配置资源、最大化地创造社会财富的要求，成为企业在信息时代生存、发展的基石。

4.3.3　ERP 的主要功能结构

ERP 是将企业所有资源进行整合集成管理，简单地说是将企业的三大流：物流、资金流、信息流进行全面一体化管理的管理信息系统。它的功能模块不同于以往的 MRP 或 MRP-II 的模块，它不仅可用于生产企业的管理，而且在许多其他类型的企业，如一些非生产、公益事业的企业也可导入 ERP 系统进行资源计划和管理。ERP 系统包括了许多模块，其中主要的功能模块包括下面 22 个：销售管理、采购管理、库存管理、制造标准、主生产计划、物料需求计划、能力需求计划、车间管理、JIT 管理、质量管理、账务管理、成本管理、应收账管理、应付账管理、现金管理、固定资产管理、工资管理、人力资源管理、分销资源管理、设备管理、工作流管理、系统管理。这些模块之间都是紧密关联的，它们的集成形成了 ERP 系统，ERP 系统的总体流程如图 4.7 所示。

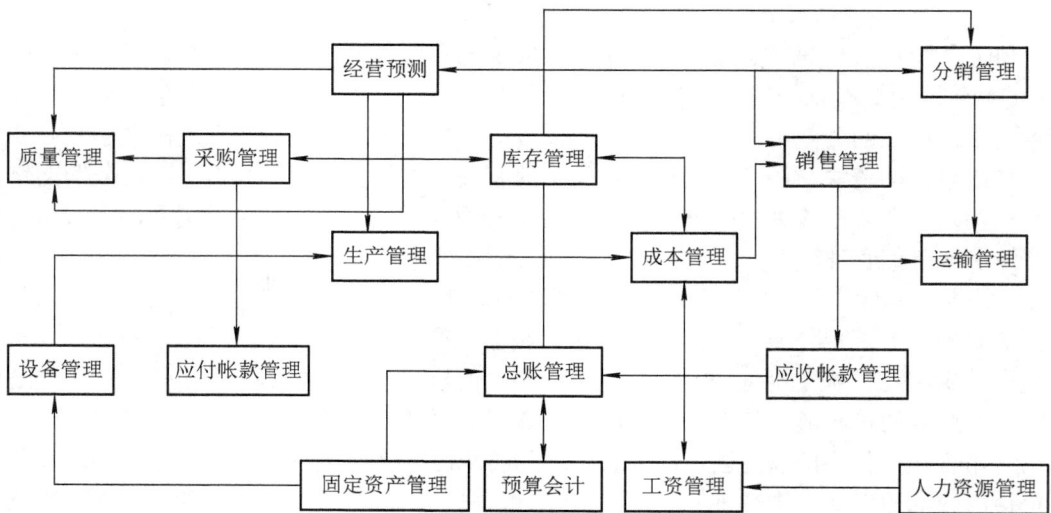

图 4.7　ERP 系统的总体流程图

4.4　企业供应链管理及其系统架构

>>>>>

4.4.1　企业供应链的形成背景

供应链管理是近年来在国内外日益受到重视的一种新的管理理念与模式,是 ERP 的核心部分。供应链管理于 20 世纪 80 年代中期被提出,它的产生与发展来自现代企业内外部环境的变迁。以下为催生供应链管理的主要市场特点。

(1) 产品寿命周期越来越短。随着消费者需求的多样化和个性化发展,新产品在市场上存留的时间大大缩短,留给企业在产品开发和上市方面的时间也越来越少,给企业带来巨大压力。

(2) 产品品种数飞速膨胀。因为消费者需求的多样化越来越突出,企业为了更好地满足其要求,便不断地推出新的品种,从而引起了一轮又一轮的产品开发竞争。

(3) 用户对交货期的要求越来越高。21 世纪以来,企业间竞争的核心因素由成本、质量转变为时间,即交货期和响应周期。用户不但要求厂家要按期交货,而且要求的交货期越来越短。因此,缩短产品的开发、生产周期,在尽可能短的时间内满足用户要求,已成为当今企业经营者最为关注的问题之一。

(4) 用户对产品和服务质量的期望越来越高。他们已不满足于从市场上买到标准化生产的产品,而是希望得到按照自己要求定制的产品或服务。虽然个性化定制生产能最大程度地满足客户需求,但是对企业的运作模式提出了更高的要求。企业要想在上述这种严峻的竞争环境中生存下去,必须具有较强的处理环境的变化和由环境引起的不确定性的能力。

随着互联网技术的发展,企业开始采取集中发展主营业务的"横向一体化"的战略:一方面,当企业对某种资源或者服务有需求时,主要采用外部购买的方式,尽量减少对各种非主营业务的投资;另一方面,企业开始逐步把主营业务以外的业务予以外包,这些合作对象和为其提供材料或服务的单位变成了与企业休戚相关的利益合作者,形成了一条从供应商到制造商再到分销商、零售商最终到用户的贯穿所有企业和顾客的"链",这就是供应链。

4.4.2　企业供应链管理的内涵

所谓供应链(Supply Chain),是指围绕核心企业,通过对信息流、物流、资金流的控制,从采购原材料开始,制成中间产品以及最终产品,最后由销售网络把产品送到消费者手中,将供应商、制造商、分销商、零售商直到最终用户连成一个整体的功能链状结构模式,如图 4.8 所示。可见,供应链是一种范围更广的企业结构模式,它包含所有加盟的节点企业,从原材料的供应开始,经过链中不同企业的制造加工、组装、分销等过程直到最终用户。

它不仅是一条连接供应商到用户的物料链、信息链、资金链，更是一条增值链——物料在供应链上因加工、包装、运输等过程而增加其价值，给相关企业都带来了收益。

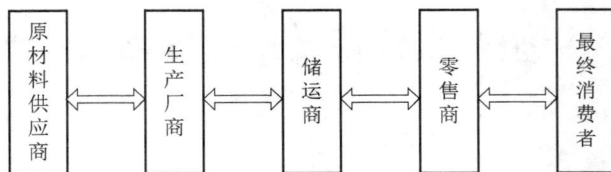

图 4.8   供应链的结构模式

从应用范围方面，供应链可分为内部供应链和外部供应链。内部供应链是指一个企业内部产品市场和流通过程所涉及的采购部门、生产部门、仓储部门、销售部门等组成的供需网络，是一种较狭义的供应链流程。外部供应链则是指企业外部的与企业相关的产品生产和流通过程中涉及的原材料供应商、生产厂商、储运商、零售商以及最终消费者组成的供需网络，是一种广义的供应链流程。内部供应链和外部供应链共同组成了企业产品从原材料到成品再到消费者的供应链。

企业实施供应链管理的目的在于缩短接单及交货周期、降低原材料及成品库存、提高对市场的应变速度、增加销售量、提高产品及服务的品质、掌握产销过程中最真实的信息、加速货款的回收、改善企业与顾客及供应商之间的关系。成功实施供应链管理，可以在以下方面给企业带来优势。

(1) 降低库存。通过供应链管理，供应商可以尽快了解制造商原材料库存情况，根据实际需要进行备料，避免库存积压。制造商可以了解客户需求情况，根据实际需要组织生产，与市场保持紧密的联系，在减少库存的同时降低生产风险。

(2) 资源共享。供应链是各种物流资源的集合体，具备丰富的物流资源，供应链上的各企业成员可以利用供应链上的各种资源，从而避免重复投资。

(3) 降低各项运作成本。由于在上下游合作伙伴之间可以建立一种长期稳定的关系，因此减少了业务交易中的谈判、签约等手续，缩短了业务流程，无形之中节约了交易时间，节省了人工成本。而供应链上的信息共享，使企业在保障安全库存的基础上，在采购、运输、库存等环节降低了成本。

(4) 减少风险。由于信息共享，市场动向就能及时传递给供应链上的各节点，使企业提前做好准备，及时调整计划，实施风险管理，从而将因市场变化引起的风险降到最低。

4.4.3   企业供应链系统的架构

1. 供应链系统的基本架构

供应链系统主要涉及企业管理的四个领域，分别是供应、生产计划、物流和需求。其基本架构如图 4.9 所示。

从图 4.9 可以看出，供应链系统是以同步化、集成化生产计划为指导，以各种信息技术为支持，围绕供应、生产计划、物流、需求来实施运作的。供应链系统的基本架构涵盖了企业内外部各环节的计划与合作，以及控制从供应商到用户的物料(零部件和成品等)和信息。基于以上四个领域，可将供应链管理细分为职能领域和辅助领域。职能领域主要包括产品工程、产品技术保证、采购、生产控制、库存控制、仓储管理、分销管理，辅助领域主要包括客户服务、制造、设计工程、会计核算、人力资源、市场营销等。

图 4.9　供应链系统基本架构

2. 供应链系统的集成式架构

上述基本架构的实现在实际中有着多种方式与途径，在设计思想上是基于供应链的企业信息系统集成，在技术路径上则分别着眼于企业内部供应链的集成和外部供应链的集成。

1) 内部供应链集成架构

企业内部供应链管理信息系统对数据和信息的处理逻辑结构模型如图 4.10 所示，它由供应链管理作业层、电子数据处理层和商业应用层构成。

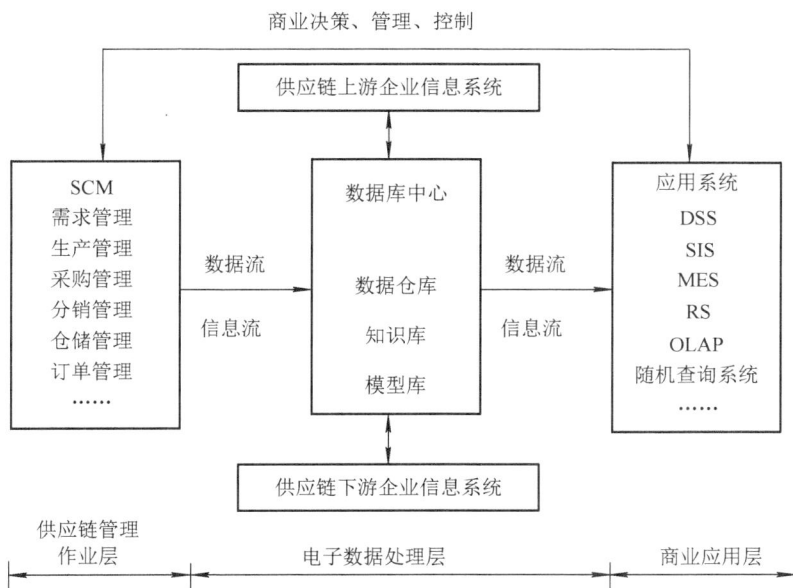

图 4.10　企业内部供应链系统集成架构

(1) 供应链管理作业层。在这个层次里，供应链管理进行实质性的操作，包括需求管理、生产管理、采购管理、分销管理、仓储管理、订单管理等。这些具体的操作是根据"商业应用层"中的"决策、管理、控制"的信息进行的。

(2) 电子数据处理层。电子数据处理层是将"供应链管理作业层"中实质性操作过程产生的数据和信息，通过各种收集数据的子系统，如电子订货系统(EOS)、销售时点系统(POS)、电子数据交换系统(EDI)等，收集到数据库中来。数据库管理系统对这些数据进行存储、管理和综合分析，也就是通过数据的挖掘过程形成特有的商业信息、商业知识、商业模型等。这些结构化的信息、知识和模型可供"商业应用层"调用，并在企业的决策、管理、控制过程中发挥作用。

(3) 商业应用层。商业应用层包括决策支持系统(DSS)、执行管理系统(MES)和报表系统(RS)等，它从电子数据处理层获取信息流和数据流之后经过分析综合得到决策支持信息，以对企业的整体运营、操作起着决策、管理和控制的作用。它还为供应链管理作业层提供信息支持，是整个 SCM 系统的目的。

2) 基于 Internet 和 Intranet 的企业外部供应链集成架构

在企业外部供应链信息系统中，计算机(个人计算机、工作站、服务器)可以既是 Internet 的节点，又是 Intranet 的节点，它们之间范围的界定由服务范围和防火墙限定，基于 Internet/Intranet 的 SCM 系统信息组织与集成模式如图 4.11 所示，也可以认为这是基于 SCM 系统的 Internet/Intranet 集成化企业管理信息系统的网络结构模型。

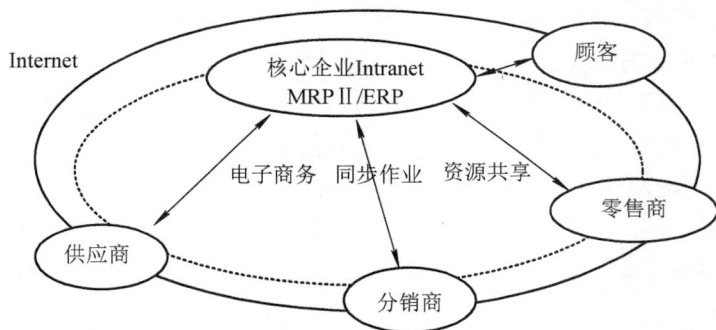

图 4.11　企业外部供应链系统集成架构

思政案例

根据该结构模型，可以在供应链企业中充分利用 Internet 和 Intranet 建立三个层次的管理信息系统，分别为外部信息交换层、内部信息交换层以及内外部信息集成层。

4.5　企业供应链管理的数字化转型

企业供应链的通畅程度决定了这家企业的经营效益。有效的供应链管理可以使管理者充分了解到整条供应链的信息，这条供应链从原材料的获得开始，到产品的生产，并一直延伸到把成品送到客户手中。数字化转型对供应链管理最重要的影响就是实现了供应链各环节信息的科学集中管理，管理者有了这些信息，就可以进行更加科学全面的决策，使得供应链运作更加通畅。以下分别从计划、采购、生产/制造、运营四个环节介绍供应链的数字化转型。

4.5.1　计划的数字化转型与变革

决策是传统供应链管理中的核心，通常决策分为三个阶段：供应链战略、供应链计划和供应链运营。其中，战略和计划是供应链管理的重要部分。数字化供应链的核心是数字化决策，是对传统供应链决策方式的根本性变革，是基于数据+算法的决策方式，也就是采用现代数字技术，如人工智能、高级分析、大数据等进行决策，用数字化决策来驱动管理供应链的运营。数字化计划则是数字化决策最重要的部分，因此计划的数字化转型是整个供应链数字化转型的核心。

1. 数字化计划的五个维度

根据计划的不同维度，可从五个方面分析如何达到数字化供应链计划的要求，从而帮助供应链管理者采用正确的方法、合适的数字技术和组织的数字变革来实现供应链计划的数字化转型。表 4.3 描述了每个维度及相关解决方案和技术。

表 4.3　供应链计划的五个维度及相关解决方案和技术

维度	描述	解决方案和技术
决策水平对齐	端到端供应链计划决策一致	*放弃电子表格，以采用基于云的统一计划系统 *建立系统之间的自动连接，如 EDI、API
决策的纵向一致性	计划决策都与整体业务战略相联系并支持其执行；供应链计划与业务部门之间一致	*垂直调整的模型 S&OP，它为所有日常运营决策提供了战略框架 *采用数字化的 S&OP 技术
决策自动化程度	使用 RPA 和 ML 等数字技术来自动化计划决策	*数字计划平台可以自动进行需求计划，高达90%的流程都在无须人工干预的情况下处理 *即使是人类做出决策，先进的分析技术也可以在整个供应链中提供更好的可视性
决策类型的混合	在计划过程中，每天都会做出决策。在低成熟度的组织中，会看到许多部门的最佳及混乱决策	*通过技术来减少混乱的决策 *使用提供更多可见性和数据的记录计划系统 *借助对所有因果关系的全面洞察，决策变得更加容易，并且大多数最终可以实现自动化
决策数据的延迟	当前许多决策者依靠过时的数据来预测未来，这往往会降低计划决策的质量	*数字技术可以大大减少数据延迟，因此计划人员可以更好地掌握现实情况 *在供应链中(如物流)采用 5G 网络、边缘计算和分析可以减少数据的延迟

2. 计划数字化转型的同步技术

同步计划通常描述一种状态，在这种状态下，来自整个供应网络的数据使组织能够准确地计划生产以匹配实际需求。表 4.4 描述了同步计划演变的五个阶段。

表 4.4   同步计划演变的五个阶段

从顺序规划转向并行规划	*利用公共数据模型来实现实时或接近实时的信息交换 *缩短对需求波动的响应时间，改善延伸供应链的协作
预测偶然因素和需求驱动因素	*使用结构化方式和结构化信息进行短期基于操作驱动的预测 *通过了解可控制的需求驱动因素及其基期影响来优化利润
从确定性供应链转向最优化供应链	*从静态网络模型转换为动态网络模型，以最小化成本，同时最大化服务水平为重要的客户提供服务，同时降低成本
使用人工智能自动化过程	*利用认知学习、AI 等对计算机进行连接，实现制造过程的自动化 *使用自动化技术来提高资源效率和过程效率
创建同步规划生态系统	*通过支持自动化决策和信息流的公共平台获得端到端的可见性和连接性 *简化节点之间的连接，以增加可见性并减少人工干预

尽管环境复杂性催生了同步计划的必要性，但现实中大多数供应链组织都还没采用。因为同步计划必须与新兴的数字技术，特别是人工智能、物联网和区块链技术相链接。同步计划的核心是基于人工智能的决策中心，它将彻底改变传统的线性预测和计划，而物联网能提供实时和分时的恒定数据流，区块链技术则可为计划执行提供可信的数据流保障及增强金融交易的安全性。新兴的数字技术使业务计划发生了变革。例如，通过应用机器学习技术来解决近期的供需失衡并触发自动响应，企业可以在最大限度地降低成本的同时最大化提升服务质量。当然，实现同步计划不能单单依靠技术，还需取决于组织的变革——筒仓式的组织架构要进化为平台式的组织架构。数字化计划人才的培养和引进更是实施同步计划的关键因素。

4.5.2   采购的数字化转型与变革

采购是供应链运作的重要环节。当今，采购管理人员正重新考虑他们与供应商的合作模式，以配合业务需求，并将这些业务节点连接起来，为最终客户创造价值。随着数字技术逐渐应用于各个行业，作为供应链核心流程之一的采购正逐步寻找着从成本中心转变成利润中心的出口。数字化提供了一种可行思路。

1. 采购数字化变革的主要障碍

复杂性是采购数字化变革的主要障碍，新兴技术的采用则有助于克服复杂性障碍。表 4.5 总结了采购数字化变革的四大主要障碍。

表 4.5　采购数字化变革的四大主要障碍

采购变革复杂性	复杂性描述
外部复杂性	采购必须获得并管理组织外部的一切，以服务于内部利益相关者
内部复杂性	管理职能间关系和使采购与更广泛的业务目标保持一致的挑战
人才复杂性	人员、组织模型以及采购团队如何执行其业务计划
数字复杂性	在其他三个复杂领域起中介作用，解决技术和流程问题，并推动数字化转型

2. 分析能力和采购数字化转型

分析能力是采购数字化转型的基础，数字技术可提高采购团队分析的质量和效用。首先，越来越多采购功能的管理可在基于云的应用程序中完成，包括支出分析、电子采购、合同管理和供应商管理。其次，更复杂的人工智能的发展可以提升分析能力的实时性。物联网的迅速发展对采购的自动化意义重大，而其中机器和其他相关设备与互联网的连接将加速其发展，采购自动化将使采购部门更容易从供应链伙伴处收集实时反馈，提升企业管理供应链合作伙伴的能力。例如，仓库中的物联网设备可高效跟踪交付量。采购自动化还可以非常精确地跟踪供应商的个人绩效。如果特定的供应商在交货时总是迟到或不准时，那么合同的变更可以非常迅速，甚至自动进行。表 4.6 是基于数字化技术如何帮助采购部门选择最佳供应商分析表。

表 4.6　基于数字化技术如何帮助采购部门选择最佳供应商分析表

采购分析	分析方案描述
供应商分析	• 对战略产品类别的供应商做出更好的决策 • 评估现有产品类别的新供应商 • 预测供应商流失风险 • 深入了解供应商之间的检测框架
目录分析	• 了解供应商的原材料要求 • 分析假设情景，如改变供应商的潜在成本
合同分析	• 优化公司合规性，如成本、交货期、数量 • 改进合同管理，即优化单一来源合同与多源合同的合同期限
支付分析	• 改善供应商付款方式
其他场景	• 进行敏感性分析，即为客户群和市场可用性的增量增长提供所需的成本 • 基于环境因素(即市场需求、生产计划、原材料需求)优化特定产品的供应商网络

3. 人工智能和采购数字化转型

数字化采购变革的分析和实践证明，人工智能非常适合数字化采购，并且已经在部分大企业中得到应用。其中最典型的是苹果和谷歌，在消费者应用程序中使用自然语言生成

(Natural Language Generation，NLG)和支持语音技术，它们可实现数字化采购流程和自动创建采购文件。

首先，NLG 可以自动创建询价单(Request For Quotation，RFQ)。NLG 会话平台允许用户发出语音命令以执行简单的任务，如"创建询价单"。当平台识别出用户的请求意图后，系统会主动推荐后续操作并主动执行相关流程，而不仅仅是提供基础提示。具体而言，用户只需发送一个简单指令，平台就能自动从系统其他模块调取数据生成 RFQ，大幅节省操作时间。整个流程完成后，平台还会自动生成简明易懂的报价摘要，方便用户快速理解关键信息。

其次，合同应用程序中的 NLG 功能可搜索特定采购合同、查看和执行任务以及批准或拒绝文件。该工具提供的自然语言反馈使交互变得轻松快捷。单击文件夹结构或滚动搜索结果列表的日子已经一去不复返了。

另外，基于 NLG 的多个采购软件套件可以通过对话式报告工具快速运行报告并显示复杂的分析。通过简单的语音命令，临时用户可以检索所需的信息(基于特定条件)。商业智能团队可以花更少的时间处理报告请求，并将更多的时间用于组织的战略工作。

4.5.3　生产/制造的数字化转型与变革

生产/制造是供应链的核心环节，可以说整个供应链都服务于生产/制造。但该环节本身有其自身的组织、技术和服务，供应链是其重要的赋能者，两者相辅相成。下面着重讨论与供应链密切相关的生产/制造的数字化变革，这些变革将影响供应链的数字化架构和流程。

1. 工业 4.0 和智能制造生态系统

第四次工业革命(以下简称"工业 4.0")是人类社会经济转型史上最伟大的一次社会经济转型，它将从根本上改变人们的生活、工作和相互联系的方式。美国国家标准与技术研究院(National Institute of Standards and Technology，NIST)为工业 4.0 智能制造制定了一系列标准，称为"智能制造三链模型"，在智能制造系统中显示了三个维度：产品、生产系统、业务。本质上，正是以上三个维度和生产/制造自身功能相集成形成了智能制造生态系统。表 4.7 所示为与智能制造生态系统相关的要素、信息流及关键能力映射。

表 4.7　智能制造生态系统的相关要素、信息流及关键能力映射

要素	描述	信息流	关键能力映射
PLM	产品生命周期管理——对产品的整个生命周期进行管理的过程，从一开始到工程设计和制造，再到服务和处理制造的产品	产品和生产系统生命周期中的双向信息流	质量、敏捷性和可持续性
CPI	持续流程改进——一组持续的系统工程和管理活动，用于选择、定制、实施和评估生产产品的过程	从实时制造系统到过程设计活动的信息流	质量、可持续性、生产率

续表

要素	描述	信息流	关键能力映射
FMS/RMS	柔性制造系统/可重构制造系统——机器是灵活的,可以被配置成在不改变过程的情况下产生改变体积的新的产品类型	从产品工程活动到生产工程活动的信息流	敏捷性
FIC	快速创新周期——通过从产品使用中收集的数据和产品构思的反馈的趋势预测来快速改进新产品导入(New Product Introduce,NPI)周期	从产品使用到产品设计的信息流	质量、敏捷性

2. 生产/制造数字化转型的关键元素

1) 3D 打印

3D 打印是对传统的生产/制造的数字化革命,被认为是工业 4.0 中"必不可少的成分"。

尽管传统的设计已从手工转变为采用计算机方法(如计算机辅助设计 CAD 工具),然而传统的制造方式仍然是"减法制造",即根据设计、生产模型/具,对原材料进行减法加工,如采用切削、磨、钻、车等方法将零部件加工成型。采用这种方法加工产品时会产生大量废料,且产品不宜定制修改。3D 打印的独特之处在于可按照用户在 3D 数字软件中创建的数字轮廓逐层创建作品。这种细致的产品设计方法意味着企业有更多的机会定制产品。现在,3D 技术可被用来完成以前无法在批量生产中创建的详细设计和编织材料,从定制颜色以吸引特定受众到根据客户要求进行完全个性化定制均可以实现。此外,3D 打印被称为增材(加法)制造,它将产生比减法制造少得多的废料,大大减少了材料的浪费,有利于环保和促进企业的可持续发展。利用 3D 打印,企业也能缩短产品升级周期并提升周转效率。对于传统制造,发布新产品和改进产品需要大量的制造设计时间和成本,但在 3D 打印支持下,企业可以仅通过调整数字蓝图来继续进行升级。

尽管 3D 打印在成本、材料限制方面存在局限性,但为改革制造业带来的便利性、定制性、灵活性、环保性、适应性等诸多好处及强大的竞争优势使其拥有了广阔的前景。德勤全球曾预测,大型上市公司(包括企业 3D 打印机、材料和服务)与 3D 打印相关的销售额将在不久的将来呈爆炸式增长。3D 打印行业几乎将改变它所涉及的每一个行业,彻底颠覆传统的制造工艺。

2) 并行工程

在工业 4.0 端到端的数字化集成过程中,起始端的设计将影响整个制造过程。因此,人们很早就开始研究和实践如何优化设计以获得预期的产品。长期以来,企业产品开发工作一直采用传统的串行工程方法:先进行市场需求分析;再将分析结果交给设计部门,设计人员进行产品设计;然后将图纸交给工艺部门进行工艺设计和制造准备;采购部门根据要求进行采购;一切齐备后进行生产加工和测试,对结果不满意时再修改设计与工艺，如此循环直到结果令人满意。而并行工程方法能够较好地兼顾产品生命周期中各阶段的需求，并将它们在设计中加以考虑，因此也被称为"生命周期工程"。这种优化设计的解决方案统称为 DFX—Design For Excellent。其中"Excellent (优秀的)"代表任何对设计和制造有价值的特征元素，如 X = MA，就是 DFMA。事实上，DFX 就是基于并行工程的思维方法。

3) 产品生命周期管理

产品生命周期管理(Product Lifecycle Management，PLM)是智能制造生态系统的核心部件之一。在工程和制造业中，PLM 是贯穿整个生命周期的管理产品信息全过程的软件工具集，涵盖了需求、设计、工程、制造、生产、支持、维护、处置和再制造。PLM 是工业互联网平台的核心部件之一，它与供应链管理(SCM)的深度融合将促进和赋能双方的数字化转型。PLM 产生于 20 世纪 80 年代，它最初的主要功能是文件管理、零件清单管理，后来慢慢演变成了工具包与通用应用、商业解决方案等，它是工业 3.0 革命的产物。到了工业 4.0 时期，传统的 PLM 转向了工业 4.0 的数字线程。利用云计算、物联网和人工智能，数字线程可实现跨生命周期阶段的实时协作和无缝信息流，打破壁垒并促进互联生态系统。数字主线、数字孪生和预测分析的集成进一步增强了决策能力，从而能够快速响应市场变化。为了面对工业的挑战，下一代数字连接的 PLM 必须具有以下数字能力。

(1) 敏捷产品开发和模块化 PLM 架构。

(2) 应用程序生命周期管理(Application Lifecycle Management，ALM)、产品数据管理(Product Data Management，PDM)和企业资源计划(ERP)集成系统。

(3) 实现数字主线模型和数字孪生。

(4) 基于模型的系统工程。

(5) 跨企业协同。

(6) 跨学科。

4.5.4 运营的数字化转型与变革

数字化已经涉及企业的方方面面，包括供应链运营模式。如今，RFID、GPS 和 LOT 传感器等新兴数字技术已使企业能够将其现有的混合(纸质和 IT 支持流程的组合)供应链结构转变为更灵活、开放和协作的数字化模式。混合供应链模式导致了僵化的组织结构、无法访问的数据以及分散的合作伙伴关系。与混合供应链模式不同，数字化供应链实现了业务流程自动化、组织灵活性和企业资产的数字化管理。供应链运营数字化转型的目的在于提高企业的运营效率和降低运营成本，以合适的成本和客户满意的方案执行供应链的计划和流程。供应链运营包括计划、寻源、制造、交付、退货等环节。在数字时代，企业外部经营环境发生了翻天覆地的变化，如数据大爆炸、数字化变革、以客户为中心等。

面对数字时代供应链运营的挑战，企业唯一正确的对策就是制定供应链运营转型的战略，实施数字化转型。制定和实施供应链运营转型战略需要考虑五大要素，如表 4.8 所示。

表 4.8　制定和实施供应链运营转型战略需要考虑的五大要素

要　素	描　述
数字创新型人才	企业的供应链组织需要网罗各类掌握数字技术、把握行业和职能中心的创新和创业人才
数据洞察	数字化供应链运营生态系统内外的结构化和非结构化数据，以及由传感器产生的实时数据是获取深入洞察的基石
应用智能数字技术	供应链执行自动化、智能数据分析和人工智能有助于供应链运营数字化转型
云赋能	云计算能将智能数字化供应链运营的所有要素集成于数字平台，并能整合各数字平台的海量数据，以对其进行洞察和决策分析
智能数字化供应链运营生态系统	生态系统可为企业带来更多数字技术能力的组合，助力企业供应链运营创新

1. 数字创新型人才

拥有供应链数字创新型人才是保证供应链运营数字化转型成功的关键。如今，供应链人才缺乏是一个世界性问题，而数字化供应链人才加上具有创新精神的人才则更是稀缺。据 2019 年高德纳的研究，过去四年里非 IT 岗位的技术技能需求增长了 60%，这种转变加剧了本已严重的供应链人才短缺。除了国家需要加速投资数字化供应链人才的培养外，企业还需要建立数字化供应链的人才战略。除从各学校及其他资源招收人才外，需要通过内训/外训培养在职的员工(管理人员，还包括司机、仓库工人等)，让他们成为企业需要的人才。

2. 数据洞察

供应链运营的生态平台系统和供应链执行系统包括运输、仓储、贸易、订单等会产生大量的结构化和非结构化数据。这些数据是产生供应链执行运营洞察的基石。供应链生态平台可利用这些数据提供端到端运营的可见性，使供应链的工作人员实时了解发生了什么(如运输遇到了坏天气，需要及时通知司机和收发货方)，它还可通过对这些数据的分析，产生对运营的洞察(如运输路线不当造成的成本上升，从而给出路线优化的决策方案)。充分利用运营数据能大大改善供应链执行运营，达到降本增效的目的，并且推动供应链执行运营的数字化转型。

3. 应用智能数字技术

传统的供应链执行运营自动化程度低，存在许多人工或半人工操作(如货物包装、装车、仓库管理等)，不仅工人劳动强度大，而且效率低，常出错误。应用智能数字技术是促进供应链运营数字化转型的必由之路。2017 年，推动业务和流程转型的"三驾马车"被提出，即机器人流程自动化(RPA)、智能分析、人工智能(AI)，它们形成了实现服务交付(如供应链执行)的关键驱动因素，也被认为是企业未来十年供应链竞争的关键影响技术。据高德纳预测，到 2025 年，全球超过 30%的可操作仓库的工人将由协作机器人补充，至少有 50%的大型公司将在供应链运营中使用人工智能、高级分析和物联网。

2016 年以后，我国物流自动化的发展速度显著加快。根据 IFR 发布的 2017 年全球工业机器人市场报告，2016 年全球工业机器人销量达 29.4 万台，而后三年仍保持 15%以上的增长速度，至 2020 年销量已超过 50 万台。我国在全球 15 个工业机器人销售市场中位居首位，2017 年销量达 11.5 万台，市场规模达 42.2 亿美元；2020 年销量超过 20 万台，占全球市场份额的 40%。我国无人搬运车(Automated Guided Vehicle，AGV)的需求旺盛且需求领域相对集中，其中电商仓储物流领域占比为 15%。随着仓库自动化水平的逐步提升，AGV 的需求将向物流其他细分领域渗透，拥有更大的增长空间。

4. 云赋能

云计算技术是连接智能数字化供应链运营所有要素的基础和支柱，它能够加速并优化数据集成，支持企业按需调整规模大小，整合不同行业和云应用程序平台的洞察，从而帮助企业迈向"即用型数字化服务"环境。根据埃森哲的研究，超 90%的受访企业希望访问即用型数字化服务，同时确保企业级的全方位安全。

普通案例

5. 智能数字化供应链运营生态系统

在当今竞争激烈的商业环境中，供应链组织及物流企业不能孤军奋战。它们需要合作伙伴的帮助，这些合作伙伴会带来独特的功能、数据、客户和行业知识，这些知识可以成为创新的源泉。普华永道提出了一个智能数字化供应链运营的生态系统框架，其中包括互相连接的四个生态系统。

一是客户解决方案的生态系统。它支持平台集成，数据集成、分析和服务，多渠道客户交互，以及提供个人解决方案等多种功能。

二是操作生态系统。以数字化供应链运营为核心，它支持集成及持续规划、数字研发、产品生命周期管理、采购 4.0、智能制造、连接的物流和配送、售后服务，以及连接的供应链执行。

三和四分别是技术生态系统和人的生态系统。技术生态系统和人的生态系统是前两个生态系统的基础底座，它们保证整个运营生态系统的运行和为企业创造价值。

相比传统的服务交付模式，当前企业更倾向于与服务供应商开展密切合作。国内许多企业也开始走生态发展的道路，以推动供应链运营的转型。例如 2019 年 3 月 30 日物流产业互联网服务供应商易流科技同博世、壳牌等多家生态伙伴联合发起成立了数字化供应链生态联盟，联盟横跨智慧物流、智能制造、技术服务等多个领域。

4.6　金蝶 K3 供应链管理系统主要模块介绍

4.6.1　K3 供应链管理系统总流程

供应链管理子系统是金蝶 K3 的核心子系统之一，它主要面向企业采购、销售、库存和质量管理人员，提供采购管理、销售管理、仓库管理、进出口管理、存货核算、质量管理等业务管理功能，能够帮助企业全面管理供应链各项业务。K3 供应链管理系统既可独立运行，又可与生产计划(MRP)、人力资源、财务系统之间进行密切的数据交换，与以上子系统一起构成更完整、更全面的一体化企业应用解决方案，充分体现物流、资金流、信息流的一致性。

K3 供应链管理子系统功能流程结构可表示为图 4.12。

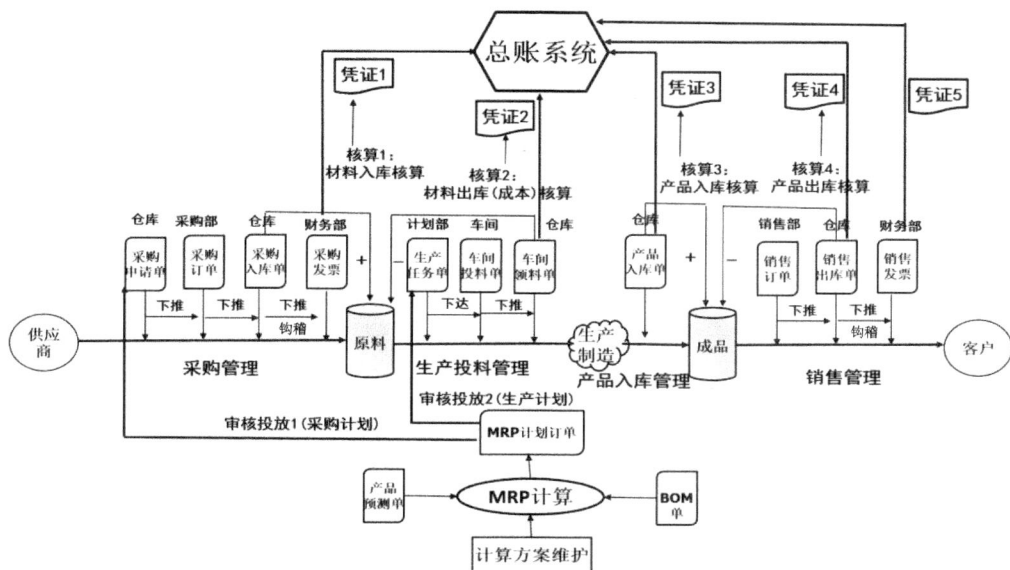

图 4.12　K3 供应链管理子系统功能流程结构图

4.6.2　K3 供应链管理系统主要模块介绍

K3 供应链管理的主要功能可以看作由围绕"原料仓"和"成品仓"的四大业务流程，即采购管理(原料仓进)—生产投料管理(原料仓出)—产品入库管理(产品仓入)—销售管理(产品仓出)组成。显然，各类物料的结存数据来源于流转单据，可从报表系统中查询。另外，各流程中的流转单据数据通过存货核算和凭证管理模块汇集至财务总账系统。

1. 采购管理

采购管理系统是指通过采购申请、采购订货、检验收料、采购退货、购货发票处理、供应商管理、质量检验等功能综合运用的管理系统，可对企业采购物流和资金流的全过程进行有效的双向控制和跟踪，实现完善的物流供应数字化系统。

(1) 采购申请单。仓库根据各业务部门或计划部门安排主生产计划、MRP、库存管理需要、销售订货或零星需求，向采购部门提出购货申请并批准采购的单据。在单据界面主要输入物料类型、日期、物流代码(根据基础数据自动找到物料名称、单位，下同)、申请数量、建议采购日期等关键数据。通过保存—审核，流转到下一流程。

(2) 采购订单。它是由采购部门和供应商共同签署的，确认采购活动的标志性单据。K3 系统中，采购订单可以由源单(如采购申请单)下推生成，也可以直接新增，并需要在单据界面选择源单类型和源单编号。通过供应链—采购管理—采购订单—新增(维护)，在单据的主表中输入供应商、采购日期，在明细表中输入物料代码、数量、单价、含税单价、金额、价税合计、交货日期等关键数据。显然，与采购申请单不同，采购订单即代表了购货合同，故而单价、税额、价税合计等金额数据必不可少。保存并审核后，流转到下一流程。

(3) 外购入库单。外购入库单又称收货单、验收入库单等，是确认货物实物入库的书面证明。当仓库管理员收到入库通知后，在原材料入库日期填写外购入库单。K3 系统中，外购入库单既可由采购订单下推生成，也可直接手工新增。在外购入库单主表需输入采购方式(现购赊购)、采购日期、供应商、往来科目、收料仓库，明细表中输入物料代码、应收数量、实收数量、单价、金额、源单号(如果有)等关键数据。通过保存—审核操作，外购入库单可被下游单据引用。同时，通过审核后，可立即对后台原料仓中对应物料的实际库存数量执行"增加"操作，结果可以通过"库存台账""明细账"等报表进行查询。

(4) 采购发票。它是供应商开给购货单位，据以付款、记账、纳税的依据，具有业务和财务双重性质，是 K3 供应链系统的核心单据。采购发票既可源自外购入库单(或采购订单)，也可直接手工新增，路径为"供应链—采购管理—采购发票—新增(维护)"。发票主表中的"选单号"为与之对应的外购入库单号，需要在明细表中填入物料代码、数量、单价(不含税)、含税单价、金额、价税合计等关键数据。同样需要保存并审核才能生效。从图 4.12 可见，采购发票与财务系统紧密关联，故而还需完成以下几项重要的关联操作。

a. 采购发票的钩稽。它是采购业务中实现资金流和物流并行，保证业务流程统一性的重要环节。在"采购发票钩稽"序时簿界面选中某发票，点击"钩稽"按钮，系统会自动按照"选单号"(或者按照物料代码+数量)找到与该发票对应的入库单，确认两张单据的钩稽数量一致后，点击"钩稽"按钮完成(见图 4.13)。

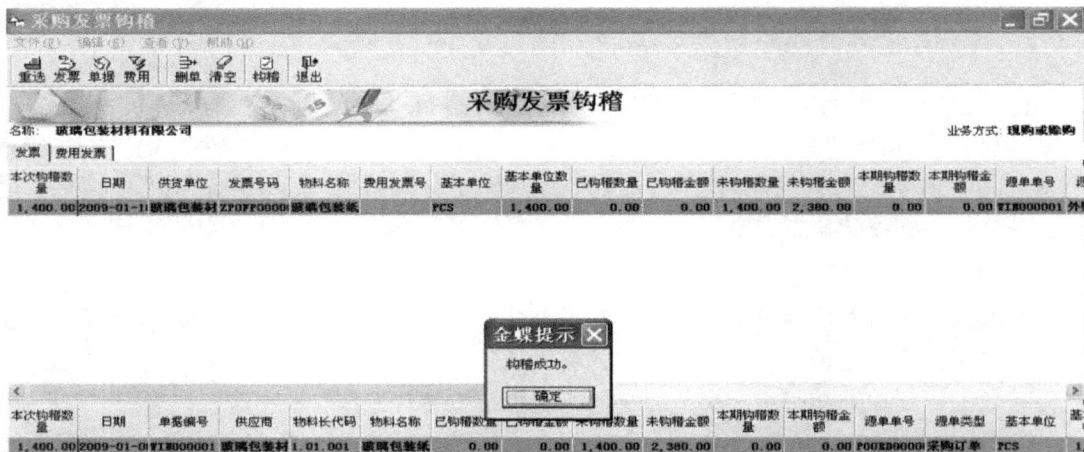

图 4.13   金蝶 K3 采购发票钩稽界面

b. 采购入库核算。采购入库核算即对采购发票进行财务核算。核算完成后，发票上的采购数量、金额、税额等数据按物料批次进入后台作为后续计算原材料成本的依据。按路径"存货核算—外购入库核算—分配—核算"即可完成该业务。

c. 采购发票制作凭证。可以根据采购发票上的金额、税额和价税合计自动生成采购发票记账凭证，汇入财务总账系统。按路径"存货核算—凭证管理—采购发票—重设"进入凭证模板制作界面(见图 4.14)，准确设置凭证中的借贷方科目，以及对应的发票数据项目，而后按编辑菜单把该凭证模板设置为"默认"。接着点击"重设"按钮生成凭证的发票单据，选中某单据，按"生成凭证"，即可自动按凭证模板生成会计凭证(见图 4.15)。

图 4.14　凭证模板制作

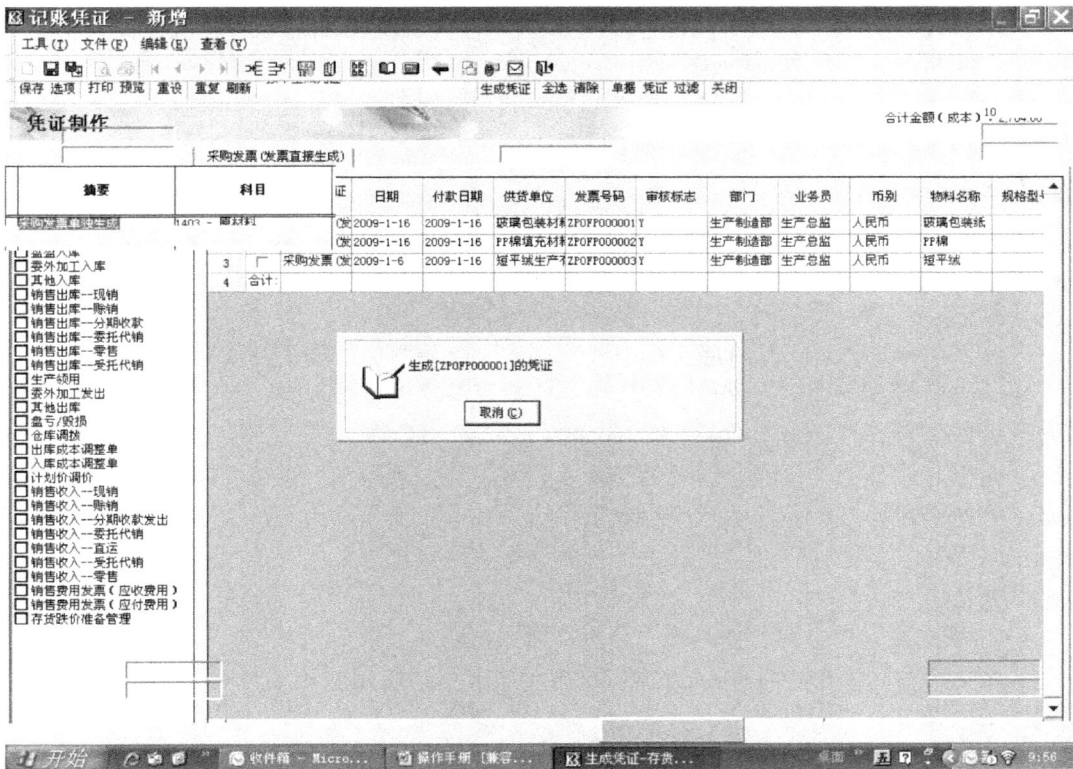

图 4.15　发票生成凭证

2. 生产投料管理

生产投料管理是车间依据计划部门下达的生产任务，通过分解计算得到本车间用料计划单，而后去仓库领取相应数量原料，完成投料的过程。其主要功能模块如下。

(1) 生产任务单和投料单。生产任务单是各车间开展生产投料的依据，可以由计划部门手工输入，也可由 MRP 子系统的生产计划单据下达而来。关键数据有生产类型、物料代码(产品)、计划生产数量、计划开工日期、计划完成日期等。点击"保存"并"下达后"，系统生成"投料单"。投料单主表上的数据与任务单一致，明细表为完成该生产任务的计划原材料数据。

(2) 领料单。它是生产车间从原料库领用原材料，投入生产的重要证据，也是原材料"离开"仓库的书面证明，由仓管员根据车间投料单填写。领料单既可由生产投料单下推生成，也可以手工填写，路径为"供应链—仓库管理—领料发货—领料单"，关键信息有发料仓库、物料代码(原材料)、申请数量、实发数量、单价、金额。其中，各物料的成本金额为实际投料的原材料成本，需要通过成本核算得出。在实际操作过程中，单价和金额可以暂时不填。领料单保存并审核后，系统对相应物料的实际库存数量执行"出库"操作，结果可以通过"库存台账""明细账"等报表进行查询。由于领料单同样是核算原材料成本的重要依据，与财务系统密切相关，因此还需进行以下两项关联操作。

a. 材料出库核算。如前所述，领料单输入时暂无须填写单价和金额，利用"材料出库核算"功能，系统可基于后台财务账，按照预先设定的物料成本核算方法(先进先出、加权平均等)计算单位成本和领料总成本，并自动回填相应领料单。按路径"存货核算—材料出库核算"，指定需要核算的物料代码段(或选择结转所有物料)，即可完成材料出库核算。

b. 领料单制作凭证。除了凭证模板和借贷科目不同外，领料单制作凭证的功能和操作步骤与采购发票制作凭证类似，此处不再赘述。

3. 产品入库管理

产品入库管理流程是指经过生产投料后，各工序投入生产工人的劳动、机器的运转以及能源的消耗，最后把原材料转变为产成品并进入产品仓库的过程。产品入库管理中最主要的单据为"产品入库单"。

产品入库单是体现产品入库流程中物流和资金流转变的最重要的单据，由仓管员填写。作为生产任务的执行体现，该单据可以由"生产任务单"下推而来，也可以手工新增，需确定的关键信息有收货仓库、物料代码(产成品)、应收数量(来源于生产任务单)、实收数量、单价、金额。此处的单价和金额为生产入库成本，类似领料单，也可暂时不填。保存并审核后，系统会对相应产品的实际库存数量执行"入库"操作，结果可以通过"库存台账""明细账"等报表进行查询。产品入库单同样与财务系统密切相关，因此还需进行以下两项关联操作。

a. 自制产品入库核算。按路径"存货核算—自制产品入库核算"打开核算界面，手工计算并填入产品入库单中各产品的总金额(材料成本＋厂房租金、工人工资、加工费、生产线维护折旧费等分担费用)，单击"确定"后，自动回填产品入库单中的单价和金额且计入后台财务账。

b. 产品入库单制作凭证。其功能和操作步骤与前类似，此处不再赘述。

4. 销售管理

销售管理系统是指通过销售报价、销售订货、销售发货、销售发票处理、客户管理、信用管理等功能综合运用的管理系统,可对销售全流程进行有效控制和跟踪。该系统既可独立运行,也可与财务管理系统相结合。

(1) 销售订单。它是购销双方共同签署的,以此确认销售活动的标识,是销售管理系统的重要单据。销售订单可以基于销售报价单下推生成,也可直接手工新增。单据主表输入的主要信息有购货单位、销售方式、交货方式、交货日期,明细表的关键信息有物料代码(产品)、数量、单价、含税单价、金额、税率、销项税额、折扣率等(见图 4.16)。保存并审核后流转到下一流程。

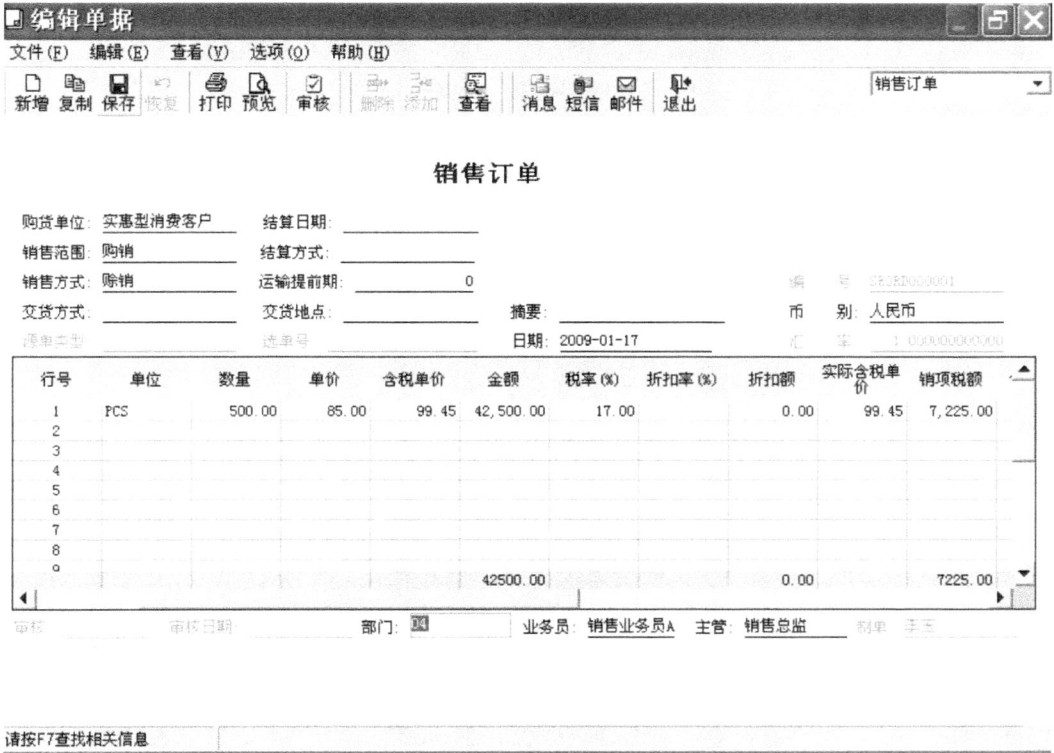

图 4.16　销售订单

(2) 销售出库单。销售出库单又称发货单,是确认产成品出库的书面证明,由仓管员填写,可以处理包括日常销售、委托代售、分期收款等各种形式的销售出库业务。销售出库单既可由销售订单下推而来,也可手动新增。其路径为"供应链—销售管理—销售出库单—新增",主表信息有购货单位、销售方式、出库时间、发货仓库,明细表关键信息为物料代码(产品)、应发数量(来源于销售订单)、实发数量、计划单价、单位成本、成本等(见图 4.17)。保存并审核后,系统对相应产品的实际库存数量执行"出库"操作。由于销售出库单为核算主营业务成本的重要依据,与财务系统密切相关,因此单位成本和成本信息暂时可以不填,且需要进行以下两项关联操作。

a. 产品出库核算。使用该功能时,系统可基于后台产品财务账(数据来源于产品入库单),按照预先设定的物料成本核算方法(先进先出、加权平均等)计算出库的产品单位成本和总成本，并自动回填相应销售出库单。具体操作类似"材料出库核算"。

　　b. 产品出库单制作凭证。该凭证用于结算企业主营业务成本，对应数据为出库单上的"成本"信息。除凭证模板借贷科目不同外，其功能和操作步骤与前类似。

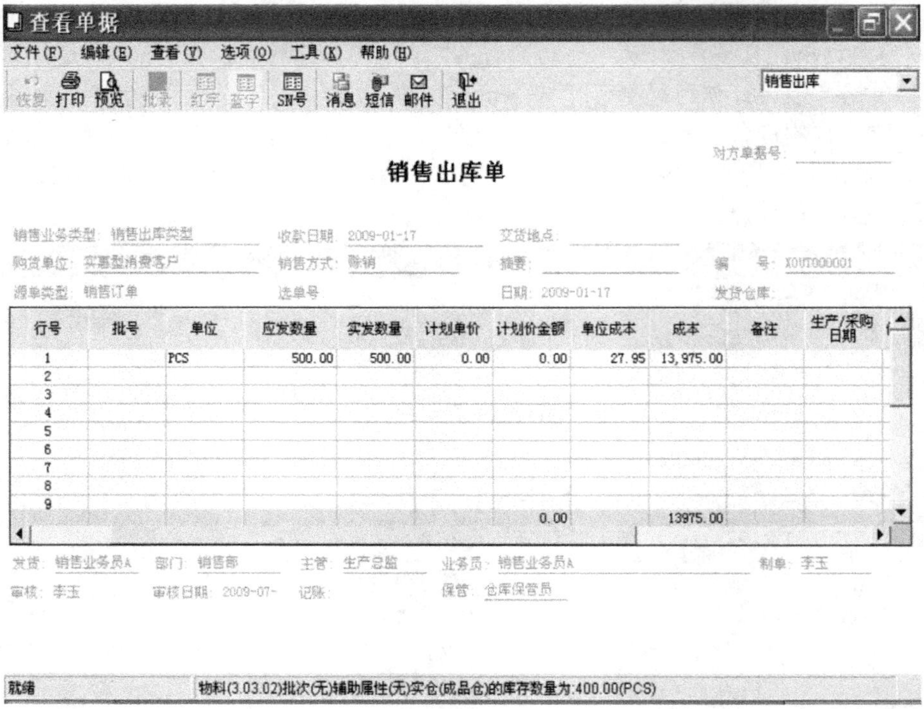

图 4.17　销售出库单

　　(3) 销售发票。销售发票是企业开给购货单位，据以付款、记账、纳税的依据，是实现企业利润目标的保障，在 K3 供应链系统中居于核心地位。销售发票由财务部负责填写，可以由销售订单或者销售出库单下推生成(对应关系以"选单号"体现)，也可通过路径"供应链—销售管理—销售发票—新增"手工录入。发票主表输入的主要信息有购货单位、销售方式、开票日期等，明细表的关键信息有物料代码(产品)、数量、单价、税率、含税单价、金额、价税合计、销项税等，同样需要保存并审核后方能生效。采购发票与财务系统紧密关联，因此还需完成钩稽和凭证制作，具体与前类似，不再赘述。

本 章 小 结

　　作为企业生产与供应链管理的基础部分，主生产计划是确定每一具体的最终产品在每一具体时间段内生产数量的计划。MRP 基于主生产计划(根据客户订单结合市场预测制订出来的各种产品的排查计划)，根据产品结构或所谓产品物料清单(BOM)、制造工艺流程、产品交货期以及库存状态等信息由计算机编制出各个时段各种物料的生产及采购计划；MRP-II 则在 MRP 中融入了资金流的考虑，围绕企业的基本经营目标，对企业各种制造资源进行统一计划和控制，也是企业的物流、信息流和资金流并使之畅通的动态反馈系统。

　　ERP 建立在信息技术基础上，利用现代企业的先进管理思想，全面集成了企业的所有资源信息，并为企业提供决策和计划，它极大地扩展了业务管理的范围及深度，包括质量、设备、分销、运输、多工厂管理、数据采集接口等。供应链管理是 ERP 的核心，分为外部供应链和内部供应链两个层次。在数字经济时代，供应链管理需要进行全方位的数字化转型与变革，主要包括计划、采购、生产/制造以及运营过程。计划的数字化转型是对传统供应链决策方式的根本性变革，采购的数字化转型包含可预测战略寻源、前瞻性供应商管理和自动化采购执行；生产/制造的数字化转型中，3D 打印工业革命、并行工程、产品生命周期管理是工业 4.0 和智能制造转型的关键；在新的竞争环境下，敏捷性、灵活性和快速响应要求凸显，企业唯一正确的对策就是制定供应链运营转型的战略和实施数字化转型。

　　金蝶 K3 的供应链系统能够帮助企业全面优化采购管理、销售管理、仓库管理、进出口管理、存货核算、质量管理等各项数字化供应链业务。它与生产计划、人力资源、财务系统之间保持着密切的数据交换，共同构成了更完整、更全面的一体化企业应用解决方案。

课 后 思 考 题

　　1. 简述你对闭环 MRP 的理解。
　　2. 与闭环 MRP 相比，制造资源计划(MRP-Ⅱ)有哪些区别和联系？
　　3. 企业资源计划(ERP)管理思想主要体现在哪些方面？
　　4. 什么是数字化决策？
　　5. 生产/制造的数字化转型包括哪些内容？
　　6. 在金蝶 K3 供应链系统中，一次完整的闭环业务(采购、生产、销售)共需进行几次核算，几次钩稽，制作几张凭证？

第 5 章

企业营销管理数字化

学习目标

(1) 了解传统营销到营销数字化思想模式的变革。
(2) 掌握营销管理数字化关键步骤和流程。
(3) 理解营销管理数字化的构建。

本章导读

　　随着时代的发展，传统市场营销的方式已经逐渐被淘汰，企业数字化营销成为现代企业营销模式的重要组成部分，营销的核心已经从产品转变成了用户，企业数字化营销也得到了越来越多的关注。数字化营销结合互联网的信息传播和互动性，实现了与客户更为密切的沟通与互动，并极大地提高了企业的营销效率，改变了传统营销方式的局限性，为企业的品牌建设、客户管理、销售增长等方面带来了新的机遇和挑战。本章首先梳理传统市场和数字市场的区别，介绍从传统营销到营销数字化思想模式的变革；然后从客户购买路径和营销目标两个维度阐述传统营销和数字营销的整合；接着厘清了营销管理数字化的概念，阐述营销管理数字化的关键步骤和流程；最后详细介绍营销管理数字化转型落地的构建方法，同时指出企业不仅要把握转型的核心方法，还需要选择合适的转型工具。

5.1　传统营销和数字化营销

　　营销是企业与用户互动的桥梁，是实现企业价值的重要环节。传统企业实现数字化转型时，必须把营销管理数字化作为关注重点，变革营销思想、模式和策略，实现数字时代的营销管理新方式。

5.1.1　传统市场和数字市场的区别

1. 用户关系——垂直和水平

传统市场下，营销的起点是市场细分，即根据客户的地理、人口心理和行为特征，将市场划分为同质的群体。市场细分后通常要进行目标市场选择，即挑选与品牌中心相契合的、有吸引力的一个或多个用户群。细分和选择可以使资源分配和定位更为高效，并帮助营销人员为不同的客户群体提供差异化产品和服务。但是，细分和选择也证明了客户和企业之间关系的垂直性，两者均由营销人员单方决定而无须征询客户意见。客户的参与仅局限于市场调研时的信息输入，他们常常会受到无关信息的打扰和冒犯，并通常会将企业发送的单方推送列为垃圾信息。

数字市场下，用户同各个垂直社区的其他用户形成社会互联。社区就是新的市场群体，它能有效抵制企业产品的强行闯入，不受垃圾信息和无关广告的影响。企业想要与社区用户有效交流就必须请求许可。但是，企业在请求许可时，应该是真诚地和社区用户交流的"帮助者"，而非带着强烈营销目的的"猎人"，且用户有权选择"确认"或"忽略"好友请求。这展示了数字市场下用户和企业间的水平关系，用户在营销信息接受方面拥有足够的主导权。

2. 品牌定位——差异化和产品特性的解读

传统市场下，品牌是名字、标志和标语等内容的组合，是产品和服务相互区别的手段，也是公司品牌活动中产生价值的载体，是企业战略的平台。品牌的概念与品牌定位密切相关。自 20 世纪 80 年代起，品牌定位就成为客户心意的攻坚战。想要实现品牌的成功，就必须有清晰和持续的定位以及支持定位的差异化标准。品牌定位是营销人员为赢得用户心意而做出的具有说服力的承诺，想要展示品牌的真实特性，营销人员必须用差异化的营销手段。

数字经济中，用户可以主动衡量甚至审视企业所做出的品牌定位承诺。由于社交媒体的透明性，品牌无法做出虚假且不能证实的承诺。品牌定位应高于公司定位，并且必须秉持服务社区的理念。过去，仅仅依赖重复和持续的品牌认证与定位，已经不足以确保成功了。随着现代化数字技术的出现，产品周期不断缩短且迅速变化，这导致品牌动态性凸显，拥有一定"变体"的品牌才能在各种环境下适应自如。然而，品牌的特性和密码不应随之改变。其中，品牌特性是品牌存在的根本，品牌密码则包含了创业历史、信条、微记象征、仪式、对立阵营、神奇术语、领导者等七大特性。只要品牌密码岿然不动，其外部的特征就可以随意变化。举例来说：谷歌和 MTV 有着数不清的品牌变体，谷歌被称为"涂鸦"，但谷歌和 MTV 这样的品牌仍然能在各种变数中巩固统治地位。

3. 市场营销——从售卖"4P"到商业化"4C"

市场营销组合是指企业根据目标市场的需要，全面考虑企业的任务、目标、资源以及外部环境，对企业可控制因素加以最佳组合和应用，以满足目标市场的需要，实现企业的任务和目标。传统营销主要包括 4P：产品(Product)、价格(Price)、渠道(Place)和促销(Promotion)。产品是指基于客户需求和市场调查为目标市场开发适当的产品，选择产品线、品牌和包装等；价格是指企业结合成本、竞争和客户价值等方面考虑制订适当的价格；渠道是指为了让用户获得便捷的购物体验，企业需要安排运输储藏等把产品送到目标市场；促销就是考虑如何将适当的产品，按适当的价格，在适当的地点传达给目标用户，包括销售推广、广告、培养推销员等。当企业将营销组合的4P合理地设计和结合后，用户就会被产品价值主张所吸引，产品的销售也就变得更容易了。

在互联互通的时代，营销组合变得更加需要用户的参与。4P的营销组合如今应该被重新定义为4C——共同创造(Co-create)、通货(Currency)、公共活动(Community activity)、对话(Conversation)。数字经济下，共同创造是新产品开发的一种战略，通过在创意阶段使客户参与其中共同创造，企业能提高新产品开发的成功率。共同创造还使得客户可以定制个性化的产品和服务，创造更高级的价值主张，赋予4P不同的内涵。

(1) 定价。数字时代的定价也从标准化逐渐迈向了动态化。动态定价是根据市场需求和能力设定可以变化的价格，比如线上零售商就可以通过收集大量数据，实现大数据分析，企业可以根据消费者的购买历史、购物位置和其他用户信息为不同的用户制定不同的价格，从而优化产品利润。在数字经济中，价格根据市场需求不断波动是一种常态。

(2) 渠道。在分享经济中，最重要的分销概念就是人对人的分销。例如，Airbnb、优步、Zipcar和Lending Club分别改变了旅店、出租车、汽车租赁、借贷等产业的运营模式，为用户带来了来自行业其他用户的产品和服务便捷性体验。3D打印技术的兴起将在不久的将来极大地促进这种分销机制。客户想要购买某种商品，只需等待几分钟就能看到3D打印的商品实物摆在面前。在互联世界中，客户对于产品和服务的需求都是即时的。

(3) 促销。传统的促销一直是单方面的活动，由企业向用户推送信息。在数字经济下，社交媒体的蓬勃发展改变了这种单方信息模式，实现了企业与客户之间的互动信息交流。例如，猫途鹰和Yelp这样的用户评分系统的出现，为用户提供了平台，让他们彼此交流和评价自己接触过的品牌。

4. 客服关系——客服提供和合作关怀

在传统的客服关系中，客服人员有责任根据严格的规章制度和标准的操作规程提供客服服务。因为在购买前客户被视作目标，而一旦决定购买，他们就变成了上帝。这种情况常常让客服人员在面对有争议的事项时进退两难。

在互联世界里，合作才是客户关怀的关键。在这一视角下，企业对所有客户一视同仁。他们不是以服务提供为目的，而是通过倾听、回应和持续地跟进双方关注的内容，表现出对客户的真切关怀。只有当企业邀请客户使用相应服务设施参与进程时，才会产生真正的合作。

5.1.2 传统营销和数字营销的整合

尽管传统营销和数字营销在诸多方面存在差异。但是，数字营销不代表要取代传统营销。相反，两者应该在客户路径上相互补充，发挥共存作用。传统营销转变为数字营销的本质为企业在促进用户参与和获得用户过程中角色的变化。以下分别从客户购买路径和影响因素两个维度介绍两者的整合过程。

1. 客户购买路径的整合

"爱达"公式(AIDA)——引起注意、诱发兴趣、刺激欲望、促成购买，是最早被广泛使用的描述客户营销模式的一种手段。Derek Rucker 对 AIDA 模型进行了修改，形成了新的营销 4A 模型：了解(Awareness)、态度(Attitude)、行动(Action)、再购买(Addition purchase)。该模型描述了客户在自己评价品牌时的"漏斗状"思维进程：客户了解到品牌(了解)，产生好恶(态度)，决定是否购买(行为)，决定是否值得再次购买(再购买)。客户数量随着进程持续而不断减少。该模型旨在跟进购买后的顾客行为，统计客户留存，将再购买视为客户忠诚度的重要体现。

在互联互通的数字化时代，客户对品牌的态度会受到周围社区的影响，而不是完全由自身决定，忠诚度由体现在客户留存和再购买上转变为体现在对品牌的拥护上。并且，客户能够积极地彼此联系，构建问询—拥护的关系，进而了解品牌信息。网络用户活跃度越高，客户之间存在的联系就越强。因此，数字化时代客户购买路径改变为 5A：了解(Acquaint)、吸引(Attract)、问询(Ask)、行动(Action)和拥护(Advocate)(见图 5.1)。

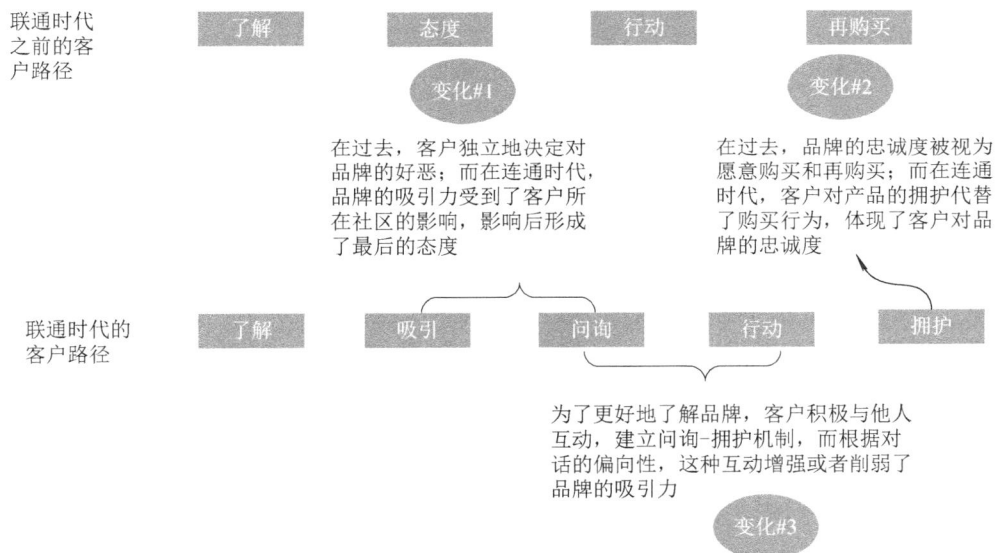

图 5.1　4A 和 5A 购买路径

由图 5.1 可见，新的客户购买路径整合了传统营销和数字营销时代的特点。

了解阶段：客户被动地接受来自过去经验、营销互动和其他人体验等多方面的各种产品信息，该阶段是促使用户购买的阶段。

吸引阶段：在了解了几个品牌后，客户会将已知的信息加工成短期记忆或者长期记忆，随后锁定几个特定的品牌。

问询和行动阶段：受到好奇心的驱使，客户常常积极地跟进那些吸引他们的品牌，从朋友、媒体甚至直接从品牌那里了解更多信息。问询结合了线上数字世界和线下现实世界，能够实现对品牌优劣的评价。他们想要进一步研究时，就会在网上参考用户评论，或者拨打客服热线与销售交谈；又或者比较价格，到实体店试用。此时，客户路径从个人化转向了社会化。客户一旦在问询阶段确认了足够的信息，就会进入行动阶段(决定购买)。

拥护阶段：随着时间的推移，客户会产生强烈的品牌偏好(反映在留存率、再购买率和最终的购买率上)。对于拥护的品牌,客户不需要他人问起就会主动向别人推荐,成为品牌传播者。

5A 框架是一种可以反映数字时代客户购买进程的灵活工具,它可以让不同的行业相互比较,并由此揭示行业的特征;它还能展示各竞争企业与客户之间的关系。当企业发现自己客户的购物过程不同于 5A 模型描述的行业惯例时,就会进而寻找产品缺陷或者隐藏的用户体验问题。

2. 影响因素的整合

数字化时代,营销的最终目标是让用户从了解产品变为拥护产品。总的来说,企业营销人员主要可以通过三种影销方式实现这种目标。在 5A 模型中,客户的决定往往受到外部因素、他人因素和自我因素的共同影响。

外部因素可能来自传统意义上的广告或其他手段,也可能来自销售人员、客服人员与客户的直接互动。从品牌的角度看,外部因素是可以管控的。尽管外部因素产生的反馈很大程度上取决于客户体验的好坏,但企业可以通过改变与客户的"触点"施加影响。

他人因素也来自外部环境。他人因素一般指亲友圈子对产品的口碑,也可能来自用户所在的更大的独立社区。例如,客户可能会受到在社交网站上听到的关于品牌的信息或者被像猫途鹰和 Yelp 这样的评分系统影响。他人因素在不同人群中的影响力存在差异,年轻人、女性和网民是最有影响力的群体,他们带来的影响往往决定着客户最终是否购买。

自我因素来自用户自身,即来自过去与品牌的互动和体验,以及对品牌的个人评价和个人偏好等。

通常来说,个人偏好会受到品牌口碑(他人)和广告(外部)的影响,这些影响因素常常相互交织在一起。每个客户都会受到三类因素的影响,但影响的比例存在差异。有的客户个人好恶分明,不容易受到广告或者朋友推荐的影响;有的客户十分依赖他人推荐;有的客户愿意相信广告。尽管个体间存在差异,但总体而言数字化时代的客户决策更多地依赖他人因素。2020 年的研究数据表明,在来自 60 个国家的受访者中,83%的人将家人和朋友视为最可靠的"广告",有 66%的人会在意他人在网上的评价。值得注意的是,所有类型的客户都对商家的"诚信"因素有着共同的偏好。

思政案例

5.2 营销管理数字化的概念及技术路线图

5.2.1 营销管理数字化的概念

营销管理数字化即以数字技术作为核心驱动力和手段,推动企业核心的营销业务,包括品牌、市场、销售、渠道及交易、消费者及服务的全方位变革,将传统营销方式进行在线化、自动化和智能化创新,最终驱动业务增长。营销管理数字化的本质体现在以下几点:

(1) 借助数据和技术,有效利用营销资源,依靠实时数据跟踪,实现营销由粗放向集约发展；

(2) 依靠数据中台的强大连接，实现渠道从单一向多元发展，从公域到私域的全域端到端业务实时在线，完成高质量数据资产沉淀；

(3) 以消费者为中心的数字化体验创新，实现面向最终消费者体验的全触点营销数据闭环；

(4) 基于数据驱动的内容策划和投放以及消费者运营等营销业务，从经验决策变为智能决策，最终帮助企业变革营销模式，降低营销费用，提升消费体验，实现业务增长。

实现端到端业务在线是营销数字化的核心步骤，探究营销管理数字化的真实动因是消费者数字化行为的演变。经过近 10 年电商产业的蓬勃发展，线上销售已经占到了消费品 30%以上的销售份额，同时微信成为消费者与消费者、消费者与商家之间交流的主要工具。消费者的信息获取、购买决策和购买行为等环节已经实现了数字化，并逐步倒逼零售商运营和品牌商供应实现数字化。所谓端到端业务在线，是指商品从企业流出到消费者整体过程的两个主要渠道(零售和直销)的业务实时在线，一路向 C(消费者)，实时连接消费者。端到端业务在线需要品牌 BC(B：多级服务商及代理商，C：消费者)一体化，供给侧和需求侧共同发力，重塑和融通零售和经销渠道，共同服务消费者。

5.2.2　营销管理数字化的技术路线图

当前企业业务数字化普遍以中台技术为基本架构。基于互联网中台架构的营销管理数字化所覆盖的环节包括数字中台、洞察与策略、内容与创意、投放与触达、服务与体验、渠道与销售，如图 5.2 所示。

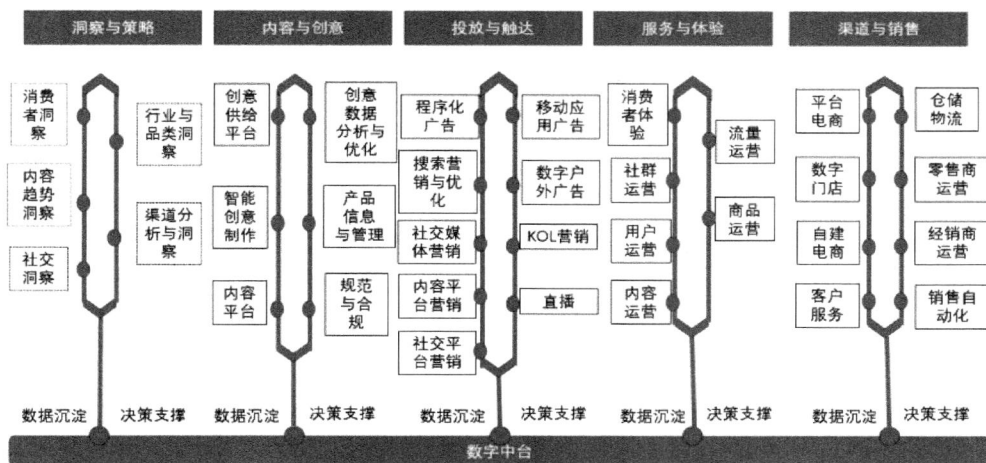

图 5.2　营销管理数字化路线图

1. 数字中台

数字中台构建是营销管理数字化的第一个创新环节，是数据取代人的主观决策成为营销业务的核心驱动力，获取、管理、利用数据的能力成为企业营销管理数字化转型的核心竞争力。借助互联网平台及营销管理数字化服务商的数字中台相关产品，企业能够获取、管理、利用海量数据，发现数据规律，辅助多环节营销业务创新和决策。此外，实现端到端业务在线迫切需要企业建设数字中台，通过业务中台、数据中台、技术平台相关产品，构建扎实的"业务＋数据"能力，奠定高效开发、快速复用的基础，并实现数据的实时采集、治理、存储、查询、分析、展示，积累数据资产，为赋能业务应用场景奠基。

2. 洞察与策略

洞察与策略是营销管理数字化的第二个创新环节，主要基于大数据动态、全面的市场研究与精准的洞察工具，取代传统的市场研究方法，依托数据智能而非少部分人的主观经验，使营销决策得以优化。洞察与策略领域的颠覆依靠"消费者洞察""行业与品类洞察""内容趋势洞察""社交洞察""渠道分析与洞察"相关产品，可以为企业战略制定、新品研发、价格优化、品牌增长、广告投放、内容创意、渠道选址提供决策支撑。

3. 内容与创意

内容与创意是营销管理数字化的第三个创新环节，它将使"一键生成"与"千人千面"等理念变为现实。基础的内容创意可降维至元素，摆脱对人的依赖，实现创意的高效、批量化、个性化。创意评价也由人的主观判断变为数据驱动的创意优化，使得内容管理与内容工作流更为高效。内容与创意领域的数字化关键节点包括：依靠"创意供给平台"整合外部创意供应链；依靠"智能创意制作""创意数据分析与优化"实现创意内容智能生产及优化；依靠"产品信息与管理""内容平台"实现对创意内容的高效管理；依靠"规范与合规"提升内容规范，规避内容风险。

4. 投放与触达

投放与触达是营销管理数字化的第四个创新环节，主要包括全用户的精准触达、全渠道的智能投放、实时动态的效果监测与优化。该环节的覆盖人群、媒介类型及广告类型不断拓宽，且可实现人群的全链路追踪，在广度与深度上都实现了触达效率的飞跃。用户投放与触达领域的数字化关键节点包括："程序化广告"实现精准的目标受众定向与投放，在"搜索营销与优化""社交媒体营销""内容平台营销""社交平台营销""移动应用广告""数字户外广告"等不同类型媒介平台实现不同类型广告的精准投放；依靠全域测量进行单平台或跨平台监测，量化企业与消费者的每一次接触，实现广告投资优化；借助"KOL(关键意见领袖)营销"科学评估 KOL 价值，实现 KOL 与用户之间的精准匹配；通过"直播"完成"种草(产品或服务推荐)"与带货。

5. 服务与体验

服务与体验是营销管理数字化的第五个创新环节。营销从流量时代进入存量时代，由于企业与用户的关系需要从粗放转为精细与深耕，因此企业需要不断地制造与用户的"相遇""种草"直至"收割"并进入下一轮循环。服务与体验领域的数字化关键节点包括：通过"消费者体验"设计消费者体验旅程，依靠"流量运营"完成流量的有效分配，通过"社群运营""用户运营""内容运营""商品运营"等为消费者提供服务，提升消费者体验。

6. 渠道与销售

渠道与销售是营销管理数字化的第六个创新环节，即企业建立对消费者、商品、渠道终端、销售人员的即时连接、数据获取、状态监控、服务支持等能力。渠道与销售的数字化关键节点包括：依靠"平台电商""数字门店""自建电商""客户服务"覆盖从品牌官方商城、线上购物平台及社交商城、线下数字门店到客户服务的全渠道构建过程，通过"仓储物流""零售商运营""经销商运营""销售自动化"完成渠道拓展、铺货、分销、动销，实现智慧营销与渠道运营。

5.3　营销管理数字化的构建

確定将数字化作为营销转型的切入点后，下一步重点是营销管理数字化转型的落地构建问题。企业不仅要把握转型的方法，还需要选择合适的转型工具。

5.3.1　端到端业务在线的构建

随着移动互联网和智能终端的普及，消费场景越来越丰富，且越来越多元化、碎片化，消费者可以在移动终端上解决绝大多数的衣食住行问题。企业要想提升用户体验，培养用户忠诚度，就必须借助新技术进行全网、全渠道融合，打造面向消费者生态的端到端业务在线能力，并通过对全业务在线连接和过程行为路径的数据采集与分析，实现对业务的多维快速感知，继而逐渐沉淀大量私域数据，实现企业数字化经营。

1. 重新梳理和设计端到端流程

首先，企业要重新审视消费者旅程中所有消费者完成的实际和虚拟的操作步骤，研究消费者需要什么、不需要什么，进而梳理从企业内部到外部渠道、合作伙伴、终端门店等围绕消费者旅程的一系列内外部流程。利用这些信息重构消费者旅程，并保证整个数字化流程与服务旅程的一致性，从而帮助消费者轻松完成整个旅程，包括场景梳理，即对场景触点的梳理、规划、设计和管理。

其次，进行触点设计。即通过对整个旅程的消费者触点进行设计，切中需求，让消费者有好感，从而唤起渴望、激发动力。

再次，进行场景模拟。即站在目标人群的视角，模拟和规划影响消费者、感动消费者的内容、形式甚至介质，从而把控关键场景触点。

最后，设计流程穿透。即提升流程效率和消费者满意度，重新构建数字化流程，及时发现流程断点和需要优化的流程，进一步指导企业进行全链路数字化信息系统的建设。

2. 落地端到端在线业务

一般而言，传统企业实现一路向 C 的端到端业务在线可拆解为以下四个步骤，最终达成营销全链路数字化转型。

第一，深化与经销商之间的数字化连接，达成 B 端在线。通过在线咨询、电子合同、在线下单、在线支付、在线跟踪物流、在线对账等业务办理，可实现多个场景的线上化、数字化，从而实现企业和经销商之间数字化连接的升级改造。

第二，激活与终端之间的连接。在激烈的市场竞争环境下，企业的主要任务是敏捷反映市场而不是去除经销商体系。面对国内百万级终端门店，企业仍然需要依赖多级区域销售管理体系。通常企业都会协助传统经销商向运营商、服务商转型，负责对应区域市场拓展。在直连终端时，可以将返利、促销等政策直接投放到终端，这样既可提升投放效率，又可打通厂商、经销商、终端之间的信息流。

第三，经营和赋能。企业可以搭建线上线下一体化的门店管理与运营管理系统，通过数据和算法可帮助终端门店进行商品选品、陈列以及零售促销、会员管理等工作。针对不同位置，面对不同的客群门店，进行产品配置的有效差异化和规模化平衡，实现真正的个性化零售、差异化经营，满足消费者的个性化消费需求，进一步增强零售店的吸客能力和经营活力。在实现"千店千面"差异化运营的同时，通过对不同区域、不同时间段数据的汇总分析，可以对企业的销售预测、库存策略起到很好的辅助决策作用。

第四，一路向 C，共同服务消费者。用户直达是企业的核心诉求。企业应与终端联合起来共同服务消费者，通过全链路数字化实现端到端业务在线，快速满足消费者多样化和个性化的需求，帮助终端积累和沉淀用户。

5.3.2　围绕消费者旅程的营销闭环

在构建营销管理数字化的过程中，必须以消费者为中心设计消费者旅程，在消费者旅程中设计与消费者接触和互动的触点。进一步通过触点为消费者提供服务，收集和洞察服务过程产生的数据，认知消费者行为和偏好，实现从为消费者提供服务到数据回流，从数据洞察到业务优化的营销闭环。企业可以通过触点为消费者提供服务，还能将交互过程数字化，感知消费者的体验。企业设计消费者体验旅程的步骤如下。

(1) 消费者和服务识别。因为消费者认为的和企业为消费者提供的服务是不一样的，消费者旅程和决策路径也不一样，与企业的接触点也会不一样，所以首先要按照消费者需求来设计消费者旅程。

(2) 触点设计。"消费者 + 服务"确定了之后，接下来就需要罗列出在消费者旅程中的触点。该项工作的难点在于要在充分了解企业的产品和服务的基础上，熟悉消费者体验流程，并洞察消费者。对每个消费者的体验触点，都应该识别出其存在的目的。比如消除消费者的疑虑，切中消费者的需求，培养消费者的信任等。根据罗列出的触点和对应目的，既可设计对应的功能，又可明确每个触点的重要性，从而合理地进行权重排序。

(3) 体验设计。体验设计就是在设计触点时，模拟、界定和规划影响和感动消费者的内容、介质、交互方式等，同时还需要通过触点感知消费者体验的好与坏，从而把控关键时刻。体验设计可以是思维上的假想实验，也可以是实际可操作和体验的物理实验，比如焦点小组访谈、邀请核心用户和专业人士进行体验等。

(4) 反馈迭代。所有触点的消费者体验提升都需要不断地接收反馈，不断迭代升级。好的反馈可以让消费者对服务、商品和品牌有正向的认知。常用的反馈衡量方法或指标包括 NPS(Net Promoter Score，净推荐值)、LTV(Life Time Value，生命周期总价值)、ARPU(Average Revenue Per User，每用户平均收入)，DAU(Daily Active User，日活跃用户)等。衡量的标准需要根据不同的行业和企业来具体制定，只有有了一套衡量的标准，才能评估体验的好与坏，只有经过消费者真实体验并得到满意的反馈的体验才是好体验。

5.3.3　数据驱动智能营销的核心领域功能

营销管理数字化的构建除了设计端到端的业务在线场景闭环以及消费者旅程的数据闭环外，还需实现数据驱动业务智能，并提供有关品牌、市场、销售、渠道、交易、消费者及服务的全方位解决方案，包括消费者运营、精准营销、零售全渠道数字化、渠道数字化转型以及智能客服五个业务 + 数据的核心领域。

1. 消费者运营

消费者运营是在全渠道消费者数据的基础上对 5A 全过程进行数字化管理。通过认知消费者旅程中的关键节点，与消费者交互，监测数据分析结果，进行有效的运营、再运营，最终可实现客户生命周期价值的最大化。消费者运营的核心要素是消费者数据平台和会员关系管理平台，如图 5.3 所示。

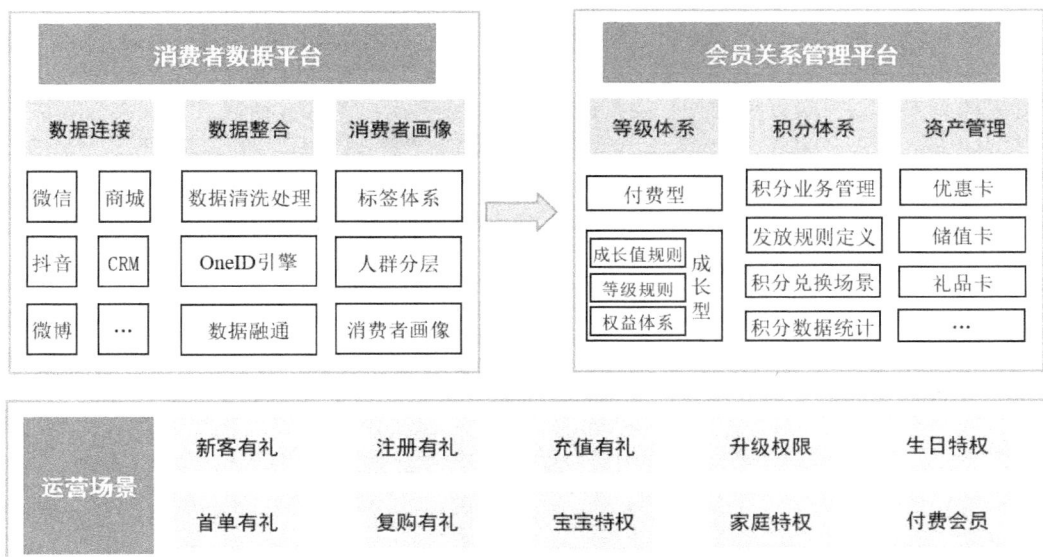

图 5.3　消费者运营平台构建策略

1）消费者数据平台

消费者与企业之间有很多触点，不同触点下的消费者信息、行为、黏度和价值不一。消费者数据平台是对消费者多渠道数据进行连接、整合和洞察，解决消费者多渠道的数据歧义及矛盾问题，为消费者深度运营提供数据支撑。消费者数据平台的建设通常按数据连接、数据整合、消费者画像这三个步骤进行。

（1）数据连接。数据连接是指收集消费者的数据，如消费者的基础信息、交易行为、浏览行为等。在尊重消费者隐私信息的基础上，数据连接越全面，对消费者的画像刻画越精准。数据连接应尽量覆盖消费者的所有触点，包括企业自有系统和渠道数据两类。企业自有系统是由企业自主建设的系统，如自有商城、会员关系管理平台、营销系统等；渠道数据是企业和其他企业合作产生的数据，需通过 ETL/API (Application Programming Interface,应用程序接口)方式同步。对于大多数人气型在线社交渠道，可根据开放平台 API

的对接规范实时同步消费者数据。

(2) 数据整合。数据整合是消费者数据平台的核心内容，需要采用大数据技术将不同渠道的数据进行整合，从而解决消费者在不同渠道数据割裂的问题。数据整合一般可以分为数据清洗和处理、OneID 引擎、数据融通三部分。数据清洗和处理是对异常数据进行校验和清洗，如手机号码校验、身份证校验、枚举转换等，促使各渠道的消费者数据保持一致；OneID 引擎是采用智能的 ID 识别技术，精准识别数字世界的一个实体，通常是采用图计算技术来找到各 ID 标识之间的关联关系，从而识别出哪些 ID 标识属于同一个消费者；数据融通则基于消费者 ID 体系，打通不同渠道的消费者基础信息和行为数据，并且解决不同渠道消费者数据的歧义，形成消费者统一视图。

(3) 消费者画像。消费者画像是基于消费者统一视图，结合智能标签技术，精准识别消费者特征以构建消费者标签体系，从而刻画消费者 360° 画像，然后利用数据统计和数据挖掘对人群进行精细分层和画像分析，描述运营人群的特征；同时为消费者忠诚度运营提供消费者标签画像、人群包等数据服务，实现数据驱动消费者运营。其中，标签体系是基于消费者统一视图，建立的消费者基础信息标签、统计类标签和挖掘类标签，形成消费者白标签体系。在标签建设过程中，需要结合 RFM 模型、生命周期模型和流失模型等运营分析模型。人群分层是基于消费者标签体系、消费者行为明细数据进行人群细分，如高价值人群包、即将流失人群包等。消费者画像是围绕消费者行为轨迹、社交关系、标签特征等，建立的消费者个体画像。基于人群分层，结合 RFM 模型、生命周期模型和流失模型等标签模型，可挖掘消费者群体的特征画像。

2) 会员关系管理平台

在消费者数据平台的基础上，企业可开展会员关系管理。会员关系管理起步于会员洞察，通过等级体系、积分体系、资产管理等运营工具，达到促活、留存、转化、裂变的目标。

(1) 等级体系。等级体系分为付费型体系和成长型体系。传统企业常用的等级体系多是成长型等级体系。在成长型等级体系的构建过程中，完成消费者数据集成、识别和洞察后，企业可随时随地根据单价、购买频次、活跃度、行为等规则灵活配置会员等级计划。

(2) 积分体系。积分在一定程度上可以理解为虚拟货币，是激励和引导用户行为的载体和工具。积分对用户来说是有价值的，比如可直接抵扣现金、兑换各种福利等。可以通过积分玩法促进用户留存，再通过留存过程中的引导，培养出企业的忠诚客户、等级客户。

(3) 资产管理。完整的会员资产管理需要综合企业线上线下业态开发消费者资产，营销方式以优惠券、礼品卡、储值卡等为主。其中优惠券是营销促销中最常用的手段，应用场景也最广泛，它可起到拉新、促活、提高转化的作用。优惠券体系的核心在于各种优惠券的管理、发放、使用及核销。

2. 精准营销

营销管理数字化环境下的精准营销是指对于每一个用户或者每一类有着共同特性的用户产生有针对性的营销动作，使新用户生命周期价值最大化。

1) 精准营销的目标

精准营销需要洞察企业全触点消费者数据，了解消费者所处的场景，进行有针对性的沟通，与消费者通过不同渠道进行交互。精准营销的两大目标是挖掘公域潜在用户和持续激活私域现有用户。为了达成目标，需要企业对公域流量和私域流量进行差异化运营，将公域池中还没有变成企业流量的弱关系消费者转化为私域流量中的强关系消费者。在建立私域强关系后，需进一步实现人与货、人与活动的精准匹配，从而提升会员满意度，增强会员黏性，提升会员留存率。

2）构建精准营销平台

(1) 消费者标签及分群。首先应通过对消费者的洞察，形成消费者标签体系。常见的标签有事实标签、模型标签等。

① 事实标签。事实标签是所有标签的基础，是指根据客户实际的情况以及实际的行为动作建立的标签。事实标签主要分为人口属性标签以及客户行为属性标签两种。例如，性别、年龄、出生日期、籍贯等就是人口属性标签，一个人的消费次数、消费金额等属于客户行为属性标签。

② 模型标签。模型标签又叫作规则标签，是根据客户的事实标签来定义的一些规则。如购买 3 次商品可以被归纳为"老客户"，这里的"老客户"就是一个模型标签。最著名的模型标签是 RFM 模型，由美国数据库营销研究所 Arthur Hughes 提出，它由以下三个要素构成数据分析最好的指标：最近一次消费(Recency)、消费频率(Frequency)、消费金额(Monetary)。可通过 RFM 分析将客户群体划分为八个级别(见表 5.1)。

表 5.1　RFM 模型客户分类

R	F	M	客户类型
高	高	高	重要价值客户
高	低	高	重要发展客户
低	高	高	重要保持客户
低	低	高	重要挽留客户
高	高	低	一般价值客户
高	低	低	一般发展客户
低	高	低	一般保持客户
低	低	低	一般挽留客户

在不同的营销场景下，运营人员可将不同的标签组合成精细化的营销人群包，实现消费者分群，从而实现营销自动化、精细化。

(2) 精准营销的内容。运营人员通过标签圈定目标人群后，需要考虑将信息、活动、商品、品牌等内容作为载体，与消费者进行交互。内容在很大程度上影响着营销的效果，所以企业需要重视内容规划。内容规划要遵循三个"了解"原则：其一，了解产品，了解产品的核心价值和定位，进而根据用户特征去圈定目标用户；其二，了解自己；其三，了解用户，以用户为中心和出发点，而非以企业利益为中心，了解用户最关注的风格、结构、形式，进而根据用户关注点，整合内部资源及分发渠道。

3. 零售全渠道数字化

零售全渠道数字化需要高度融合所有第三方电商平台、自建电商渠道、零售实体店的零售交易场景，赋能线上线下全渠道的购物场景，为消费者提供可随时随地购物的场景式消费体验，满足顾客多元化、个性化的购物需求。以消费者为中心的营销一体化、服务一体化、数据一体化，是零售全渠道交易的重要特征。

零售全渠道数字化建设包括构建核心领域的数字中台能力，以及基于数字中台快速开发的上层应用。核心领域包含店铺中心、商品中心、促销中心、交易中心、库存中心，而基于中心建设的业务应用则包括数字门店系统、数字商城系统和全渠道运营系统。

(1) 数字门店系统。数字门店系统解决了传统门店对消费者持续运营、门店日常经营、快捷交易等核心场景缺乏有效管理工具和手段的痛点。在消费者持续运营方面，企业微信和导购工具能够帮助门店突破物理限制，与消费者在时间和空间上进行有效的互动延展；在门店日常经营方面，通过进销存管理、数据采集智能硬件、数据赋能工具等可实现门店商品的智能化供应、规划、管理；在快捷交易方面，使用云 POS、云货架、自助收银机等硬件设备，从交易场景、商品 SKU 种类、门店经营效率等方面最大化门店效益。

(2) 数字商城系统。数字商城系统为企业提供完善的电商运营管理工具和消费者前端应用来满足消费者在多种交易模式下的消费场景。交易模式的设计是企业零售业务创新的关键。比如，B2C 模式能够使传统零售企业向 C 端消费者提供在线交易的平台，迈出线上转型的第一步；云店或社区团购模式能够帮助拥有线下门店的零售企业将客流进行线上线下转化；商家入驻模式能够帮助企业旗下的经销商实现业务在线化，对 C 端消费者形成有效触达。企业需要根据自身业务特点将系统量身打造成符合企业中长期发展目标的电商模式。

(3) 全渠道运营系统。全渠道运营系统旨在为企业解决数字化背景下多渠道销售问题。例如，某品牌仅线上电商渠道就有 10 余个，同时还有自建商城、线下门店等；存在多级仓库管理，各地仓库分散不互通，门店无法履约线上订单。这个品牌运行的品效、人效、货效低下。通过中台连接器打通上下游并提供丰富的作业策略，实现了渠道统一管控、订单集中履约、库存全域共享，提升了企业经营效率与客户消费体验。

4. 渠道数字化转型

渠道数字化转型是利用数字化技术和能力来驱动渠道模式创新和渠道生态系统重构的途径和方法。

1) 渠道数字化转型的三大核心阶段

(1) 经销商订货在线化。长期以来，传统的渠道订货方式是经销商通过电话、微信等方式联系品牌商并下订单。由于产品的规格、样式、颜色、大小等各有不同，每次下订单都要和品牌商的接单员反复沟通确认，接单员统计订单数据、查库存，用微信、电话回复经销商的各种问题，这样就会使接单员疲于应对各种咨询，导致订单流转效率低下，还容易造成错单、漏单、拖单等情况。经销商订货在线化后，商品、价格、订单、库存实时同步，渠道政策直达经销商客户，支持经销商自主在线下单，全面提升了经销商与品牌商的交易效率。

(2) 零售终端订货在线化。传统渠道业务中，零售终端通常掌握在各区域经销商手中，零售终端订货由经销商的业务员代为完成，品牌商很难掌控零售终端的具体运作情况。通过为品牌商构建私域化渠道生态，赋能经销商，连接零售终端，可实现零售终端向上级经销商订货的在线化。同时，品牌商可直接获取经销商及零售终端的业务数据，有效提升了品牌商对各级渠道的掌控力度，轻松实现了渠道运营的差异化、精准化。

(3) BC 一体化。品牌商通过数字化技术完成零售渠道的建设与经销渠道数字化平台的搭建。一方面，通过自建零售渠道直接与 C 端用户连接和沟通，沉淀私域用户，建立品牌与 C 端消费者的反馈闭环和营销链路；另一方面，通过灵活的政策和管控，赋能 B 端、运营 B 端。

2) 渠道数字化的四大关键能力

与面向消费者侧的全渠道交易比较，渠道数字化除了能实现交易在线、库存在线以及灵活的促销互动之外，还有独特的四大关键能力。

(1) 统一主数据能力。主数据主要体现在组织、客户、商品等环节。其中，组织是指企业内部组织及外部渠道集团化管控，是企业传统渠道业务线上化、数字化的前提。客户管理是指对渠道客户进行统一管控，包含客户分级分类管理、所属区域管理，同时支持潜在客户自主注册加盟，精细控制客户可采购的品牌、品类、产品等。商品是指统一的商品信息能力，是渠道交易的基础。

(2) 价格在线能力。借助价格在线能力，实现价格策略的创建，支持多种渠道模式下的价格管理。具体体现在：针对上下游客户设置适应各种价格策略的商品范围、区域范围、客户范围，可精确到具体客户；支持设置价格策略的有效期，客户登录系统后自动优配对应的价格策略，也为前端商品展示、订单提交，后端订单审核、退换货等环节提供基础数据支撑。

(3) 信用在线能力。信用在线需要支持对客户信用进行多维度的管理，主要体现在以下几个方面：

第一，对客户进行多维度授信申请，包含按产品线、组织进行授信申请；

第二，授信额度的审核支持在系统内完成，同时支持接入 OA(Office Automation，办公自动化)系统、钉钉等第三方系统；

第三，额度的下发支持为客户开通一个或多个信用账户，同时支持一个信用账户包含多个信用有效期；

第四，设置信用的校验规则，包含额度校验、逾期校验；

第五，设置账期模型，包含一般账期、固定月结日、固定周结日、分期付款，并设置账单到期的时间；

第六，支持查看每一笔信用支付的流水明细，自动进行账单的生成和提醒。

(4) 支付结算能力。支付结算能力包括支付和结算两个环节。支付需要支持多种接入方式，包含线下转账支付、预存款支付、信用支付、返利抵扣、微信支付、网银以及大额支付通道等，支持同一笔订单仅支持一种支付方式或多种支付方式的组合使用。例如，某订单 10 000 元，使用返利抵扣 1000 元，使用预存款支付 5000 元，剩余的 4000 元采用微信支付的方式进行。结算中心基于解决客户在线支付、预付款交易以及高频收、付、退款财务处理，通过银行或第三方支付机构为品牌商搭建一套交易资金记账、分账以及资金支付结算体系。

5. 智能客服

在当下存量经济时代，人口红利逐渐枯竭，许多企业开始意识到仅在产品和价格上竞争远远不够，客户服务将成为新的战场。搭建一套智能客服系统，建设全链路智能客户服务体系，提高服务响应的及时性，提供个性化的服务体验满足用户需求，可最大限度地解决客户服务症结。智能客服业务下，客户从各个渠道发起服务请求，无论是在线咨询，还是热线咨询，都先由 AI 客服进行接待，为客户提供秒级响应服务体验的同时极大地降低客服成本。当遇到 AI 客服无法顺利解决的问题，可快速地转交给人工在线客服或人工热线客服跟进。若人工客服也无法立即解决客户问题，再利用智能工单进行问题的跟踪与协同，保证问题解决的流程化、透明化、高效化。最后，智能对话分析与服务大脑始终全天候贯穿式地监督每次客户服务，监控人工客服的服务规范，分析 AI 客户的问题解决率，挖掘客户的潜在诉求，从而驱动产品服务调优。

5.4 营销管理数字化实践案例——用户群体画像的精准生成

用户群体画像是营销管理数字化的重要环节。利用现有数据对用户进行初步的群体划分，提取各群体的特征和标签，完成用户画像的构建和生成，并以此对数据及用户群体进行宏观层面的了解。总体而言，构建用户群体画像需要以下四个基本步骤：数据的采集与处理、用户标签的生成、方法选择与实验、画像的结果展示。

本节根据消费者食品消费特征对用户群体进行画像，数据来源于石力的博士论文《社区电商用户复购行为预测及推荐算法研究》。

5.4.1 数据的采集与处理

结合 T-APP 电商部分的现有模块及实际运营情况，所采集的数据来自 T-APP 中"熟食内销"和"一路寻鲜"两个版块，"熟食内销"版块主要销售日常熟食等商品，"一路寻鲜"版块主要销售各类新鲜水果。其中，"熟食内销"版块原始数据中包含 1209 位用户，12 种商品大类，133 种商品小类，收集了从 2017 年 6 月至 2019 年 4 月的消费记录，共计 14 912 条；"一路寻鲜"版块原始数据中包含 196 位用户，12 种商品大类，127 种商品小类，收集了 2018 年 11 月至 2019 年 8 月的消费数据，共计 985 条。

由于原始数据中存在部分异常数据、测试数据、未支付订单数据等干扰数据，在数据分析之前对原始数据进行了清洗。清洗过程如下：

(1) 剔除异常状态数据；

(2) 剔除测试数据；

(3) 剔除未支付的订单数据；

(4) 剔除离散程度过高的数据或与事实不符的数据。

清洗后的数据与个人用户画像所用数据一致，共有 10 131 条用户购买数据。数据选取维度包含用户 ID 号、用户购买商品名称、用户购买时间、用户配送方式等 4 个方面。

5.4.2　用户标签的生成

用户标签的生成是用户群体画像中的核心工作，标签的处理流程主要包含三个部分：一是对数据进行预处理，二是从数据中提取相应的标签，三是对标签进行进一步的处理(见图 5.4)。

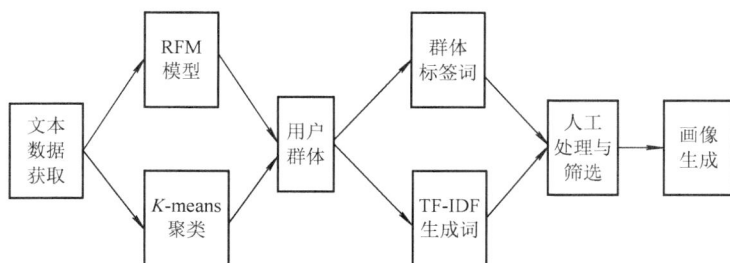

图 5.4　群体画像主要流程

通过对整体用户使用 RFM 模型分析，计算出用户 R、F、M 三个指标的值。并结合使用 K-means 算法，将全体用户进行聚类，得到八类结果。使用每一类中所有点的 R、F、M 指标均值与整体的指标均值进行比较，重新划分成具有不同特征的三类结果，作为后续研究中使用的用户群体。

5.4.3　方法选择与实验

在 RFM 模型的基础上使用 K-means 进行聚类，得到的结果如图 5.5 所示。

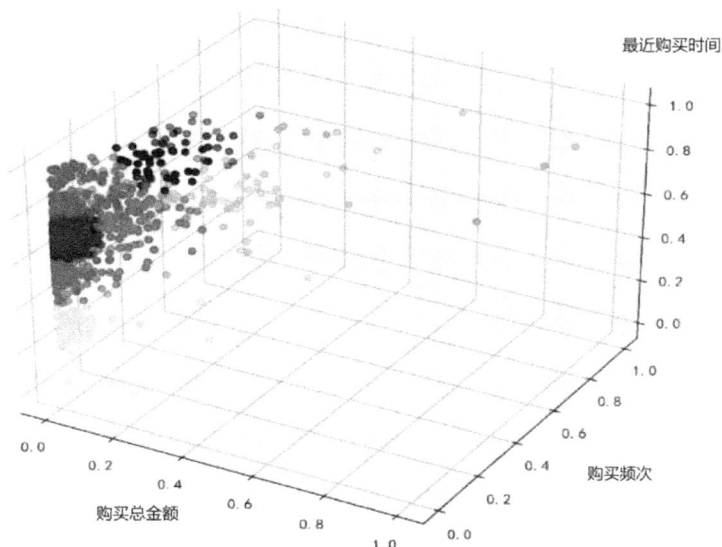

图 5.5　用户聚类结果图

　　将聚类的八类结果重新与 R、F、M 三个指标的均值进行比较，重新得到三类结果，图 5.6 展示了群体重新划分的结果，表 5.2 则展示了针对三类群体特征提取出各自不相同的聚类标签词。

	A	B	C	D	E	F	G	H	I
		M	F	R		M	F	R	
总体		162.0305	9.990138	210.5986					
0		873.6298	29.06383	96.78723		1	1	0	
1		52.26963	4.527221	208.5129		0	0	0	
2		113.6488	7.559524	78.72024		0	0	0	
3		57.46616	3.505051	304.3788		0	0	1	
4		418.0629	35.51613	36.19355		1	1	0	
5		91.07471	3.183908	480.2184		0	0	1	
6		300.1787	21.06383	188.1064		1	1	0	
7		1384.967	84.55556	114.4444		1	1	0	

图 5.6　用户群体划分聚类结果图

表 5.2　聚　类　标　签　词

R 指标	F 指标	M 指标	标　签　词
低于均值	高于均值	高于均值	高消费，高频次，活跃用户群体
低于均值	低于均值	低于均值	低消费，低频次，尝鲜用户群体
高于均值	低于均值	低于均值	低消费，低频次，沉默用户群体

　　在确定群体后，利用 TF-IDF 计算各群体的文档标签权重，并进行权重的降序排序，如表 5.3、表 5.4、表 5.5 所示。

表 5.3　沉默用户群体(前十)

标　签	权　重　值
T-APP 自提点领取	0.493 52
自提	0.282 55
黄金炸鱼	0.192 61
神奇的糖饼	0.133 21
周一中午	0.085 70
黄金炸虾	0.063 64
爱心早点	0.049 21
周二中午	0.039 03
周四中午	0.038 18
凤爪	0.030 51

表 5.4　尝鲜用户群体(前十)

标　签	权　重　值
自提	0.255 80
神奇的糖饼	0.153 76
T-APP 自提点领取	0.110 80
周一中午	0.054 55
爱心早点	0.063 63
周四中午	0.054 55
周二中午	0.054 55
黄金炸鱼	0.045 51
周五中午	0.038 44
猪肉芹菜馅饼	0.03166

表 5.5　活跃用户群体(前十)

标　签	权　重　值
自提	0.203 02
T-APP 自提点领取	0.142 03
神奇的糖饼	0.060 04
黄金炸鱼	0.052 19
周一中午	0.048 90
周五中午	0.041 90
周三中午	0.036 38
周二中午	0.029 81
周四中午	0.028 64
猪肉芹菜馅饼	0.027 04

5.4.4　画像的结果展示

在获取了所有文档标签的权重后,截取各个用户群体权重最高的前 25 个标签和取出的 3 个聚类标签,对用户群体进行特征层面的画像描述。并使用可视化软件生成各群体的相应词云进行直观展示,如图 5.7、图 5.8、图 5.9 所示。

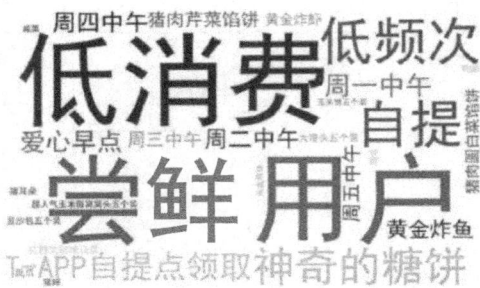

图 5.7　尝鲜用户群体画像

图 5.8　沉默用户群体画像

图 5.9　活跃用户群体画像

本 章 小 结

营销管理数字化利用了机对机连通性和人工智能来提高营销效率，利用人对人连通性促进用户的参与。在数字时代，传统企业实现数字化转型时，必须把营销管理数字化作为关注重点，实现数字时代的营销管理新方式。从传统市场向数字市场转变，包括用户关系从垂直到水平、品牌定位从差异化到特质密码解读、营销从售卖"4P"到商业化"4C"、客服关系从客服提供到合作关怀的转变。

数字营销不代表要取代传统营销，相反，两者应该在客户路径上共存，发挥相互补充作用。整合传统营销和数字营销，包括从"4A"到"5A"的客户购买路径的整合，从"4A"的"了解、态度、行为、再购买"转变为"5A"的"了解、吸引、问询、行动和拥护"。"5A"框架中，可以通过自我、他人、外部三个因素对客户施加影响。

营销管理数字化是以数字技术作为核心驱动力和手段，推动企业核心的营销业务，包括品牌、市场、销售、渠道及交易、消费者及服务的全方位变革。将传统营销方式进行在线化、自动化和智能化创新，最终驱动业务增长，包括实现端到端业务在线、围绕消费者旅程构造营销闭环、实现数据驱动业务智能三大关键步骤。基于互联网中台架构的营销管理数字化创新所覆盖的环节包括数字中台、洞察与策略、内容与创意、投放与触达、服务与体验、渠道与销售。

　　根据营销管理数字化的三个关键实现，即"端到端的业务在线场景闭环"、"以消费者数字旅程为核心"及"数据驱动的业务智能"。其中，业务智能的应用产品需要提供品牌、市场、销售、渠道，以及交易、消费者及服务的全方位产品解决方案，主要包括消费者运营、精准营销、零售全渠道数字化、渠道数字化转型、智能客服 5 个"业务+数据"的核心领域。

课 后 思 考 题

1. 简述你对数字营销管理的理解。
2. 请举例说明客户购买路径 5A 的特点。
3. 简述企业数字化营销的目标。
4. 简述营销管理数字化的主要步骤。
5. 结合实际谈谈你对消费者旅程设计的理解。
6. 结合案例谈谈企业如何实现端到端业务在线。
7. 什么是智能营销，智能营销包含哪些核心领域？

第6章

大数据人力资源管理

学习目标

(1) 了解人力资源管理的不同发展阶段及特征。
(2) 理解人力资源管理数字化转型背景与实践。
(3) 掌握人力资源大数据分析的关键要素。
(4) 理解人力资源大数据分析类型与模型。
(5) 了解人力资源大数据分析未来发展趋势。
(6) 掌握人力资源风险管理的范围和要点。

本章导读

互联网、大数据、人工智能等新技术的广泛应用，对企业管理理念和管理方式产生巨大冲击，以员工为服务对象的人力资源管理迎来了一个全新的时代——数字化人力资源服务时代。过去，人力资源管理者主要从员工招聘、选拔、绩效管理、培训、激励和职业生涯规划等环节为员工创造价值，增强员工的安全感、归属感、凝聚力和满意度。面对新时代对人力资源管理的巨大挑战，人力资源部必须顺应时代发展、及时转变观念，主动求新求变、适时进行数字化转型，建立以满足客户需求和实现人力资源管理价值为导向的新型人力资源管理模式。本章在梳理人力资源管理发展脉络的基础上，分析新时代人力资源管理的特征，从大数据人力资源管理、人力资源大数据分析、人力资源风险管理等方面，阐述新技术在人力资源数字化转型中的应用。

6.1 人力资源管理发展历程

人力资源管理是企业对其拥有的人力资源(Human Resources，HR)进行开发和合理利用的一种管理活动。人力资源管理的历史虽然不长，但人事管理的思想却源远流长。关于人力资源管理的发展历程，国内和国外学者都将其划分为若干个不同的阶段，各个国家和企业在不同阶段的发展层次参差不齐。面对宏观环境的复杂多变和企业内部的组织变革，人力资源管理理论和实践不断呈现出新的发展趋势。

6.1.1　人力资源管理的发展阶段

1. 经验管理阶段(18 世纪末至 19 世纪末)

人力资源管理的发展始于工业革命，工厂体系的出现是人力资源管理活动的基础，它将雇佣劳动力与工厂主和生产资料结合起来，使生产力迅速扩张。随着工厂规模的扩大和生产的程序化，管理和监督众多的工人变得十分有必要。这一阶段的管理主要是经验式的管理，各种管理理论尚处于初步摸索之中，还未形成体系。组织内部的人际关系处理是典型的“人治”，对于规律性事情的处理结果常常因管理者主观意志的变化而变化，很难使被管理者形成稳定的预期。

2. 科学管理阶段(19 世纪末至 1920 年)

科学管理阶段的生产形式是机器化大生产。随着农业人口涌入城市，雇佣劳动大规模开展，雇佣劳动部门也随之产生，劳动专业化水平和生产效率不断提高，与之相应的技术进步也促使人事管理方式发生变化。科学管理的基本假设是认为存在一种最合理的方式来完成一项工作。被称为科学管理之父的弗雷德里克·温斯洛·泰勒(Frederick Winslow Taylor)对劳动时间和作业方法进行了科学的分析，并依此建立了工资制度和用人制度。泰勒认为，要让工人最有效率的工作，就需要用金钱来激励他们。他还提出工作集体的效率是由其中生产率最低的工人的效率水平决定的。

3. 人际关系阶段(1920 年至第二次世界大战)

科学管理理论把工人看作是机器的延长——机器的附属品，因而在很多企业中激起了工人的强烈不满和反抗。在这种情况下，一些管理学家也开始意识到社会化大生产的发展需要有一种能与之相适应的新管理理论，人际关系学派便应运而生。推动人际关系学派产生的一个重要事件是美国西方电气公司进行的“霍桑实验”，其中最著名的代表人物是乔治·梅奥(George Mayo)。通过霍桑实验研究人员发现，影响工人生产效率的关键变量不是外界条件，而是工人自身的心理状态。泰勒认为企业是一个技术经济系统，而霍桑实验的结果却表明企业是一个社会系统。

4. 行为科学阶段(第二次世界大战至 20 世纪 70 年代)

行为科学是在人际关系学说基础上形成的，它重视对个体心理和行为、群体心理和行为的研究与应用，侧重于对人的需要和动机的研究，探讨了对人的激励研究，分析了与企业有关的“人性”问题，其代表人物是亚伯拉罕·马斯洛(Abraham Maslow)和道格拉斯·麦格雷戈(Douglas McGregor)。这一阶段的理论研究已经从过去只重视对具体工作和组织的研究，转向重视人的因素的研究，这是从重视“物”转向重视“人”的一种观念和理论上的飞跃。这一阶段的理论创新都与人力资源管理有直接关系，从而也为人力资源管理奠定了理论基础。在 20 世纪 60 年代中期，又进一步发展为组织行为学。

5. 人力资本管理阶段(20 世纪 70 年代以来)

随着全球经济一体化趋势不断加强，跨国公司在全球经济生活中开始扮演重要角色，并在其管理中遇到了一系列涉及多元文化的管理问题，同时，以计算机技术和现代通信技术为代表的信息技术正改变着我们的生活和工作方式，激烈竞争的市场促使新的管理概念和管理方法不断产生，给组织管理带来新的生机与活力。组织赖以生存的外部环境和组织的竞争方式正进行着悄无声息但深入持久的变革，组织的各种管理职能必须应潮流而变。这一时期的人力资源管理的发展表现在两个方面：一是人力资源管理重心不断转移，由以"物"为中心向以"人"为中心转移，即从人本管理向人心管理转移；二是人力资本理论成为人力资源管理的基础理论，开始全面介入企业管理。

过去几十年来，人力资源发生了巨大变化，人力资源管理实践从工业时代跃迁至数字时代，且在企业层面呈现并存态势，以满足不断变化的商业环境(见表 6.1)。工业时代的 HR 1.0 运营模式主要关注合规、行政设计、项目和职位，而企业通常将工资和行政系统外包。首席人力资源官(CHRO)为该职能领域培养了强大的行政技能，并在部门内树立了注重质量与合规的文化。互联网的兴起为资源整合与全球化提供了前所未有的新机遇。在这种发展趋势的推动下，HR 从 1.0 升级至 2.0，职能重点转移到流程标准化和自助共享服务上，效率被视为首要目标。HR 2.0 职能依赖于整合的 HR 模式，建立正式的专业知识中心，包括正式的服务交付团队，可以围绕该职能对 HR 专业人员进行交叉培训和轮岗。当前，业务环境所面临的就是持续不断的颠覆，因此首席人力资源官及其团队必须进行重大的模式转变，迈出变革性的一步，步入 HR 3.0 时代，HR 3.0 时代的重心则转移到员工体验、认知、个性化和透明化的用户服务。

表 6.1   人力资源管理不同阶段的特征

阶段	工业时代 HR 1.0	互联网时代 HR 2.0	数字时代 HR 3.0
主要关注点	合规 行政设计 项目和职位	流程卓越 标准化 自助服务 共享服务	员工体验 认知 个性化 透明
组织	职能，服务中心，人力资源伙伴区域化	卓越中心，共享服务，人力资源业务伙伴大部分实现全球标准化	解决方案经理，智能聊天机器人，快速响应小组，人力资源业务伙伴
设计驱动因素	最佳实践对标	流程专家	用户设计思维
决策驱动因素	直觉	基于人力资源历史数据的分析	基于预测性 AI 和海量内外数据形成可付诸行动的洞察

6.1.2   人力资源管理的理论与实践创新

伴随着组织的网络化、灵活化、扁平化、多元化和全球化趋势，人力资源管理在管理目标、管理职能、管理技术以及对管理人员的要求方面不断发生新的变化。在管理目标方面，未来的人力资源管理是战略型人力资源管理；在管理职能方面，有些职能不断弱化与分化，另一些职能却在逐步加强；在管理技术方面，体现为人力资源管理的信息化趋势明显。数字经济时代下，根据企业人力资源管理目标的划分标准，可以将企业人力资源管理划分为战略型人力资源管理、循证式人力资源管理和敏捷人力资源管理这三种不同类型。

1. 战略型人力资源管理

战略型人力资源管理是指围绕企业的战略目标而进行的人力资源管理。人力资源管理开始进入企业决策层，人力资源管理的规划和策略与企业经营战略相契合，不仅使人力资源管理的优势得以充分地发挥，更给整个企业的管理注入了新的生机和活力。

战略型人力资源管理的特点主要体现在以下几个方面：首先，将人力资源作为企业最宝贵的资源，通过开发人的潜能、激发人的活力，使员工能够积极、主动、有创造性地开展工作，进而给企业带来巨大的利润；其次，强调整体开发，根据企业目标和个人状况，为员工做好职业生涯设计，不断培训和调整职位，充分发挥个人才能，实现价值提升；在管理方式上，采取人性化管理，考虑人的尊严、情感与价值；在管理手段上，实现智能和精准管理；在管理层次上，人力资源管理人员作为业务合作伙伴，辅助或直接参与业务部门的价值创造。

战略型人力资源管理具有战略性、整体性和未来性。人力资源部门根据企业的发展战略，有计划、有步骤地对人才进行招聘和培养，根据战略实施时间安排储备人才，在适当的环境和时间使合适的人才充分发挥其才能；与员工共同设计职业生涯规划，设计与系统战略匹配的薪酬战略，发动或处理组织变革活动，成为员工和企业的合作伙伴。表 6.2 对战略型人力资源管理与普通人力资源管理进行了比较。

表 6.2　战略型人力资源管理与普通人力资源管理的比较

比较维度	普通人力资源管理	战略型人力资源管理
与组织战略的关系	被动反应者	积极推动者
焦点	员工关系	与内部及外部客户的合作关系
人力资源管理的角色	变革的追随者和响应者	变革的领导者和发起者
创新	缓慢、变动、零碎	迅速、主动、整体
时间视野	短期	短期、中期、长期(根据需要)
控制	官僚的角色、政策、程序	有机的、灵活的，根据成功的需要
工作设计	紧密的劳动部门、独立、专门化	广泛的、灵活的，交叉培训，团队
关键投资	资本、产品	人、知识
经济责任	降低人力成本	提升组织绩效

2. 循证式人力资源管理

人力资源管理对于组织战略目标的实现和竞争优势的获得所具有的战略作用已经得到了充分认识。组织内各级领导者和管理者在人力资源管理方面投入的时间、精力、资金等逐渐增多。组织期望自己的人力资源管理政策和实践能够吸引、招募、激励、保留住合适的员工。但是，随着人力资源管理的投入不断增加，企业产生了一些困惑：人力资源管理政策、管理活动及资金投入是否产生了合理的回报？是否达到了预期效果？这就需要对组织的人力资源管理活动进行科学研究和论证，以可靠的事实和数据验证人力资源管理的有效性。这就需要循证式人力资源管理。

循证式变革代表了一种新的人力资源管理决策思维模式和方法。循证是指做事要基于证据，而不是模糊的设想或感觉。循证式人力资源管理区别于传统人力资源管理(见表 6.3)，它是指运用数据、事实、分析方法、科学手段、有针对性的评价及准确的案例研究，为人力资源管理方面的建议、决策、实践以及结论提供支持。简而言之，循证式人力资源管理就是审慎地将最佳证据运用到人力资源管理实践的过程。从本质上讲，循证式人力资源管理是用可获得的最佳证据来代替个人经验和盲目的模仿，摒弃"拍脑袋决策"的直觉式思维，使人力资源决策牢固建立在实实在在的证据之上。

表 6.3   传统人力资源管理与循证式人力资源管理的区别

项目	传统人力资源管理	循证式人力资源管理
价值证据	很少有确凿证据证明人力资源管理的附加价值	例行提供人力资源价值的证据
引发行动	人力资源数据和分析并没有推动实际行动	人力资源数据和分析引发具有战略意义的行动
循证频率	人力资源部门在人力资源管理中不经常利用循证分析进行变革	人力资源管理部门经常要求并使用循证分析引导组织的战略变革
作用	人力资源的作用在于评价各部门的运行过程和结果	人力资源的作用在于提供如何获得战略成功的独到见解

人力资源管理的循证式变革产生"数据决策力"，即基于数据进行科学决策并产生价值的能力。这里所说的证据(Evidence)，可以源自科学研究，也可以源自诸如结构化面试等管理行为中的个案讨论，但最主要的是能有定性和定量的数据，有明确的逻辑框架做支撑。循证式人力资源管理的路径包括四个方面：一是获取和使用最佳研究证据；二是了解实际情况，掌握事实数据；三是专业人员科学思考与判断；四是考虑对利益相关者的影响。必须考虑伦理道德因素，权衡对利益相关者可能产生的长期和短期影响。

3. 敏捷人力资源管理

"敏捷"一词起源于信息技术，主要应用于创新环节，敏捷已经成为一个组织掌握新的核心竞争力所必需的重要技能。很多学者用"敏捷"来概括当下灵活连接、敏锐交互的时代特色。而当下的组织和个体恰好处在这样一个时代：社会日新月异、组织发展迅速、个体需求多元，这不仅需要战略敏捷、运营敏捷，更需要人力资源敏捷。

经过几十年的探索与实践，现代企业在人力资源管理方面已经形成了一套较为完整的管理体系。与此同时，企业人力资源管理还面临着来自技术变革、经济浪潮、企业自身发展及员工成长需求等多方面的考验。微观环境的变化也使企业的敏捷人力资源管理成为必然，体现在四个方面，一是基于敏捷时代快速发展背景，企业战略调整周期的缩短给人力资源管理带来了更大的困难，这要求企业人力资源管理对未来企业发展预测有较高的准确性，为适应组织目标随宏观环境变化而变化做好准备。二是新形势下企业内部的组织形态趋于敏捷灵活，而组织形态变革需要敏捷人力资源管理为其搭桥铺路，人力资源管理者需以更积极灵活的态度和更职业化的精神扮演好组织变革的推动者，为实现组织敏捷与市场共振提供支持。三是企业经营管理全球化带来的人力资源管理全球化问题。随着企业国际化进程的加快，人力资源管理不仅要适应本国国情，还要适应企业所在地的情境，从而使人力资源管理更具针对性，避免管理僵化。四是人才管理面临新的挑战。除了企业管理者管理能力的进步速度与适应新时代、新发展的管理水平要求的差距不断拉大这一挑战外，人才保留、绩效管理效果的逐渐减弱都是当下企业敏捷人力资源管理亟须解决的问题。

6.2　大数据人力资源管理

6.2.1　数字时代的人力资源管理

随着大连接、数字化、智能化、"新人类"以及未来组织这些新元素不断涌现，人力资源管理也顺理成章地进入了数字化时代。

1. 大连接

随着信息技术的发展，人们的工作和生活环境发生了巨大变化，影响社会生活的最大因素是互联网，尤其是移动互联网。无论是企业组织还是个体均受到移动互联网的冲击和改变。传统的生活方式在移动互联网时代发生了翻天覆地的变化。同时，物联网技术的发展、普及与应用，加速了社会经济进入高度互联的时代。人与人的连接、人与组织的连接、组织与组织的连接、人与物的连接、物与物的连接逐渐强化，充分连接带来复杂管理的挑战，组织和个体之间的关系重构成为新课题，组织的发展、战略和业务的边界逐渐模糊与消失，更加促使企业要从产业共赢升级为生态共赢。连接同时引发组织的自我学习、组织的刚性与个体的自由度矛盾、结构不确定性等特征。

2. 数字化

数字经济已经成为中国经济增长的新引擎和中国经济发展的新动能，作为经济主体的企业，面临着数字化转型的挑战和契机。数字技术的应用产生了诸多跨界和颠覆的经典案例，例如移动支付倒逼银行改善服务；共享出行颠覆了传统出行市场，并促使企业重新思考自身的价值定位；虚拟现实(VR)购物升级了网上购物的体验，传统实体店会被颠覆和重新定义等。

3. 智能化

随着智能化技术的发展，大量的工作将交由机器人完成。谷歌推出的助理机器人(Google Assistant)，已经具备思考和学习能力，可以帮助用户打电话预订理发、机票、行程等，接电话的对方完全感知不到是在跟一个机器人对话。因此，新技术不仅改变了用户习惯，更影响了企业文化。对于习惯了被信息包围、信息主动推送到眼前的人，进入职场后却需要在故纸堆里翻查信息，这是不能接受的。随着智能化技术的成熟，工作和生活的边界也被进一步模糊。智能化设备的普及和应用，会给企业的生产经营方式、管理方式带来新的挑战。

4."新人类"

以"95 后""00 后"为主的"新人类"成为劳动力市场的主力是社会发展的必然趋势。与父辈不同，"新人类"思维活跃、个性张扬、关注社交多于物质、自带光环。他们更在乎尊重和参与，不能容忍科学管理时代科层式组织的条条框框，更愿意接受新鲜事物和挑战，在企业中更容易显得个性十足。如何激发他们的活力，更好地为组织服务成为新的挑战和课题。与此同时，上文提到的机器人作为"无领员工"逐渐被引入企业生产经营中，人与人的交流、人与机器的交互、机器与人的协作等，也成为企业管理新的挑战。

知识扩展

5.未来组织：网络化团队协作

数字化、大连接、智能化和注重员工体验的"新人类"等因素叠加，令我们所处的环境发生了巨大的变化。德勤的《人力资源技术颠覆：人力资源技术团队重塑自身》报告指出：许多组织正在加快调整自身进入网络化市场，88%的企业表示这一结构转型是当务之急。未来的组织一定是网络化协作的团队组织。越来越多的企业在尝试把组织边界打破，形成一个个的目标或任务、一个个的项目，形成一个个网状的团队或者扇形的组织结构。

数字化浪潮不仅改变了商业模式，也改变了人力资源管理模式。人力资源管理的数字化改变了人力资源管理在公司中所扮演的角色，人力资源主管可以利用各种新型管理工具，衡量或预测曾经难以衡量或预测的事物，这使得人力资源管理得以向战略业务职能顺利转型。有效的人力资源管理在数字时代背景下离不开人才大数据分析。

6.2.2　人力资源管理的数字化转型

人力资源的数字化转型是当今时代人力资源管理发展的必然趋势。当企业整体运营实现数字化时，人力资源必须成为数字化企业里的领导者。这就意味着人力资源部门不仅需要建立数字化的人力资源管理平台，还需要发展数字化的工作环境和数字化的劳动力，并采用技术改变人们的工作方式和打交道的方式。可见，人力资源数字化转型的过程就是人力资源管理实现自动化、智能化、移动化和效率化的过程。

1.构建人力资源管理平台

人力资源管理实现数字化转型的第一步就是建立企业内部人力资源管理系统。企业把日常人力资源管理业务和工作内容迁移到人力资源系统平台上，实现实时数据分析和业务流程系统化，以提高人力资源管理的工作效率，使管理人员有更多的时间和精力来思考企业发展方面的问题。同时，人力资源管理系统能够充分发挥其灵活、弹性、免费迭代的优势。例如，百度的人力资源大数据平台系统除了 Core HR，还外挂了几十个自己开发的系统，根据场景不同、耦合程度不同，实现相关业务系统信息交流和数据交换，从而实现全面评价。

如今，许多云计算服务商已经可以提供端对端的人才管理系统，满足各类人力资源管理的流程需求。通过这一途径，企业的人力资源管理便能够建立起合作伙伴生态系统，利用各类平台打造全新的人力资源解决方案。例如，Success Factors 可以在 SAP 云平台上为企业提供一体化人力资源解决方案。相对于传统的 OA 和人力资源管理工具，基于 PaaS 服务的人力资源管理系统，运用互联网思维，结合云端和移动端的技术发展，可以提供更加智能、更加方便和快捷的管理工具，能够实现人力资源管理内部工作流程的互联与流转，同时能把员工与员工、员工与企业、员工与客户连在一起，将人力资源管理人员从繁杂的重复性劳动中解放出来，全身心投入到为员工服务上，扮演好组织变革和战略伙伴的角色。

2. 人力资源服务移动化

随着弹性工作和居家办公等工作方式的日益普及，移动技术对企业加强与员工之间的密切沟通和联系具有非常重要的意义。移动技术真正实现了企业与员工之间"随时随地"的信息沟通与分享。随着移动技术的不断普及，移动技术已经不再局限于企业与员工之间简单的"保持联系"，它还可以广泛应用于人力资源管理的各个方面。在员工学习与发展领域，移动技术可以有效地支持员工学习，让员工与专家进行有效互动，从而促进员工顺利完成培训课程；在人才招聘方面，移动技术可以有效促进招聘团队成员之间的合作，加快招聘流程；在绩效管理方面，移动技术有利于简化绩效信息的收集工作，从而可以更方便和更频繁地向员工提供绩效反馈信息。此外，利用移动技术还可以向员工推送与人力资源相关的、涉及个人发展机遇和目标进展情况的个性化信息。

3. 从"线下"到"线上"的工作模式变化

员工的工作模式直接影响企业运营的速度和效率。因此，在企业人力资源数字化变革的过程中，改变员工传统的工作方式，采用大数据技术来梳理、优化、规范员工工作流程变得尤为必要。对企业来说，在利用人力资源管理系统提升工作效率的同时，还需要将互联网技术融入后台功能中，从而真正提升企业的运营效率。

基于云平台的人力资源管理系统可以综合大量人力资源业务场景，一站式解决人力资源管理的所有问题。在 SaaS 平台，每位员工都有对应的组织架构及职位概述，员工可以通过人力资源管理系统，将职务、人、事对应起来，这样做专业性更强，工作效率更高，企业管理也更加规范。正因为互联网技术的融入，员工通过手机就能自助完成考勤、申请休假等工作，这些工作在过去是员工通过线下与人力资源服务人员的互动来完成的。这种自下而上的管理模式不仅增强了员工的主动性，而且优化并减轻了管理者的工作量。

4. 利用社交媒体拉近与员工的距离

人力资源部门应充分利用社交媒体技术加强与员工的沟通互动，及时掌握员工心理动态，为员工提供更好的人力资源服务。此外，一些人力资源管理系统还包含人力资源服务与数字化转型服务，可借此为员工提供入职培训工具，帮助新员工快速与相关同事建立联系，并获取所需信息。同时，部分系统还支持协作式绩效管理，促进员工共建、共享绩效目标。因此，社交媒体将有力推动人力资源管理向民主化、透明化和公平化方向发展。百度的人才发展生态圈如图 6.1 所示。

图 6.1　百度的人才发展生态圈

5. 利用人工智能技术和分析工具获取深入洞察力

基于员工的行为分析，大数据和人工智能可以对员工群体和个体行为做出非主观的科学判断与预测，进而为企业决策和制订相关政策提供服务。

企业可以利用人工智能技术创建相关评估指标，监测人力资源管理工作的效力及其对企业的影响。同时，企业还可以利用分析工具获取相关的洞察力，深化对员工群体及个体能力的了解，确定企业的技能需求和人才所处岗位，甚至预测企业和员工的需求，强化人力资源管理流程。可见，人工智能和分析工具将成为数字化人力资源的关键要素。

思政案例

6.2.3　基于大数据的人力资源管理

当今时代，科技发展与进步对人力资源管理的影响比以往任何时候都深刻。相比云计算技术和人工智能，大数据已经成为企业管理的重要手段，它不仅能够帮助企业提升业务管理水平，而且对企业的人力资源管理工作起着重要的作用，人力资源管理工作不再浮于表面而是进入到深层次的业务当中。具体来说，数据信息革命正在给人力资源管理工作带来全方位的变化。

第一，大数据将为人力资源规划提供更为科学、全面的信息与数据基础。借鉴大数据的理念，人力资源管理系统可以有效挖掘和利用信息资源，提高管理工作的准确性和客观性。通过挖掘员工基本信息、考勤记录、工资记录、奖金信息、变动信息、培训经历、培训考核情况、销售数据和生产数据等相关数据，可以获得人力资本生产率指标，如人均销售额、关键员工效率比例，关键员工主动流失率、出勤率、解决问题的效率和业绩提升率等，进而通过对这些数据信息的科学分析，实现人力资源管理的科学决策。

第二，基于人才数据库的招聘工作将在招聘信息发布、简历收集筛选、人才测评、人岗匹配等方面大大提高工作效率和效果。利用大数据能够很好地了解应聘者的信息。相比传统的人工查阅简历的方式，采取人工智能的方式开展大数据分析，能够帮助企业管理者科学地找到合适的人才(见图 6.2)。经过长期努力建立起人才数据库后，人才数据将成为人才招聘的一个前提，计算机应用可以帮助企业建立模型，帮助企业选择人才。

招聘官网　招聘网站　内部推荐
海外　猎头　社交群体

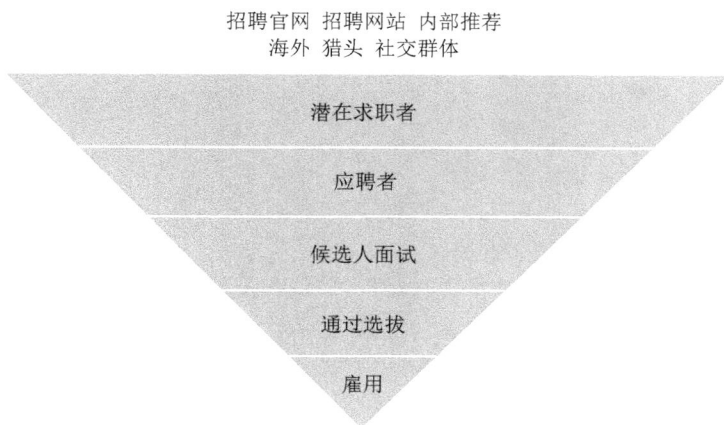

潜在求职者

应聘者

候选人面试

通过选拔

雇用

图 6.2　招聘漏斗

第三，大数据能够很好地帮助企业实现人才与岗位的有效匹配，真正实现"为岗择人"和"为人择岗"。人才安置是企业发展的关键，不同的人才适合不同的岗位。每个人都有各自擅长的方面，人才安置不仅从知识的层面进行匹配，还从兴趣、爱好、知识和性格等不同维度对人才进行全方位测评，综合了解人才的各方面能力和特点，然后，由企业管理者对人才做出最终的评价。只有利用大数据技术，将数据分析和人才测评有机结合在一起，才能够对人才进行全方位测评，最终实现人力资源优化配置。

第四，通过大数据建立起来的绩效数据库，可以使绩效数据统计分析更加客观和便捷，从而使绩效管理从烦琐的数据分析中解脱出来。现在，越来越多的企业开始建立自己的人才数据库，如人才的基本信息、流动数据、培训情况及受教育情况等。将人才数据和环境因素有机地结合到一起，能够帮助企业分析影响员工绩效的因素，构建富有吸引力的激励机制和薪酬绩效体系。薪酬绩效体系是企业留住人才的关键，因此，完善薪酬绩效体系是企业人力资源管理需要面对的挑战。通过大数据分析，管理者能够分析出哪些因素是提高员工业绩的关键，业绩较好的员工的特征，哪类员工容易出现错误，哪些环节容易导致公司出现损失。相比传统人工操作，大数据将更加详细和高效地帮助人们进行薪酬与绩效管理。

第五，员工信息数据库可以使劳动关系管理变得更加科学和规范，更有利于防范用工风险。劳动契约明确规定了企业与员工之间的权利与义务，是人力资源管理的法律依据。而在大数据时代，劳动契约要更多地体现人性化关怀的原则。这样才能提升员工满意度，降低员工离职率。例如，采用瞳孔记录等先进的考勤管理方式，可以很好地体现以人为本的原则。同时，企业仅仅以劳动契约与员工建立关系是远远不够的，还需建立以共同愿景为基础的心理契约。以数据和客观事实为基础进行人事决策，让员工参与其中，对数据进行全面分析，使员工感受到客观公平，从而对工作更加积极，更容易在核心价值观上达成共识，由此来培养员工的职业道德，有助于实现企业与员工个人共同成长和发展。

6.3 人力资源大数据分析

6.3.1 人力资源大数据分析框架

1. 人力资源大数据及其分析价值

人力资源大数据是在信息技术和互联网技术发展的背景中产生，可动态反映个体及其组织的行为、关系或状态，并能够用于宏观微观层面人力资源管理研究的海量数据集。根据数据产生的场所分为组织内数据和组织外数据，组织内数据即个体在日常工作中所产生的各种结构化数据，包括人员数据、项目数据和绩效数据；组织外数据即个体在组织外部非工作时间产生的各种半结构化或非结构化数据。表 6.4 罗列了常用于人力资源分析的数据来源。

表6.4 人力资源分析的数据来源

组织内数据	人员数据	性别、年龄、教育水平、家庭情况、收入等
	项目数据	人才培训与开发、领导力培养、组织核心战略、团建及工会等活动与项目参与记录
	绩效数据	绩效评价等级、360°评价数据、目标达成数据、继任人才计划、出勤记录等"八小时内行为数据"
组织外数据	网络使用(关注、分享、发帖等)、消费、社交(频次、内容、语气等)、出行、情感行为等	

人力资源分析并不等同于人力资源指标统计，即衡量人力资源管理结果的关键指标，而是涉及对信息技术的复杂使用，以收集、统计和分析数据支持与人力资源管理的有关决策。人力资源分析将人力资源决策与业务和绩效相联系，也将人力资源管理与企业战略人力资源管理相联系，促进人力资源管理在组织中发挥更大的战略作用。

人力资源大数据分析是指充分运用大数据技术和其他数据处理技术，获取和分析包括人力资源大数据在内的一切有价值的数据，将其转化为与人力资源管理相关的商业洞察并用于指导人力资源管理实践。它渗透在人才需求、人才招聘和选拔、人才激励和绩效考核、人才评估和发展等方面，为人力资源提供更好的解决问题的方法，最终实现商业价值提升。

因此，人力资源大数据分析的核心价值可以总结概括为三个方面：明事实、察问题、预将来。首先，企业要仔细了解企业人力资源管理的现状；其次，通过这些数据发现已有或潜在的问题；最后，通过这些问题制订未来的管理方向，制订规划并提出建议。

2. 人力资源大数据分析的关键要素

人力资源大数据分析不在于数据量的多少，更重要的是数据的丰富性与连续性。有的企业可能认为企业人员没有那么多，人力资源数据不够"大"，因此觉得企业的人力资源数据分析没有价值，可以不用做数据分析，实则不然。人力资源的数据分析主要有三个关键要素。

第一，要全体不要抽样。也就是不再像以前采用抽样调查的模式，而是要全体数据，即全部员工的数据，越全越好。

第二，要相关不要因果。即在分析和应用数据的时候要相关性的，而不是因果性的，要考虑规律性的相关关系，也就是说，不是当 A 影响 B 时就完全影响 B，而是 A 的 80% 可能会影响 B，要的是这类相关因素。

第三，要有效果而不要绝对精确。在做数据分析时，很多数据更关注的是效果，而不是绝对准确，如日常应用中用到的平均年龄，28.1 岁与 28.2 岁可能就没有什么绝对的差别，这时候往往更关注的是效果。

3. 人力资源大数据分析的类型

按照数据类型和分析功能的不同，人力资源大数据分析通常可以划分为基础数据分析、业务数据分析和效能数据分析三种类型。图 6.3 为人力资源大数据分析的框架。

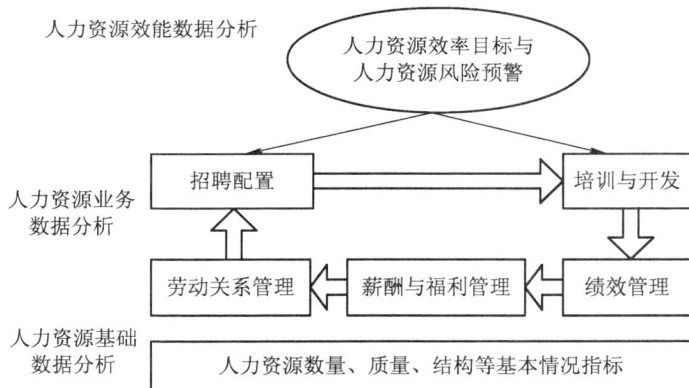

图 6.3　人力资源大数据分析框架

人力资源基础数据分析基于静态数据进行分析，包括人员总量、人才结构、人员状态、人力资源配比等。基础数据分析是最基础、数量最多、最全面的数据分析，能够反映出企业的人力资源现状，包括企业各种人力资源总量、各类人员的变化情况。不同行业、不同企业的人员结构各不相同，因此要根据企业的实际需要进行处理和分析。

人力资源业务数据分析就是通过对人力资源业务活动，如员工关系、招聘、薪酬激励、学习发展、绩效考核等过程中产生的数据进行分析，可以反映出企业人力资源活力。业务数据分析主要包括绩效、招聘、培训等职能业务质量、状态、效果的分析。例如，招聘管理人员时，招聘评价指标的合理选取能帮助企业快速发现问题，针对性地优化招聘流程、招聘渠道选择与招聘环节设计，确保企业快速精准地为组织提供人才。

人力资源效能数据分析就是分析人力资源管理的价值以及给企业带来的效益、效能，包括对人均单产、人工成本利润率、员工满意度等进行分析，反映出企业人力资源质量。效能数据分析是基于前两类的数据结果或者数据状态来进行效益效能的整合分析，可分为显性收益分析、隐性收益分析两个方面。

对于领导决策而言,人力资源分析需要进行基础信息的全面分析、业务职能数据的过程分析,以及人力资源价值反映的员工满意度、效益效能的数据分析。表 6.5 列出了具体的人力资源大数据分析主题与组织绩效产出的对应关系。虽然表 6.5 的对应关系看起来是直接相关的,但实际上影响组织绩效的人力资源因素相当复杂。比如,薪酬会同时影响效率、销售业绩和盈利能力,但影响的方向并不相同。

表 6.5   人力资源大数据分析主题与组织绩效产出的对应关系

主题	产出
员工流动	销售业绩
人才管理	盈利能力
人力资源规划	客户满意度
员工参与	创新
招聘过程	效率
福利计划	
奖励和薪酬	

6.3.2   人力资源大数据分析模型

人力资源分析周期模型作为构建人力资源大数据分析的系统性方法,能够使人力资源管理的决策建立在富有洞察力的数据分析基础上,这种分析具有一定的预测性,其价值也得到了相关研究证据的支持。人力资源分析周期模型如图 6.4 所示。

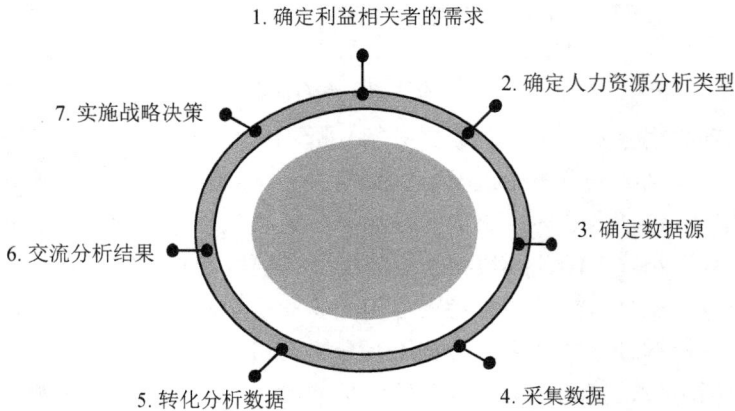

1. 确定利益相关者的需求
2. 确定人力资源分析类型
3. 确定数据源
4. 采集数据
5. 转化分析数据
6. 交流分析结果
7. 实施战略决策

图 6.4   人力资源分析周期模型

1. 确定利益相关者的需求

人力资源分析的首要步骤就是要明确利益相关者的需求,这是分析计划实施的关键。人力资源管理的发展趋势之一就是从利益相关者视角考察 HR 的价值(见图 6.5)。

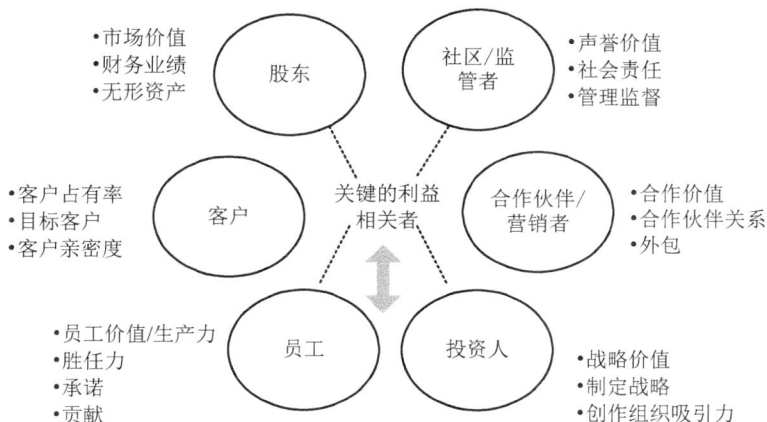

图 6.5　HR 为利益相关者创造价值

每个利益相关者对人力资源分析实践和活动有不同的观点和关注点。例如，基层管理人员通常最感兴趣的是关键指标和数据可视化报告，而高管和高级人力资源领导更感兴趣的通常是人力资源分析如何服务于人力资源战略的执行、关键员工决策和其他重要的业务活动。

2. 确定人力资源分析类型

一旦明确了利益相关者的需求和期望，就应该确定人力资源分析的类型。人力资源研究和分析既可以是长期的，也可以是短期的，业务性质是确定分析类型的依据。目前，数据可视化、人工智能算法和自动化技术越来越普及，长期也不再是 3～5 年，一年的数据都被认为是长期分析的数据标准。相反，短期分析需求往往需要与本组织的月度业绩考核或季度业绩考核相一致。需要注意的是，短期分析并不一定意味着战术性或反应性，长期分析也不等同于战略性。短期分析和长期分析只是数据跨度的分类，都可以是战略的分析或战术性的分析。

3. 确定数据源

确定分析类型后会制订分析方案，首先要确定能够解决研究问题的数据来源。数据源既可以是公共的数据源，也可以是企业的内部数据源。公共数据通常保存在大学图书馆、政府数据库和各类社会网站。企业的内部数据主要是企业人力资源信息系统中的内部员工数据，还有委托外部机构的调查数据等。在考虑数据来源时，主要的判断标准是这些数据对于人力资源分析相关主题的价值。当然，根据研究分析的主题，数据来源可能存在，也可能不存在，这取决于企业的人力资源信息化的程度和相关数据的积累。

普通案例

4. 收集数据

根据研究分析的目的，收集数据包括通过收集一手数据、二手数据和挖掘使用人力资源信息系统数据等多种方法开展初级研究或二级研究。如果一个企业具有一定的人力资源研究和分析能力，可以开展内部数据初级研究；二级研究是指在内部数据研究的基础上，利用外部来源获得的数据和信息，采用数学建模和数据挖掘算法，对管理决策提供支持的分析。但是，不管采用何种收集方式，都要重视伦理道德和法律责任。

5. 转化分析数据

在人力资源分析周期中，将数据转化为有用的并有助于洞察业务的信息是最重要的，也是最具挑战性的一步。通常需要利用市场化分析软件和可视化平台，开展预测分析、流程分析、文本情绪分析以及实时分析等。利用大数据进行分析首先要清楚分析的目的，明白要向公司高层传递什么样的信息，然后根据目的进行大数据的挖掘，比如根据个人网络行为、电话信息、社会媒体、宏观经济情况获取数据，经过算法、建模等流程分析过去发生了什么，现在会发生什么，为什么发生，将来会发生什么，从而做出可以付诸行动的预测，为管理决策提供依据(见图 6.6)。分析能否回答这些问题，在很大程度上还取决于所收集的数据的性质、人力资源分析研究人员的能力以及分析过程等因素。

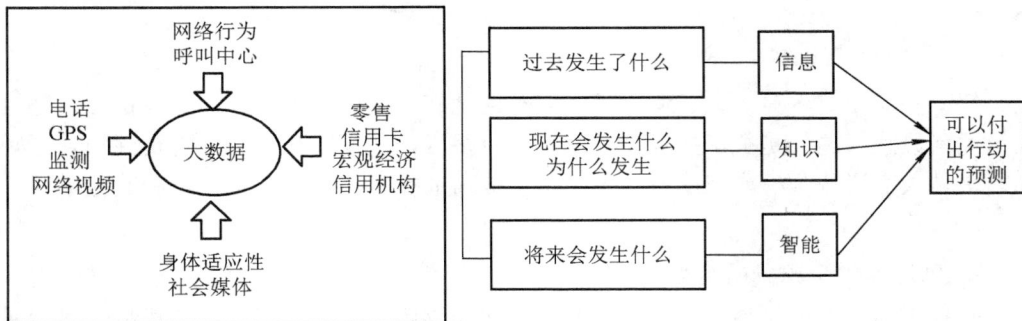

图 6.6　人力资源大数据分析路径

6. 交流分析结果

真正的人力资源分析能力更注重讲述数据背后的故事，并能够提供与企业最核心问题相关的可视化数据。讲故事是交流数据分析的主要方法，无论是文字还是视觉，都能激发大脑对事实和数据采用不同的处理方式。然而，讲故事不应成为向高管们讲述他们想听的内容或"挑选"数据的幌子或借口。因此，沟通和报告人力资源分析结果不仅涉及人力资源分析团队的某些道德解释，而且涉及数据分析结果应用的问题。很多公司通过仪表盘来给内部用户提供数据。仪表盘是描述性数据的扩展，体现了当前的状态和未来的趋势。如同财务数据一样，仪表盘报告的是历史数据，趋势是否会延续取决于现象背后的支撑条件和对未来的假设。

7. 实施战略决策

人力资源分析周期的最后一步是实现人力资源战略的制定和基于证据的决策。针对组织成功一个常见的说法是，"每一个成功的组织背后都有一个行之有效的战略"。战略就是在适当的时间做正确的事情，循证决策，科学确定优先事项和目标，并有效管理执行。人力资源战略倾向于将员工、政策、实践和流程与整体业务战略相结合，以实现组织的目标任务。人力资源战略还包括做出更明智的人力资源决策。从理论上讲，人力资源战略的制定应该与整个企业的业务战略相一致，但是在管理实践中却很难实现。因此，人力资源分析的主要目标是实现人力资源战略和科学决策。人力资源分析得出的数据结果和问题洞察，可能更有利于战略一致性的达成。

6.3.3　人力资源大数据分析未来发展趋势

1. 人力资源大数据分析的战略性日益凸显

从德勤公布的人力资本发展趋势来看，人力资源大数据分析作为一个重要的趋势名列其中。从我国目前企业的实践情况来看，已经有许多组织采用了人力资源大数据分析来辅助决策。通过人力资源大数据分析，可以发现过去组织内的管理漏洞和改变许多与平时直观印象不同的观念见解。这可以有效地改善长期以来形成的管理基本定律或管理方式方法，甚至是最基本的规则。

越来越多的企业正在转变人力资源管理模式，将数字技术真正引入人力资源管理实践之中，重视构建专业的人力资源数据信息库和人力资源管理平台，充分利用不同形式的人工智能来增强人力资源大数据分析的能力，并提出更多有助于人力资源管理发展完善的政策与措施，进而支撑企业长期战略目标的实现。

2. 人力资源大数据分析将会进一步改善员工的体验

组织通过人力资源大数据分析可以更好地改善员工体验，而不是仅仅聚焦于企业或者组织的成本效益分析。由于员工体验具有即时性、持续性、整体性等特征，管理者在精准衡量员工体验和评估相关措施的影响方面面临着较大的困难。以员工的视角进行的人力资源大数据分析，可以从员工体验的角度来看待组织的相关规章制度以及管理规范或某些特殊的政策，帮助组织提出更具针对性的解决措施，这样可以更有效地改善员工的体验。

越来越多的组织基于员工发展视角，更多地关注员工体验，将提升员工体验视为人力资源管理的核心任务之一。从"持续聆听"到"人物角色""员工旅程映射"，很多组织已经利用数据驱动的以客户为中心的工具、技术和思维方式来改善员工体验。未来将会有更多的组织将员工体验融入组织的人力资源大数据分析之中，这就意味着将会有更多的组织关注到员工的体验及其呈现的敬业度，并且可以采用更多的技术收集更多的数据，进而密切监测员工的体验以及敬业度的变化情况，促使组织提出更有效的措施来有效地改善员工的行为。事实上也有很多厂商或者技术服务商已经开始提供类似的服务，技术实现的难度将会越来越小。

3. 数据来源更加丰富，分析技术飞速发展

大数据之本是拥有大量的数据作为分析基础，人力资源部门研究的对象就是组织及员工，从研究对象数量来讲，这远远构不成"大"的要求。只有通过不断拓宽人力资源管理系统的数据来源，加强数据库建设，才可以提升人力资源信息采集能力，有效增加数据"厚"度，进而提升研究成果的客观性、准确性和针对性。

人力资源大数据分析现有的数据来源并不限于外部社交媒体和传统协作平台，更多组织也开始分析电子邮件元数据以洞察生产力协作关系。随着科技的发展，可穿戴技术和传感器也将越来越多地被用于支持人的分析研究。与此同时人力资源大数据分析的运用一定会泛互联网化，即人力资源管理系统将具有广泛的数据接口。随着可用于分析的技术和工具的不断发展，人力资源大数据分析人员可以更容易地分析非结构化数据及其提供的大量信息，同时他们也能够利用新技术来实现更快、更好的数据集成、分析和可视化。

4. 人工智能和机器学习进一步提升了人力资源大数据分析的能力

可以预见的是，由于人工智能和机器学习等各种革命性技术正在以惊人的速度发展，越来越多的组织采用基于算法的人工智能来分析大量数据，并通过高级自动化来加速业务流程，极大地减轻了人力资源大数据分析人员所需要的时间、资源与能力负担。认知计算技术的发展将会进一步激发企业人力资源流程的重组和再造。认知计算技术是数据分析、机器学习和基础架构的强大组合。它在人力资源大数据分析中的应用有望重塑组织的人力资源运作方式。通过认知计算技术提供的建议及复杂的洞察结论，可以促使人力资源经理做出更为明智的决策。该技术的应用不仅限于报告和分析，还包括与员工进行更深入的对话，让管理层更深层次地了解员工。

5. 组织网络分析的重要性不断提高

组织网络分析(ONA)是研究组织中正式关系和非正式关系以及信息流的方法，德勤将ONA定义为一种结构化的方式，可将沟通、信息和决策在组织中的流动方式予以可视化。其发展历史并不算短，但是目前组织的领导者才刚开始意识到 ONA 蕴藏的潜力。ONA使人力资源和组织管理者能够分析公司内部的沟通、信息和决策流程，获得有意义的见解，从而有助于战略决策。因此，ONA 的应用是无止境的，可为解决棘手的业务，例如减少员工的工作时间、分析高绩效团队的特点、激励组织内部创新等方面提供更为确定的解决方案。

6.4　人力资源风险管理

随着科技的发展与应用，人力资源管理的风险日渐突出，特别是有关员工个人信息的管理以及人力资源服务连续性等方面的风险。因此，如何协助企业应对社会发展和变革，预防并控制好人力资源管理的相关风险将是人力资源管理应对新时代发展的首要任务。人力资源风险管理的范围可以划分为人力资源合规管理、员工个人信息安全管理和人力资源服务连续性管理(如图 6.7 所示)。

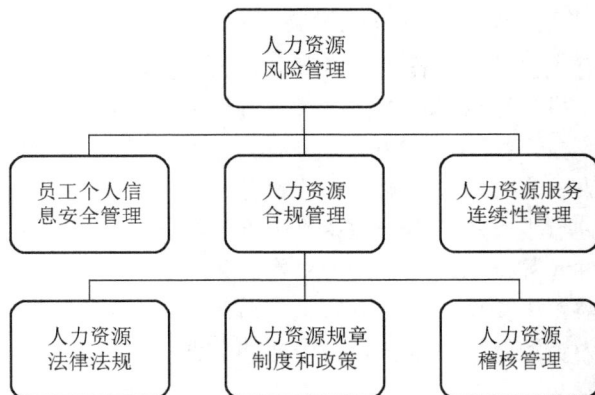

图 6.7　人力资源风险管理范围

6.4.1　人力资源合规管理

1．人力资源合规管理的内涵

人力资源合规管理，顾名思义就是企业人力资源部为了确保人力资源管理和实践符合国家相关法律法规的要求以及行业规范或企业内部的人力资源管理政策而进行的一系列管理工作。人力资源合规管理的目的主要有以下三点。

第一，通过人力资源合规管理，确保企业人力资源管理符合国家的法律法规和当地政策的要求，这也是企业人力资源管理的基础要求。

第二，基于企业实际情况建立与人力资源相关的合规制度。只有建立相应的合规制度，员工才能尊重并遵循合规制度。没有制度作为依据的合规管理将很难得到有效实施。

第三，人力资源稽核工作是人力资源合规管理的一个重要环节。人力资源稽核工作是全方位评估企业人力资源管理的内容和法律风险的重要手段。也就是说，企业要进行合规的管理和评估就需要对其进行稽核。

2．人力资源合规管理的基本要素

(1) 企业的合规文化。企业要进行人力资源合规管理，首先应该把企业的目标、愿景与合规管控体系有机结合起来，形成优秀的合规文化。毋庸置疑，明确并建立企业的合规文化是企业发展的基础。

(2) 人力资源合规目标。一般来说，企业可以结合自己的合规文化、商业行为准则确立人力资源合规管理的目标，以遵从法律法规为合规管理的基本原则，建立并完善人力资源规章制度及内部管理规则，确保人力资源管理合法合规。

(3) 人力资源合规风险评估。在人力资源管理过程中，特别是员工雇佣旅程周期管理过程中，企业需要对存在或潜在的人力资源管理法律风险进行评估和分析，建立风险评估机制。

(4) 独立的人力资源合规管理体系的建立。企业应当结合人力资源合规管理的内容，建立独立的人力资源合规管理体系，以确保人力资源管理符合法律法规要求、符合企业内部规章制度并持续完善。

3．人力资源管理稽核

人力资源管理稽核是检验人力资源合规管理结果的重要手段。通过稽核，企业能够直接识别和检验人力资源日常管理中存在的法律风险，找到人力资源管理及操作流程中可能存在的问题，并制定相应的改正措施进行不断完善。

人力资源管理稽核覆盖人力资源管理的各个方面，包括企业内部人力资源管理的相关人力资源政策、操作流程、管理文件、人力资源管理信息系统及其操作等，以便在稽核过程中发现人力资源管理工作存在的不足，进而及时采取行动，更好地改进现有的人力资源管理方式。

人力资源管理内部稽核可以分为人力资源管理的日常自审和由企业内部专职人员对人力资源管理进行的一系列专业内部稽核。外部稽核一般都是由符合资质的外部审计公司进行稽核，其稽核涉及的方面一般会更广，往往需要对企业整个人力资源管理的各个模块进行较全面的核查和了解，其重点是看企业的人力资源管理政策是否符合国家相关规定和法律法规的要求，并常常结合企业的财务报告或税务报告、质量报告等信息进行稽核。

6.4.2　员工信息安全管理

重视并构建严密的个人信息及隐私保护体系已经成为互联网社会人们的共识，有关公民个人隐私信息方面的立法在不断健全，监控更为严格，违法处罚更为严厉。对于企业来说，出于经营管理的需要，企业需要收集和使用员工的个人信息。对这些个人信息的管理一旦失当，企业将面临巨额的经济处罚和巨大的声誉损失，甚至会丧失客户和员工的信任，造成企业的生存危机。

1. 隐私、个人数据与个人信息的关系

根据相关研究，世界各国目前对于个人信息的立法主要使用了三种概念：个人数据、隐私与个人信息。

(1) 个人信息与个人数据。个人信息与个人数据的保护基本相同，都需要建立和增强安全的管理意识与管理能力，确保个人数据、个人信息的安全性，并不强调区分两者之间概念的差别。

(2) 个人信息与隐私。在国际社会，人们通常将个人信息的保护等同于隐私的保护，并且对于隐私的保护是以个人信息的保护为前提和目标的。有些观点认为，个人信息属于隐私权的保护范畴。隐私包含个人信息，个人信息保护是隐私保护的一部分。随着互联网、云计算、数字化时代的全面展开，个人信息的保护无疑是当今社会面临的一个新的挑战。数字化科技使得个人信息与个人隐私密不可分，如个人网页浏览、个人通信内容等通常被理解为个人隐私，可以通过数据转换变成个人信息。

2. 员工个人信息安全管理的主要内容

根据国内外有关个人信息保护的法律法规，企业对员工个人信息安全管理主要包括员工个人信息的收集、信息使用权限的管理、信息的分享与使用、信息的储存以及信息的清理等方面。

员工个人信息的收集是员工个人信息安全管理的第一步，也是确保员工个人信息安全的最重要的一个环节。在员工个人信息收集过程中，需要特别注意遵循准确、合法、公平、透明的原则，只要满足业务需要即可。对于人力资源管理部门来说，不同的人力资源管理岗位需要匹配不同的员工个人信息管理权限。信息数据操作权限是指被授权人可以查看、更改、储存、删除员工个人信息的权限；信息数据范围权限则是指在其工作职责范围内，被授权人可以接触企业所在的哪些国家、地区、法人实体、部门等员工个人信息数据的范围权限。

在人力资源管理过程中，基于工作需求，人力资源服务人员往往被要求提供和分享必要的员工个人信息。要制定科学的员工个人信息安全管理指南，按照管理流程谨慎地分享、提供和使用员工个人信息及敏感数据。同时，无论采取纸质文件储存方式还是电子文件储存方式，企业都需要对员工个人信息进行安全管理。除了在储存过程中对包含员工个人信息或敏感信息的文件进行加密存档之外，还需要确保存储方式和介质本身的安全性，并根

据权限设置的基本原则对不同的存储方式进行相关权限设定。

全面而科学的应对机制是解决由于技术缺陷、偶然疏忽引起的员工信息安全问题的主要制度。一般来说，对发生的员工个人信息安全问题一定要及时报告，采取正确的补救措施将影响降到最低。涉及第三方服务时，应当明确第三方服务商在使用和处理员工个人信息时的权利与义务。此外，还需要保持对国家在个人信息安全方面的立法动态、发展趋势、政策环境以及其他企业最佳实践方面的敏感度，不断探索员工个人信息安全的最佳实践。

6.4.3　人力资源服务连续性管理

1. 人力资源服务连续性管理的基本原理

人力资源服务连续性管理的基本原理包括人力资源风险评估、人力资源业务影响分析、制订应对突发事件的计划、定期演练，以及当风险出现时实施应对突发事件计划、计划实施后的评价与改进等，如图 6.8 所示。

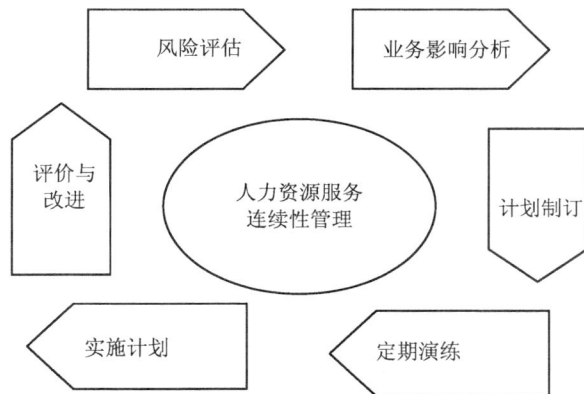

图 6.8　人力资源服务连续性管理基本原理

(1) 人力资源风险评估。

一般来说，人力资源部可以根据所在地的人文、地理环境以及自身的管理情况预测和评估突发事件，确定可能产生的隐患，以及对隐患的控制措施。例如，如果企业所在地属于沿海地区，则需要考虑是否会受到台风或洪水等的影响。

(2) 人力资源业务影响分析。

依据潜在风险的评估结果，人力资源部对发生概率较大的灾害或突发事件，分析并确定其如果发生会对企业人力资源服务产生的影响及其存在的风险，包括风险发生时是否会影响人力资源服务的关键性功能运作以及当这些关键功能一旦中断时可能造成的损失和影响等。

(3) 制订应对突发事件的计划。

通过人力资源业务影响分析并确定了关键功能后，需要制订一个应对突发事件的计划，一旦突发事件造成关键性功能服务中断，人力资源部可以立即启动这个计划使得关键性功能服务能够持续进行。

(4) 定期演练。

场景演练是人力资源服务连续性管理的重要活动之一，通过定期演练可以检测已设定的应对突发事件的计划是否可行、有效。演练可以包含人力资源服务连续性计划回顾、管理团队操练、应对策略检测、演练结果分析等活动。在演练过程中，人力资源服务连续性管理团队成员须按照计划要求，各司其职，使计划中各环节衔接有序，并在规定的时间内完成演练活动。

(5) 实施应对突发事件计划。

在实施应对突发事件的计划前，人力资源服务连续性管理团队要了解和熟悉人力资源服务连续性计划的内容，了解自己在连续性计划中的职责，通过持续、定期的演练获取经验教训。在突发事件真实发生时，依据人力资源服务连续性计划的提示，人力资源部要制订并实施相应的策略以达到人力资源服务连续性管理预设的目标，减少甚至避免突发事件给人力资源服务带来的影响，确保不间断提供人力资源服务。

(6) 评价与改进。

通过定期演练与回顾人力资源应对突发事件计划的实施过程，可以发现整个连续性计划以及人力资源服务管理中存在的问题与缺点，并进行纠正和改进，不断改善和更新人力资源服务连续性计划。通过对定期演练的不断总结，特别是通过对在假设的突发事件发生后出现的问题，人力资源部需要进行谨慎分析和严肃对待，找到问题发生的根本原因，吸取经验教训，及时改正问题并持续完善现有的人力资源连续性计划，确保人力资源服务连续性管理的有效性。

2. 人力资源服务连续性管理的一般过程

基于人力资源服务连续性管理的基本原理，人力资源服务连续性管理的过程一般包括建立人力资源服务连续性管理团队、制订人力资源服务连续性管理计划、进行人力资源服务连续性管理计划培训、定期进行人力资源服务连续性管理计划演练以及人力资源服务连续性管理计划的评价与改进等步骤(如图 6.9 所示)。

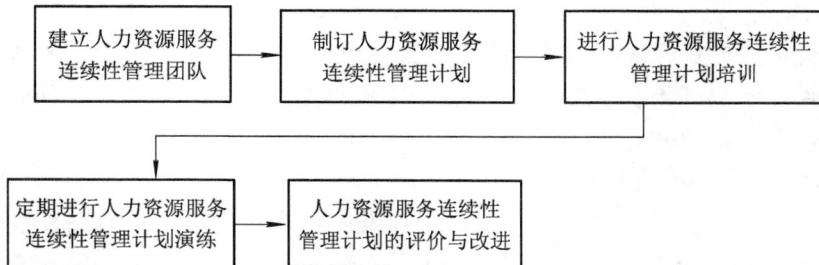

图 6.9   人力资源服务连续性管理实施一般过程

总之，在移动互联网、物联网、大数据、云计算以及人工智能等新技术给人们的工作与生活带来先进科技的同时，也会带来巨大的潜在风险和诸多的不确定因素，人力资源管理工作者需要树立强烈的安全意识，充分利用现有的信息技术完善人力资源服务连续性管理方案，及时洞察可能出现的人力资源风险并迅速做好防范和应对措施，从而将人力资源风险对企业业务的影响降到最低，有效促进企业实现可持续发展。

6.5 大数据人力资源管理案例
——网络人才参与众包创新项目意愿的数据分析

6.5.1 背景简介

众包创新是 WEB2.0 时代企业(尤其是中小企业)开放式创新的重要模式,也是其获取外部创新型人才的重要途径。众包是指公司(发包方)将过去由员工执行的工作任务以自由自愿的形式外包给非特定网络大众,从而低成本地将地理分布广泛、文化差别巨大的不同网络用户(称为接包方)汇聚到同一个开放的环境下,充分挖掘大众智慧,为企业带来更多数量、高质量、个性化的解决方案。可见,众包模式下,外部网络用户被"内化为"企业内部人才,成了中小企业的宝贵财富。众包模式是弥补企业原有创新型人力资源不足的有效方式。

众包创新往往依托于第三方平台展开。案例网站为我国最大的服务类众包平台,其平台注册用户达 1900 万,其中中小企业的雇主发包方超过 700 万家,网络用户平均每年为中小企业解决创新问题 200 多万项,该网站被誉为"最佳商业模式十强"企业。然而,近年来网络用户参与众包的积极性有所下降,案例网站发包方的需求平均满足率不到 20%。鉴于此,本节对案例网站中的参与用户进行详细调研,分析参与者的重要特征,并基于数据模型对其参与众包创新的意愿展开分析,为中小企业制定有效的众包人才激励机制提供借鉴。本部分数据来源于朱宾欣的博士论文《中小企业竞赛型众包创新激励机制研究》。

6.5.2 数据结构

结合实际问题,需要搜集参与人员的基本信息、参与项目数据、影响参与意愿的因素数据、参与行为数据四类信息。为方便分析,所有数据项均设置成数值型。其中影响参与意愿的因素数据和参与行为数据为问卷题项,使用李克特五级变量法。其他数据则为实际取值。具体数据项如表 6.6 所示。

表 6.6 主要数据项目说明

类别	数据名称(支撑变量)	说明(问卷题项)
参与人员的基本信息	性别	男 1 女 2
	年龄	划分为 20 岁以下 1、20~29 岁 2、30~39 岁 3、40~49 岁 4、50 岁以上 5 共五个区间
	最高学历	划分为高中及以下 1、专科 2、本科 3、硕士 4、博士 5 共五个区间
	月收入	划分为 3000 元以下 1、3000 元~5000 元 2、5000~10,000 元 3、10,000~20,000 元 4、20,000 元以上 5 共五个区间

续表

类别	数据名称(支撑变量)		说明(问卷题项)
参与项目数据	完成众包创新任务的次数		划分为从来没有 1、1～5 次 2、6～10 次 3、11～20 次 4、20 次以上 5 共五个区间
	参与众包创新任务的平均周期		划分为 6 个月以内 1、6 个月～半年 2、半年～1 年 3、1 年～2 年 4、2 年以上 5 共五个区间
	参与众包创新任务的发包方类型		划分为个人、中小企业(从业人员低于 100 人)、大型企业(从业人员高于 100 人)共三个区间
影响参与意愿的因素数据	物质动机	V10	赚取额外奖金的机会
		V11	获得更多兼职工作的机会
	知识获取和共享	V12	获得知识和技术，提高问题解决能力
		V13	把技术知识分享给大家，促进共同进步，提升成就感
	声誉	V14	方案被选中可以提高声望和知名度
		V15	方案被选中可以增加积分等级
		V16	可以促进未来职业生涯的发展
	社会归属	V17	可以结交志同道合的朋友，提高社会归属感
		V18	社会认同及其他情感因素
	任务复杂性	V19	任务难度较大，凭一己之力无法完成，限制参与积极性
		V20	任务的描述不够清晰，影响任务理解，限制参与积极性
	知识产权	V21	担心项目成果被窃取和模仿，影响积极性
		V22	担心项目成果提交时出现作弊行为，影响积极性
		V23	采纳企业未明确成果产权归属，影响积极性
	资源浪费	V24	方案未中标导致努力白费，影响参与热情
		V25	特殊原因导致过了期限未提交方案，努力白费，影响热情
	利益感知	V26	总体而言，参与众包对提升创造力非常有利
		V27	总体而言，参与众包对工作和学习非常有利
	成本感知	V28	总体而言，参与众包会付出很大成本，但难得到相应回报
		V29	总体而言，参与众包会面临许多不确定因素，导致最终任务未能有效完成
	平台易用性感知	V32	众包平台使用起来非常方便
		V33	可以熟练地掌握现有众包平台的使用规则
		V34	通过众包平台能够很容易地参与众包项目
参与行为数据	参与意愿	V30	很愿意经常参与众包创新
		V31	很乐意经常登录猪八戒、任务中国等众包平台，持续关注中小企业所发布的众包创新项目
	参与行为	V35	以后仍会继续在业余时间积极参与众包创新
		V36	以后仍会继续在众包平台上寻找感兴趣的任务

6.5.3　数据模型和数据采集

本部分主要目的是探讨网络人才参与众包创新意愿和行为的影响因素，从而设计合理有效的外部人才激励机制。用到的理论模型为社会交换理论。该理论认为，人们往往会把参与社会活动获得的报酬和付出进行比较，当报酬高于其付出成本时，人们便有参与该事件的行为意愿。进一步把网络人才参与利益感知分为物质、知识获取与共享、声誉和社会归属四个维度；把成本感知分为任务复杂性、知识产权风险、资源浪费风险三个维度。进而建立网络人才参与众包创新意愿的结构方程模型，如图 6.10 所示。

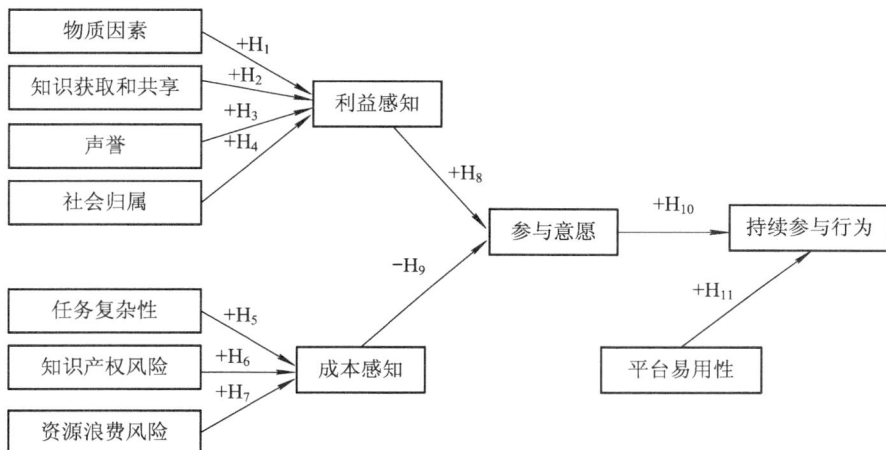

图 6.10　网络人才参与众包创新意愿的结构方程模型

其中，$H_1 \sim H_{11}$ 为关键潜变量间相关性的重要假设，衡量各潜变量的显性变量见表 6.6(如衡量物质动机 WZDJ 的显变量为 V10 和 V11)。研究参与意愿的最主要途径为用采集的完整数据来验证这些假设。

采集数据的途径有：① 借助案例网站的任务发布平台，以电子问卷的形式进行发放；② 通过案例网站公开接包方人才库获取参与者联系方式，包括 QQ、E-mail、微信号等，通过发送站内信或邮件的方式和参与者取得联系；③ 向网站管理人员发放问卷，并委托他们向平台著名客户通过邮件的方式进行问卷推送，并对每个回复邮件者发送一定小礼品。另外，还通过问卷星或朋友圈的方式，向有众包意向或者有相关经验的朋友、同学等发放问卷。共收到问卷 512 份，其中剔除掉无效问卷 78 份，有效问卷数为 434 份。问卷数据具有高度的全面性和相关性，符合大数据分析要求。

6.5.4　数据分析

1. 网络参与者基本信息、参与情况数据分析

借助 SPSS 软件，对参与者性别、年龄、学历、月收入等基本信息，以及完成众包创新任务的次数、参与众包创新任务的平均周期等参与信息进行分类统计，结果如表 6.7 所示。

表 6.7   参与者基本信息及参与情况分析

特征	值	样本数	占比/%
性别	男	210	48.4
	女	224	51.6
年龄	20 岁以下	20	4.6
	20~29 岁	286	65.9
	30~39 岁	96	22.1
	40~49 岁	18	4.1
	50 岁以上	14	3.2
学历	高中及以下	12	2.8
	专科	64	14.7
	本科	222	51.2
	硕士研究生	100	23.0
	博士研究生	36	8.3
月收入	3000 元以下	92	21.2
	3000 元~5000 元	98	22.6
	5000~10,000 元	162	37.3
	10,000~20,000 元	70	16.1
	20,000 元以上	12	2.8
完成众包创新任务的次数	从来没有	80	18.4
	1~5 次	184	42.4
	6~10 次	118	27.2
	11~20 次	44	10.1
	20 次以上	8	1.8
参与众包创新任务的平均周期	6 个月以内	110	25.3
	6 个月~半年	76	17.5
	半年~1 年	82	18.9
	1 年~2 年	62	14.3
	2 年以上	24	5.5
参与众包创新任务的发包方类型	个人	312	71.9
	中小企业(从业人员低于 100 人)	324	74.7
	大型企业(从业人员高于 100 人)	92	21.2

　　从该表可知，被调研者中有 81.6%参与过众包创新任务，其中任务发包方为个人或者中小企业的案例达到 75%以上，符合主题。从人口特征来看，女性比例为 51.6%；本科、研究生及其以上学历者占比达到 82.5%；最为集中的年龄段为 20-29 岁，占比为 65.9%；月收入 5000 元以上者比例为 56.2%。以上数据说明众包参与者基本为受过高等教育的年轻知识分子，收入中等偏上。与众包创新要求的知识性和技术性相吻合。

2. 影响因素、参与意愿及行为的数据分析

　　利用 SPSS 软件，对反映各影响因素、参与意愿及行为的潜变量以及支撑变量进行均值方差分析。结果表明，参与者利益感知的均值基本在 3.65 以上，甚至知识共享获取、声誉的变量得分均达到 3.85 以上。而成本感知因子的均值大多在 3.3 左右，且成本感知这一潜变量的得分均在 3 以下。另外，利益感知支撑变量的方差明显低于成本感知的方差。这说明，总体而言参与调研的网络参与者能较为一致地认同能从众包创新任务中获取正向利益，对存在的成本风险并不很敏感。

3. 网络人才参与众包创新任务的路径分析

　　利用 SPSS 软件结合 Mplus 编程，对数据模型中的各假设进行检验，并对模型的总体拟合度进行修正和优化，进一步得到网络人才参与众包创新任务的路径图(见图 6.11)和数据模型的拟合指标表(见表 6.8)。

表 6.8　数据模型的总体拟合指标

	RMSEA	CFI	TLI	SRMR	$X^2/(df)$
标准	< 0.08 最优，< 0.1 可接受	> 0.9	> 0.9	< 0.1	1 < NC < 3 最优，3 < NC < 5 可以接受
值	0.063	0.925	0.907	0.062	533.4/285 = 1.872

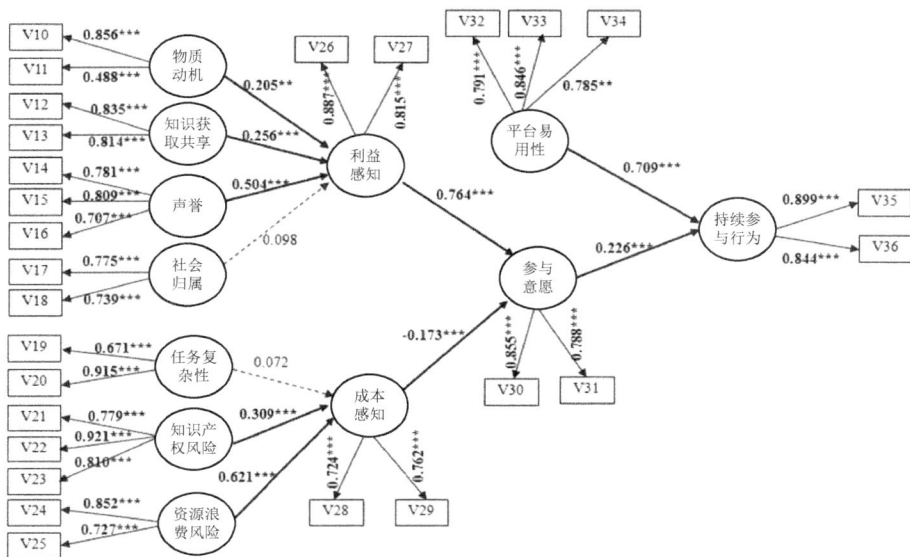

图 6.11　基于数据分析的网络人才参与众包创新路径图

从表 6.8 可知，数据模型的 RMSEA、CFI、TLI 以及 SRMR 指标值均在最优范围之内，表明模型很好地达到了拟合度要求，可以用来分析参与者行为意愿。进一步从参与路径图(见图 6.11)中可得到以下结论。

(1) 从利益感知的角度分析，物质动机、知识获取和共享、声誉三个因素的路径系数分别为 0.205、0.256、0.504，临界比分别为 2.227、2.721、4.316，物质动机在 5%水平上显著，知识获取和共享、声誉两个非物质因素都在 1%水平上显著，假设 $H_1 \sim H_3$ 成立，且非物质动机的显著性水平高于物质动机，社会归属因素路径系数仅为 0.098，临界比为 1.440，低于 5%的显著性水平，说明社会归属与利益感知并不显著相关，H_4 未获得实证支持。可见，物质动机是影响网络用户参与中小企业众包创新任务所感知利益的重要因素，却已经不是最主要因素。知识获取共享、声誉这两个非物质因素的路径系数和显著性均高于物质动机。

(2) 从成本感知的角度分析，知识产权风险和资源浪费风险的路径系数分别达到 0.309 和 0.621，在 1%水平上显著，假设 H_6 和 H_7 得到实证支持，而任务复杂性的路径系数仅为 0.072，临界比仅为 0.932，在 5%水平上不显著，说明任务复杂性与成本感知不明显相关，H_5 未获支持。可见，众包创新任务的复杂性并不一定会提高网络人才在众包创新项目中的成本感知，真正让其感知到参与成本的主要是知识产权风险和资源浪费风险。

(3) 根据利益感知对参与意愿的分析结果来看，路径系数达到 0.764，临界比高达 17.715，路径系数在 1%水平上显著，利益感知对参与众包创新任务的意愿有显著正向作用。H_8 得到支持。根据成本感知对参与意愿的分析结果显示，路径系数为 −0.173，临界比为 −2.751，路径系数在 1%水平上也显著，说明成本感知显著负向影响参与意愿，假设 H_9 成立。根据参与意愿、平台易用性对持续参与行为的结果显示，路径系数分别为 0.226、0.709，临界比分别为 3.278、12.796，路径系数均在 1%水平上显著，假设 H_{10} 和 H_{11} 获得实证支持。利益感知对参与意愿的路径系数(0.764)高于成本感知(0.173)，这表明，当参与者感受到相同的实际收益和成本时，利益当量高于成本当量，则仍倾向于参与众包。另外，网络人才能否持续参与众包创新，不仅受到参与意愿的影响，也受到平台易用性的正向作用，国内平台在技术方面建立有常规的测试反馈和维护机制，因此众包平台的易用性、人性化操作设计等方面都比较让人满意，故持续参与行为较高。

本 章 小 结

人力资源管理的历史虽然不长，但人事管理的思想却源远流长。面对宏观环境的复杂多变和企业内部的组织变革，人力资源管理理论不断创新，人力资源管理实践则从工业时代跃迁至数字时代。通过构建人力资源管理平台、人力资源服务移动化、从"线下"到"线上"的工作模式变化、利用社交媒体拉近与员工的距离、利用人工智能技术和分析工具获取深入洞察力，可以有效实现人力资源管理数字化转型。相比于云计算技术和人工智能，大数据已经成为人力资源管理的重要手段。

人力资源大数据是指在信息技术和互联网技术发展的背景中产生，可动态反映个体及其组织的行为、关系或状态的海量数据集。人力资源大数据包括基础数据、业务数据和效能数据。人力资源大数据分析的核心价值在于明事实、察问题、预未来。人力资源分析周期模型能够使人力资源管理的决策建立在富有洞察力的数据分析基础上。

人力资源管理和实践必须符合国家相关法律法规的要求以及行业规范和企业内部的人力资源管理政策，人力资源管理稽核是检验人力资源合规管理结果的重要手段。企业对员工个人信息安全管理主要包括员工个人信息的收集、信息使用权限的管理、信息的分享与使用、信息的储存以及信息的清理等方面。事先制订一个切实可行的人力资源服务连续性计划是人力资源服务连续性管理成败的关键。

数据模型分析是大数据时代解决人力资源管理问题的重要途径。比如，对于中小企业关注度日益提升的外部网络人才参与众包创新意愿的问题，需要首先建立符合研究问题的结构方程模型，并挖掘所需数据项并定义所有数据类型。接着通过问卷调研、数据爬虫等手段尽可能全面地搜集数据，而后借助分析软件，对相关数据进行描述性统计、相关回归分析、路径分析等操作得出结论。

课 后 思 考 题

1. 简述你对战略人力资源管理、循证人力资源管理的理解。
2. 简述人力资源管理数字化转型的必要性。
3. 请举例说明大数据在人力资源管理工作中的应用。
4. 简述你对人力资源大数据分析框架的认识。
5. 请举例说明如何利用人力资源分析周期模型进行管理决策。
6. 如何利用内部和外部稽核手段进行人力资源合规管理？
7. 大数据时代，如何采用数据模型分析企业人力资源管理的具体问题？

第7章

企业数字化系统建设概述及战略规划

📝 **学习目标**

(1) 了解企业数字化系统建设的宏微观意义。
(2) 理解企业数字化系统建设的先决条件。
(3) 掌握数字化系统中台架构及其主要优势。
(4) 理解企业数字化系统建设的主要流程。
(5) 掌握企业数字化系统战略规划的 BSP 方法。

▶ **本章导读**

　　大数据、物联网、云计算、人工智能等技术汇聚而成的数字经济已经成为驱动社会经济发展的新动能，先进数字技术不仅让人们的日常生活变得简洁、高效，更掀起了我国产业结构改造升级、经济形态转变的浪潮。企业作为社会经济运行的微观单元，其数字化转型已刻不容缓。通过数字技术的深度运用，企业能精确量化管理对象和管理行为，不仅可以提高生产、经营、管理、决策的效率和水平，更有助于提升企业的生态效益和社会效益，实现各环节价值链的升值。

　　企业数字化管理实现的物质载体是数字化管理系统，它是一套包括网络技术、移动技术、大数据技术、智能化技术以及现代管理思想在内的综合集成系统。这样的系统需要在剖析数字化管理系统整体框架的基础上，采用系统工程思维和阶段递进方法，遵循用户至上的原则，自顶向下分析与设计、自底向上逐步实施建立。而战略规划是整个建设过程中决定方向性问题的重要阶段。本章主要介绍企业数字化管理系统建设的基本理论，并对数字化系统建设的第一个阶段——战略规划进行详细阐述。

7.1　企业数字化系统建设的意义及先决条件

7.1.1　企业数字化系统建设的意义

20 世纪 90 年代以来，欧美日等西方发达国家和地区相继进入了数字化时代，对我国以传统手段为主的企业管理模式提出了挑战。当企业决策者在制订数字化发展战略时，数字化管理系统的建设始终应该被放在重要位置。根据各国数字化实践的经验，企业数字化系统建设的意义可以概括为微观和宏观两个层次。

1. 企业数字化系统建设的微观意义

(1) 保证整个组织运营数据的规范、唯一、完整。任何一个企业的经营管理活动都伴随着大量异构数据的产生，而只有规范、完整的数据才能为企业决策提供正向价值。数字化系统建设过程中可以通过数据库数据验证规则、数据源权限控制、应用程序控件约束等方式严格保证输入数据的规范和完整；用代码作为实体的唯一性标识，并严格遵循关键数据"一处入口，多处出口"的原则，杜绝同一实体在前后流程中由于命名不一致而导致的统计口径错误、关键属性混乱等问题。

(2) 实现组织数据的全体共享。实现充分的数据共享是企业建设数字化管理系统的主要目的之一。系统建设前的组织虽然已经有了一定的数据积累，但由于缺乏统一的数据管理机制导致各业务环节间无法实现协同，难以完全释放数据价值。例如产品的库存表，尽管产生于物流子系统，但应同时供采购、生产安排、结账等环节使用；销售发票由销售子系统输入，却是财务子系统做账及核算成本的重要依据。在企业数字化系统建设的过程中，通过详细的需求调研分析不同部门及业务环节数据之间的关联，从大数据基础平台开发入手，积极运用分布式数据库及数据仓库技术，加强"数据孤岛"之间的网络互联，实现"共享"需求数据的规范、整合、分析和利用。

(3) 有助于提升企业的管理效率，实现决策的科学化。一方面，数字化管理系统能通过数字化技术来处理、传输和管理数据，从而加快信息传递，缩短处理时间，实现管理数据的规范化；另一方面，数字化管理系统是现代先进管理思想的体现，不仅包含数据库，更把模型库乃至智能化知识库集成在内，提供了对企业事务、管理、战略层等多层决策的支持。生产计划优化模型、配送中心选择模型、运输模型等人工计算难以解决的问题通过数字化管理系统能够轻松实现；智能化检测、智能化评价、智能化决策系统近几年的应用范围也越来越广，大大降低了高层管理者决策的复杂程度，提高了企业的长远利益。

2. 企业数字化系统建设的宏观意义

(1) 加快企业生产环节的数字化进程。生产过程数字化是企业形成以产品创新为核心的主要手段。通过数字化生产支持系统建设，可以在自动收集有关产品市场需求信息、质量信息及有关图案、技术指数信息的情况下，采用自动化的信息处理、制图设计方式进行产品设计，以提高设计效率和效果，加速原产品的不断改进和新产品的设计、研制、开发过程。并在生产过程中全部采用数字系统、智能仪表等进行监控、处理，自动弥补生产过程中物料、质量等方面的漏洞，实现整个生产流程的自动优化运作，这使得企业的柔性化生产成为可能。

(2) 加速企业流通过程的数字化进程。流通过程的数字化是企业以市场应用为核心、市场创新为动力，扩大企业商机的重要途径。一方面，通过企业数字化系统，能够及时地搜集生产过程中对原材料、能源供应等品种的数量、质量的要求，建立原材料、能源信息采集系统和采购信息通道，保证供应渠道的通畅；另一方面，通过建立本企业产品的广告、销售和产品市场分析系统，可以及时向外传播本企业产品市场销售信息及相关市场信息，保证销售渠道畅通和销售工作有效进行。同时，建立本企业产品售后服务和有关技术服务信息网络，用以及时收集用户对本企业产品质量、性能及有关服务情况的反馈信息，可保证产品售后服务及技术服务及时跟进，并为产品更新和新产品开发提供条件和依据。

(3) 实现企业业务的全局优化。当数字化转型成为企业战略时，就一定要针对企业的整体业务链进行数字化系统建设，而不是针对某个局部进行单纯的技术升级。如果沿用过去多年来各个业务环节独立建设数字化系统的方式，必然会产生许多分散的"烟囱"式系统，并会产生如下问题：① 数据割裂，无法发挥数据智能的价值；② 系统间协同成本过高，业务联动性较差；③ 不利于数字资产沉淀，无法支撑业务快速响应和探索创新。以零售行业的库存为例，许多企业认为解决库存问题的关键在于解决供应链物流环节问题。但实际上物流环节处于生产制造的下游以及销售的上游，要对库存进行优化，不仅依赖于下游的销售数据，同样受制于上游的生产制造能力。因此，如果不建立面向企业整体业务的数字化系统，某些看似单一的管理问题很难得到圆满解决。

(4) 大幅提升用户体验。随着消费者个性化需求的提升，市场上供过于求的现象普遍存在，消费者选择严重过剩。如何提升用户体验是企业占领大量市场份额，获取竞争优势的重要途径。企业数字化系统集成了各种数据智能技术，从商品查询、商品购买、个性化服务等环节全面改善了用户体验，通过对企业价值的柔性传递，极大程度地削减了企业的获客成本，降低了用户的流失成本和用户增长成本，增强了企业的市场竞争力。

7.1.2　企业数字化系统建设的先决条件

企业数字化建设是一个复杂的系统工程，面临着许多风险和挑战。无论在系统建设初始阶段还是持续的发展过程，都对人员能力、组织架构、技术平台提出了较高的要求。因此，要建设一个成功的、能为企业核心业务提供支撑的数字化系统，必须满足一定的先决条件。

1. 企业高层领导者的支持

有人认为数字化建设是纯粹的技术问题，因此主要是首席信息官(CTO)或者信息主管的事，与业务人员无关。事实上，即使是最优秀的 IT 领导，也无法主导企业整体的数字化建设，它的成功需要很好地整合企业内外部资源，在各部门合作的基础上整体推进。同时，企业数字化建设的进程需要随企业业务的发展而不断调整，在各发展阶段均需体现出对各项业务的高效支持以及各业务之间的协同，势必涉及原有协作方式、组织结构、IT 技术成本的持续性投入，等等。这些问题都不是技术领导或者某一部门所能解决，必须在高层领导对数字化建设有了准确认知，才能提供坚定和强有力的支持。甚至在系统实施的后期，数字化可能会侵犯许多原处高位者的利益，必然会遭遇巨大阻力，只有高层领导的强制命令才能继续推行。因此，如果没有高层领导(最好是 CEO)的全力支持，企业就不具备开展数字化建设的环境和土壤，企业数字化建设也很难获得成功。可以说，数字化建设是一项典型的"一把手工程"。

2. 形成组织共识和合理机制

如前所述，企业数字化战略的推行将比传统战略推行时遇到的阻力更大。一方面，数字化系统建设尽管战略意义明显，但也意味着超高额成本的支出。因此，组织内部关于是否推行数字化各执一词，很多员工往往不相信数字化的潜在价值；另一方面，转型过程中或多或少涉及业务架构和组织结构变化，既得利益者面对不确定性会持抵触或逃避的态度。因此，企业需要从战略层树立起数字化建设的共识，在各种业务和资源调配中提高中层领导者和底层员工的数字化意识。另外，随着业务的不断发展，数字化业务架构将越来越复杂，需要有一套更科学的组织架构和 IT 运营机制，且这套组织架构和运营机制必须与企业自身的业务模式、协作模式和人才基础相匹配。这个过程绝不是一蹴而就，而是一个不断探索和调整的过程，其核心目标就是保障企业对业务发展的高效支撑，且在系统中不断沉淀业务和数据。

3. 明确数字化阶段建设的核心和重点

根据企业类型、运行现状、信息化基础的不同，现有企业数字化系统的建设可以有十来种方案可供选择。有些思路是先用当前最流行、最强大的技术搭建一个平台，再逐步覆盖业务、寻找痛点、解决具体问题；另一些方案则是首先确定目标和需要解决的痛点问题，在解决的过程中顺带构建数字化平台，同时也规划了以后各阶段的核心问题和解决方案。数字化系统建设一定要围绕核心业务价值，需要确认数字化转型过程中不同阶段的重点领域和关键问题，一定要"有所为，有所不为"。例如，对于一个成本高企的制造企业而言，现阶段数字化建设的关键目标需瞄准成本环节的识别和利用大数据进行低成本运行策略的优化。

4. 有稳定的信息化平台基础

企业数字化系统不是从无到有进行建设，而是在基于局域网、数据库的信息化平台上进一步融入大数据、智能化、云计算技术，实现更深层次的数字化应用。因此，开展数字化系统建设的企业必须有一定的信息化基础设施和局部的业务子系统。但是，数字化平台与传统技术架构建设的单体信息系统，在构架复杂度、性能、管控、平台稳定性方面不可同等视之，替换数字化平台将带来巨大风险。而数字化技术平台选择应主要从以下几个方面展开：

(1) 该平台是否能承担起企业自身的业务体量，或者更大的业务体量；

(2) 该平台是否具有前瞻性，并不只是满足企业数字化发展初期的功能；

(3) 基于该技术平台的系统产品是否足够成熟，在运行过程中出错和需要维护的概率是否足够低，否则将要求技术团队提出更高的要求；

(4) 该平台是否随技术和行业的发展与时俱进，最好平台厂商能提供平台的源码级支持，否则企业数字化建设将面临较高的技术风险。

5. 专业人才的参与

企业任何事情的成功都离不开人才，特别是数字化系统建设这样复杂的系统工程。无论是系统建设的初期对前台业务需求进行调研和梳理的过程，还是系统建设后期把前台的业务需求沉淀至中台，都需要对于业务理解具有全面性和前瞻性的专业化人才，主要包括业务总经理、产品经理、运营人员、前台开发人员等。可以说，企业能否培养出这样的业务人才直接决定了企业数字化系统建设乃至数字化转型能否持续发展。同时，在数字化系统建设过程中更应不断培养出根据不同工作内容更加细化的专业技术型人才，包括技术架构师(负责应用运行所需的开发框架、技术平台的选型等)、用户体验设计师(UED)、基础设施运行维护人员、数据库管理员(DBA)、测试员等。这些人员构成了 IT 建设的公共技术团队。综上，企业数字化系统建设需要"既懂业务，又懂技术"的复合创新型人才。

7.2 企业数字化系统建设的主要思路

企业数字化建设是一项复杂的系统工程。许多企业对数字化发展的迅猛态势认识和理解很不充分，实践中又缺乏可借鉴的经验，面对数字化转型感到无从下手。同时，数字化建设初期的投入以及后期庞大的维护成本更让企业的数字化建设举步维艰。本节遵循系统思维，以全局最优化为原则，从数字化系统的两大要素——业务和数据出发，提出企业数字化系统建设的主要思路。

7.2.1 企业数字化系统建设的总体架构

1. 传统式架构

企业数字化转型需要建设一个科学的架构和体系来支撑其落地和科学发展。对于一些传统企业而言，建设数字化系统的目标是追求业务的流程化、标准化，强调事务的严谨性和可管控性，不会出现高并发、海量数据的情景，那么这样的数字化系统只需采用基于前后台架构的传统模式(如图 7.1 所示)。这种系统往往以定制开发为主，尽管能实现内部业务优化和数据共享，但由于业务流程和数据结构的固化，系统扩展难以实现。

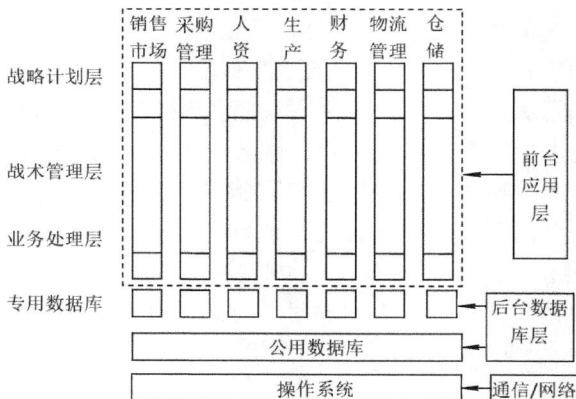

图 7.1 传统数字化系统的前后台式架构

2. 中台式架构

随着市场竞争的日趋激烈以及商业模式的改变，许多企业业务需要快速响应，需要随着市场和用户的需求快速进行调整和应变。另外，为了更好地构建生态体系，还需要将企业核心业务能力开放共享，因此将经常面临高并发访问和海量数据读写的情况。尤以电商平台、客户关系管理系统(CRM)、营销平台等为代表。这种情况非常适合于全新的"中台"模式架构。图 7.2 展示了一个营销推广及网上业务频繁的某企业数字化系统的中台架构。该系统把财务、人力资源、生产制造、产品设计等传统内部业务作为企业后台，由中台负责核心业务和数据的沉淀和运营。向上支撑前台的各种业务平台建设。如果需要，还可以通过"能力开放平台"将企业中台的核心业务和数据向外部第三方平台(社交平台、B2B 经销商门户、移动电商平台)开放。

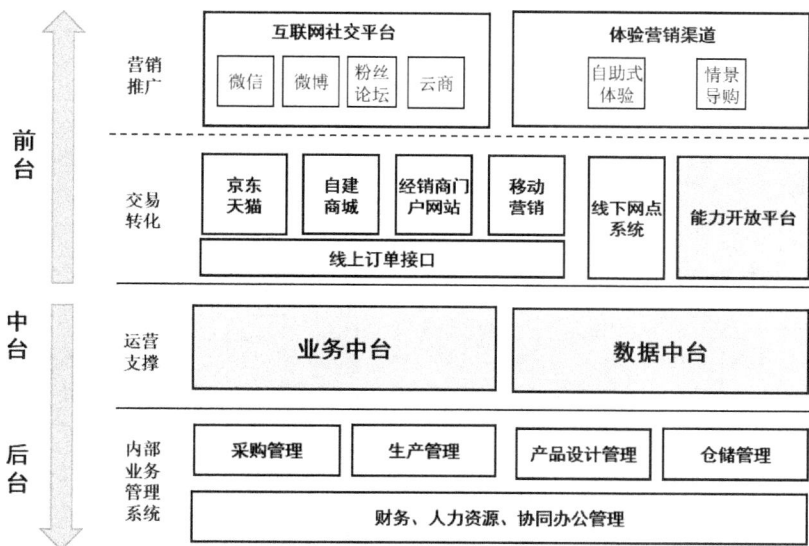

图 7.2　典型的数字化系统中台架构

中台架构的最大优势在于可以实现数据的统一、实时、在线。所谓统一，是指通过业务全局的梳理，明确数据库中的数据格式、标准以及对外服务统一的接口，解决业务数据在内外部不同系统中数据格式、标准不统一的问题，让数据在业务运行中实现高质量沉淀；所谓实时，是指在任何业务场景中，任何对于该系统的访问和操作数据均为最新，不会产生数据滞后和不准确的现象；所谓在线，是指数据以服务的方式提供在线联动，不会让数据停滞在某个系统或者只在局部滚动，实现数据在平台上的开放共享，从而较好地解决系统割裂式建设带来的"信息墙"及业务联动差的问题。在数据统一、实时、在线的基础上，利用数据模块快速实现业务系统的重构，从而支持企业整体业务的优化。

7.2.2　企业数字化系统建设的主要方式

根据多家企业的数字化经验，企业数字化建设可以通过三种方式实现，即顾旧立新式、平滑迁移式、不破不立式。

1. 顾旧立新式

一些大型企业组织(如海尔、联想等制造企业)经过 20 多年的 IT 系统建设，子系统的数量达到几百乃至上千，且这些系统仍在正常运转。鉴于数字化系统建设与传统的 IT 系统建设在技术路线上差异较大，如果对原有系统全部推倒重建将产生大量的成本费用，短期内带来的商业价值比较有限，不利于企业的业务稳定性。

在这种情景下，采用"顾旧立新"的建设方式是合适的，即在保持原有系统不变的情况下，对于企业计划新建的数字化系统采用中台架构模式(见图 7.3)。如果新系统需要与原系统进行交互可以采取 API 网关等方式实现。随着基于新模式架构的子系统越来越多，中台沉淀的服务中心能力越来越强，新系统的灵活性越来越得到体现，用户对新系统的偏好程度越来越高。而采用传统方式的原有系统在"运行维护期"不断令人失望，直到最后被完全推翻。此时，中台沉淀的服务中心能力已经很强，能够很快重构出等同乃至优于原系统功能的应用模块，使得整个系统进一步向中台架构迁徙。

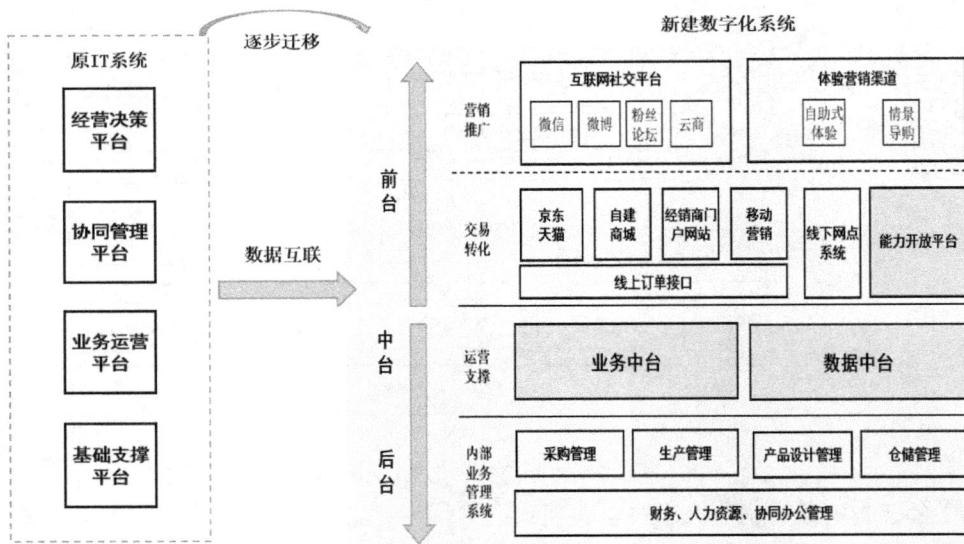

图 7.3 "顾旧立新式"建设方式

可见，这种"顾旧立新"方式能够最大限度地保护原有 IT 系统的投资，物尽其用地发挥原系统的价值。在新旧系统逐步过渡的情况下能为下一阶段的数字化系统建设和业务的快速发展带来全新的动力。目前已实施成功的数字化系统案例中，"顾旧立新"方式占绝大多数。

2. 平滑迁移式

"平滑迁移"建设模式是将传统 IT 系统改造为数字化架构(中台)的另一种方式。它是指最开始选择业务要求较为紧迫、业务逻辑较为独立和简单、服务功能复用率较高的功能模块作为试点，将其剥离原 IT 系统，而后试点模块慢慢扩大，直至所有系统。其过程见图 7.4。

图 7.4　"平滑迁移式"建设方式

选择"平滑迁移"这种重构模式的企业应具有以下两种特征之一：一是具有业务系统庞大、复杂且对持续运营的要求较高；二是原有系统并不需要对所有的功能模块进行数字化系统架构的改造。例如某服饰品牌企业对原有的 POS 系统进行数字化改造的过程中，基于库存统一、商品统一、会员统一、订单统一的业务要求，只需将原系统中关于库存、商品、会员用户、订单相关的业务逻辑纳入中台架构的重建，而收银、员工考勤等业务则仍保留在原系统。

"平滑迁移"方式能够将系统迁移的风险降到最低，但其缺陷在于对技术要求较高，必须有强大的技术团队对所迁移的系统具有底层改造和把控的能力。

3. 不破不立式

不破不立式是指在有决心、有魄力的企业管理者领导下，对原有系统进行批量的改造和重构。即在数字化系统架构(中台)的基础上，遵循全局最优的实践原则，逐步批量废除原有系统，重新构建新的数字化系统。这种模式在本质上与"顾旧立新"方式类似，均为针对新业务逐步建立起数字化架构体系，再完成原业务系统的迁移。但不破不立式刚开始就明确了对哪些旧系统进行改造，并且几乎是同一时间对这些系统进行重构。该方式的优势在于能尽可能多地拥有来自多个系统的真实业务需求输入，能够更加全面地考评哪些功能可以沉淀到新系统的中台体系，确保设计的灵活性。另外，多个系统同期的迁移和改造，可以减少新系统在设计中与旧系统之间的不兼容问题，使得数字化系统架构(中台)保持更"干净"的形态，实现多系统间业务和数据的实时和统一，达到最佳业务效果。

然而该方式的缺陷也比较明显，它意味着在新系统建设初期就要同时启动多个系统的重构工作，带来的项目投入比较大，风险比较高。而且该方式对于项目范围内的业务需求梳理、项目过程中的协同、项目管控等提出了较高要求。

7.2.3　企业数字化系统建设的典型路径

企业数字化系统建设的典型路径可以归结为规划期、初建期、完善期、持续期以及运行管理期等几个阶段。

1. 规划期

系统规划是企业数字化系统建设的第一步，也是确定建设方向的重要步骤。数字化系统规划的主要任务为确定数字化系统的总体目标，提出数字化系统建设的总体方案，划分数字化系统的总体功能架构。在该环节，企业首先要明确当前的业务目标，并结合行业特点、自身业务情况、信息化基础主动参与数字化策略规划，提出高价值需求，制定针对性策略。一定要明确：企业的战略愿景和目标，对数字化的期望；企业的发展战略和目标，数字化业务发展现状和面临的主要问题；需要有哪些业务子系统支持总体战略目标；每个子系统与之相关的数据大类有哪些，等等。

2．初建期

企业数字化系统较之传统 IT 系统有着更为复杂的技术架构及业务逻辑，因此在系统建设初期，大多数企业的不同角色和各层级员工会对建设过程感到不适应。即使一些企业在参考其他机构数字化建设和运营方式的基础上进行了团队组织建设，即使这些团队组织涵盖了本企业信息部门、业务部门专家以及外部专家和人才，也不会完全消除这些彷徨和不适应。在数字化系统建设初期，正确的做法如下。

(1) 不应进行组织结构的重大调整。因为这样会加剧相关人员的不适应感，且哪种组织结构更易产生更好的架构调配效果难以定论。

(2) 不建议把战线拉得太长。先选择 1～2 个试点系统，按数字化系统建设原则和最佳实践搭建中台架构，目的是让各类人员能深切感受数字化系统架构的优势，在实践中学习和了解相关技术，增长经验，找准自身角色定位。

(3) 充分的调研。基于对当前系统的调研，对需要数字化的系统模块进行业务流程分析，搭建起业务中台的核心框架以及部分服务中心。同时，建设一些数据汇总、统计、分析等简单的数据中台功能，并将这些统计分析的结果应用至新业务的场景中，初步建立业务系统和数据系统的同步机制。

3．完善期

当初建期 1～2 个试点系统成功上线后，企业对数字化系统落地的形态、相关技术以及各种角色分工有了较为清晰和真切的体验，数字化建设开始进入完善发展期，针对初期建设发现的问题进行体系化的思考和调整，为数字化系统的健康、高效运营构建良好的发展环境，尤其是数据平台的构建。

在此阶段，企业新的业务系统要不断基于中台架构继续建设，业务中台中的共享服务中心功能不断完善和增加。为保证企业任何业务环节(如产品设计、生产制造、供应链、销售、售后、财务等)实现数据的共享和实时贯通，要对各业务流程中产生的各类数据进行详细分析，厘清数据的维度结构、用途、来龙去脉、使用频率等关键属性，抽象出统一的数据模型并进行数据规范化设计，完善数据中台的主要构架。同时，除了简单的汇总统计等功能外，需要在数据中台逐步增加基于多场景的算法，并提供不同场景的计算能力，以支持对新业务流程的快速数据重构。此阶段，数据中台处理的数据已不仅仅是企业内部数据，而应有意识地整合外部生态数据，用以补充在使用数据解决业务问题时的数据维度缺失。

4．持续期

在该阶段，数字化系统的建设已经完成了数据存储、打通等基本内容，应该深度结合各类业务场景，持续完善数据种类、维度，尤其要优化各类数据算法，加强对数据的应用，真正让数据解决业务流程中的各种问题，持续挖掘数据的价值。该阶段的主要任务有：

(1) 在场景应用方面，通过业务和数据中台所构建的数据采集、汇聚、分析、反馈的闭环，结合大数据领域不断发展的神经网络、机器学习、人工智能等技术，逐渐打磨和沉淀出实现企业核心竞争力的数据算法和应用，使得企业真正转变为高效运营数据资产的科技公司。

(2) 在组织架构和人才培养方面，构建具备较强业务场景认知能力且具有深刻业务优化洞察力的独立数据服务团队。该团队应集聚大数据领域具有卓越才能的专业化人才(包括数据科学家、算法工程师等)，能够将数据中台中不同类型的数据进行科学处理，通过大数据技术挖掘各业务场景中的业务优化空间及价值，并且向系统用户有效屏蔽数据中台、底层技术、算法等，提升数字化系统的可理解性和可操作性。

5. 运行管理期

当完成业务中台、数据中台、算法应用等各阶段任务后，数字化系统已经开始作为一个独立的技术体系源源不断地为企业创造商业价值。此时数字化系统建设已迈入运行管理期。该阶段的主要任务为管理控制、安全架构和标准建设。事实上，这些任务同时也零星分布在数字化系统建设的各阶段，与数字化建设的日常任务相平行。

鉴于数字化系统建设是一项跨部门、跨企业乃至跨行业的大型工程，为实现数据中台架构中数据模型的统一性，标准建设至关重要。我国企业总体数字化成熟度仍处于中等偏下水平，数字化标准建设薄弱是一个重要问题。如果数字化标准建设不健全，企业的数据中台将无法构建，各业务系统之间各行其是，完全没有共同语言，从而形成无法消除的数据孤岛，更不用说与外部第三方企业的系统实现互联。因此，数字化标准体系建设作为规范企业数字化系统工程建设中所有行为、事务的准则，具有不可忽视的作用。

可见，企业数字化系统建设是一项复杂的群体性系统工程，需要企业领导、各部门员工、开发人员的通力协作，体现了分工协同、信息分享、由整化零等系统性思维。

思政案例

7.3　企业数字化系统建设的战略规划

数字化管理系统的战略规划是企业组织战略规划的重要组成部分，是涉及数字化系统长远发展的规划。该规划决定了系统建设的方向，是数字化系统成败最关键因素之一。

7.3.1　数字化系统的战略规划概述

1. 战略规划的概念和任务

数字化系统的战略规划的目标是从企业的宗旨和战略目标出发，对组织内外的数字资源进行统一规划、管理和应用，从而利用数字化手段规范内外部管理，促进企业商业模式的转变、运行效率的提升以及用户体验的改善。

进行战略规划时，应从组织的全局出发，实现组织的长期战略发展，分析组织系统管理需求和流程，继而划分出数字化系统的总体功能结构，进而规划出企业数据资源的采集、存储、传递、输出的全流程，沉淀出支持全局业务优化的数据中台以完全消除各部门"信息孤岛"的情况，帮助企业实现战略目标，为组织获取竞争优势。

具体而言，数字化系统战略规划的任务主要有以下几点。

(1) 基于企业战略目标提出数字化系统的目标、约束和总体结构。其中，数字化系统的目标是基于企业目标所确定的应实现的功能；约束包括系统所实现的环境、规章制度、资金、人力、物力等各种资源限制；总体结构是指要明确第一层业务子系统及其包含的功能模块。

(2) 企业及业务部门的现状调研。该项主要包括现有的计算机软硬件情况，网络及数据库情况，现有的应用系统功能、人员的配备、开发费用的投入情况等。

(3) 对影响战略规划的信息技术发展的预测。这里涉及的信息技术既包含传统的计算机软硬件技术、网络技术及数据库技术等，又涵盖新一代数字化技术，如大数据、人工智能、物联网、云计算等。

(4) 近期实施计划。战略规划中应对即将到来的一段时间做出较为具体的安排，包括硬件采购计划、项目开发计划、软件维护和管控计划、人员培训计划及资金投入计划等。

值得注意的是，数字化系统的战略规划并非一成不变，而应不断修改。人员、技术、组织结构的变化都可能影响整个数字化系统的规划。

2. 战略规划的原则

数字化系统的战略规划应遵循以下原则。

(1) 支持企业总目标。系统规划应从企业总目标出发，分析企业管理的数字化需求，逐步导出数字化系统的战略目标和总体结构，摆脱系统对组织结构的依从性。数字化系统应具有可变更性或对环境的适应性，只有摆脱对组织结构的依从性，从企业的业务过程出发，才能提高系统的应变能力。

(2) 系统结构有良好的整体性。在数字化系统开发过程中，由于数据处理单项开发容易形成信息的不一致，因此需遵循自顶向下的规划原则，制定统一的标准和数据，保证系统结构的完整性和信息的一致性。

(3) 便于实施。规划应给后续工作提供指导，要便于实施。方案选择应追求实效，应选择经济简单、易于实施的方案。技术手段强调实用，不片面求洋求新。

3. 战略规划的框架和组织

在企业内部系统中，总体规划同时存在于高层、中层和基层。根据组织管理的层次和功能，总体规划可以分为公司级、部门级和业务级。横向排列总体规划的三个层次，纵向排列总体规划的三项内容，可形成如下战略规划的框架结构。如图7.5所示。图中，各元素之间上下、左右关联，左下与右上相关。约束和政策是由目标引出的，实施计划是由约束和政策引出的；下级计划的制订依据上级计划，且体现了上级计划的执行。例如，业务经理在确定自己的目标④时，他既要考虑部门目标①，也要考虑公司的约束和政策②，同时，业务经理的目标需通过目标⑦来完成，必须考虑目标应符合实际，目标不能过低或过高。

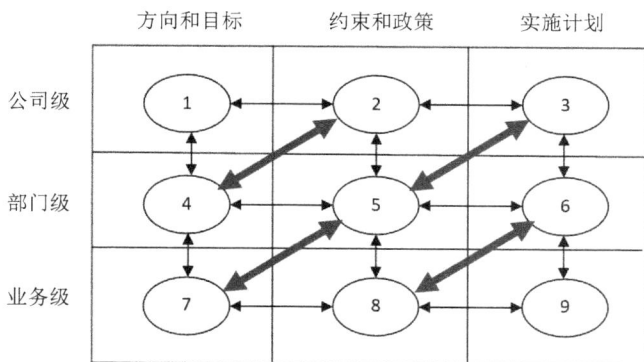

图 7.5　数字化系统战略规划的框架结构

关于数字化系统的战略规划组织，首先要建立由高层领导参与的系统规划领导小组。数字化系统是"一把手工程"。为了实现规划目标，必须组织一支在最高层领导的直接参与下的强有力的规划队伍。它不仅要由负责全面规划工作的"高层规划核心小组"所组成，而且要有企业其他有关部门的主要负责人参与，并且掌握一套成熟的科学规划方法。

7.3.2　数字化系统战略规划的主要方法——BSP

数字化系统的战略规划是一项业务与技术相结合的工作，需要遵循系统思维，在初步调研的基础上，把系统目标逐步细化为子业务系统的功能。系统规划的方法有多种，最著名的是企业系统规划法(BSP)和关键因素成功法(CSF)。以下对 BSP 方法进行详细介绍。

1. 基本思路和主要作用

企业系统规划法(Business System Planning，BSP)最早是由 IBM 公司提出的，它的基本思路是：首先识别企业目标、识别支持企业目标的业务过程、识别数据，然后自下而上设计系统，确定系统结构。可以把目标、业务、数据等概括为该方法的"三要素"。其基本思路如图 7.6 所示。

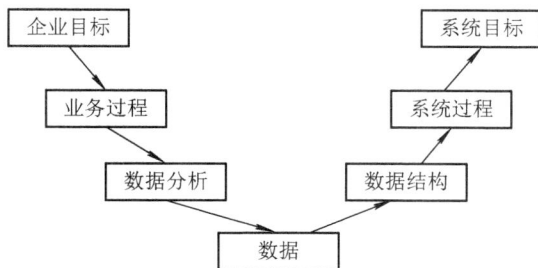

图 7.6　BSP 方法的基本思路

企业系统规划法是把企业目标转化为数字化系统战略目标的全过程，该方法所支持的目标是企业的各层次目标，在多个子系统的支持下得以实现。通过 BSP 方法可以实现以下具体目标。

(1) 确定出未来数字化系统的总体结构,明确系统的子系统组成和开发子系统的先后顺序。

(2) 对数据进行统一规划、管理和控制，明确各业务子系统之间的数据交换关系，保证信息的一致性，为中台架构的实现奠定基础。

(3) 保证数字化系统独立于企业的组织机构。也就是能够使数字化系统具有对环境变化的较强适应性。由于系统结构是根据业务过程而不是组织机构来进行划分，即使将来企业的组织机构或管理体制发生变化，只要业务流程存在，数字化系统的结构体系就不会遭受太大的冲击，这是 BSP 方法的最大优势所在。

2. 工作步骤

(1) 规划的准备。该步骤由经验丰富的系统分析师、系统设计人员全面负责。在整个过程中，需要各业务部门的具体管理人员、工作人员积极配合，提供详细真实的材料，再由企业各主要业务部门的负责人正确解释他们所在部门提供资料的作用。在分析资料的基础上，参与研究人员(分析师、设计师)在思想上要明确"做什么(what)""为什么做(why)""如何做(how)"，以及希望达到的目标是什么。

(2) 规划的开始阶段。介绍以下三方面的情况：第一，由企业的最高层领导介绍企业和系统的目标，期望的成果和愿景，以及与企业的活动和目标的关系；第二，由系统分析设计人员介绍收集的有关资料，熟悉有关资料，并讨论有关企业的决策过程、组织职能、关键人物、存在的问题、开发策略、敏感问题、数据处理部门的现状以及对数据处理工作的支持等，系统分析师应对有关问题提出自己的评价和看法；第三，由各主要业务部门的负责人介绍本部门数据处理的历史和现状、主要活动、目前存在的问题，以及与其他部门间的数据联系。

(3) 定义业务过程。这是 BSP 方法的核心。业务过程指逻辑上相关的一组决策和活动的集合，这些决策和活动是管理企业资源所需要的(即企业各项管理过程或功能)。识别业务过程可对企业如何完成其目标有个深刻的了解，可作为数据识别和构建企业数字化系统的基础。如上所述，按照企业业务过程所构建的数字化系统，在企业组织结构变化时可以不必改变，或者说企业信息系统相对独立于企业的组织结构。一般来讲，业务过程可按某一关键因素来组织和定义。如成本、产品、服务等。如图 7.7 所示，即为某生产制造企业按其产品所识别的所有关键性业务过程。

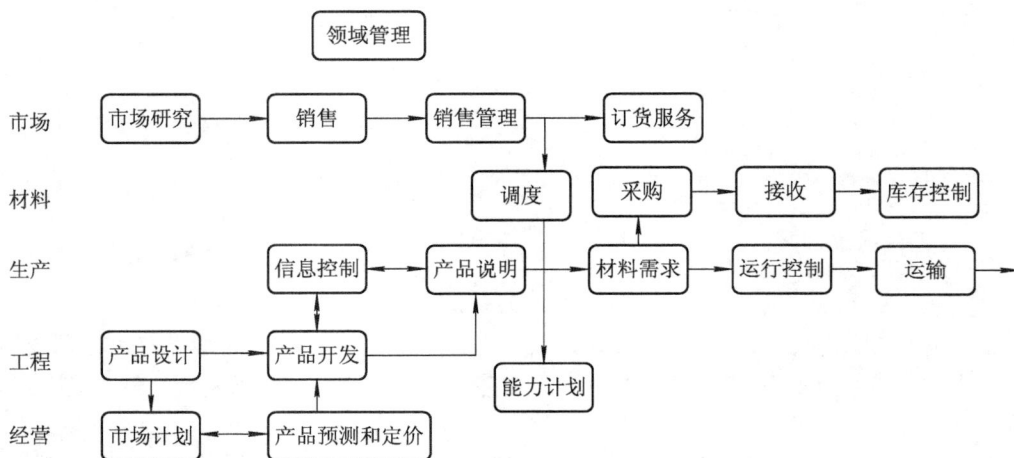

图 7.7　基于产品的企业业务过程识别

(4) 定义数据类。支持企业(系统)目标的业务过程被识别后,下一步就要识别和分类由这些业务所产生、控制和使用的数据类。数据类是指支持企业所必要的逻辑上相关的数据。以企业资源为基础,通过调研,根据数据类识别该业务流程输入及产生的数据(用输入-处理-输出图来表示)。数据类主要有存档类、事务类、计划类、统计类等几种,应给出每一个数据类的定义,并说明它包含什么数据,供讨论和定义数据结构使用。一般来说,数据类描述越详细,以后的规划和设计就越不容易失误,建立系统总体结构时越方便。

(5) 定义信息系统总体结构。定义总体结构的目的是刻画数字化系统的总体框架和第一层功能子系统,并描述各子系统的内部数据以及子系统和子系统间相关联的数据,为数据中台的构建奠定基础。因此该步骤非常重要,其主要工作是划分子系统。具体实现可利用 U/C 矩阵。

(6) 确定总体结构中的优先顺序。对数字化系统总体结构中的子系统按先后顺序制订开发计划。

(7) 完成 BSP 研究报告,提出建议书和开发计划。

3. 运用 U/C 矩阵确定数字化系统的总体结构

U/C(Use/Create)矩阵是 IBM 在 BSP 中提出的一种系统化的聚类分析方法。它通过数据由一些业务(在数字化系统中称为"功能")产生,并被一些业务(功能)所使用的关系,判断数据产生和使用之间的关系是否正确,对相近功能进行归类,以此为依据进行数字化系统的结构划分。这种方法不但适用于功能分析或数据分析,也可以适用于数据联系、开发策略等方面的分析。下面介绍利用 U/C 矩阵确定数字化系统总体结构的方法。

(1) U/C 矩阵的建立。

首先基于业务过程和数据类的识别结果,进行系统化自顶向下的划分,确定功能和数据之间的产生和使用关系,完成 U/C 矩阵的建立过程。即首先建立一张二维表格,根据业务和数据之间输入-处理-输出的结果,将所有与目标相关的业务流程(功能)填写在纵向(每种行为对应一种功能),调查所得的数据填写在横向(每一列代表一个数据);然后按照数据与功能之间产生(Create)与使用(Use)的关系,分别在对应的单元中填入 C 或 U,即得 U/C 矩阵。图 7.8 即展示了用输入-处理-输出图创建 U/C 矩阵的过程。

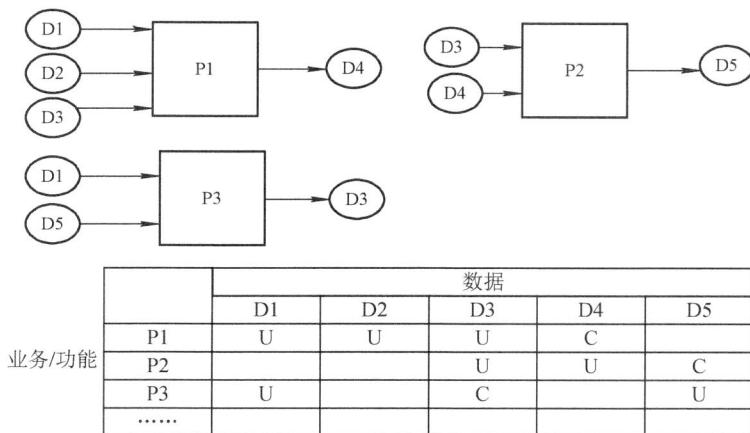

	数据				
业务/功能	D1	D2	D3	D4	D5
P1	U	U	U	C	
P2			U	U	C
P3	U		C		U
……					

图 7.8 U/C 矩阵的创建

图 7.7 所示产品的企业业务过程的 U/C 矩阵如图 7.9 所示。

功能	客户	订货	产品	工艺流程	材料表	成本	零件规格	材料库存	成本库存	职工	销售区域	财务计划	计划	设备负荷	物资供应	任务单	列号Y
												数据类					
经营计划		U				U						U	C				1
财务规划						U				U		C	C				2
资产规模												U					3
产品预测	C		U							U							4
产品设计开发	U		C	U	C		C						U				5
产品工艺			U		C		C	U									6
库存控制							C	C						U	U		7
调度		U	U					U						U		C	8
生产能力计划			U											C	U		9
材料需求			U		U			U								C	10
操作顺序			C											U	U	U	11
销售管理	C	U	U						U		U						12
市场分析	U	U	U								C						13
订货服务	U	C	U						U		U						14
发运		U	U						U		U						15
财务会计	U	U	U						U	U		U					16
成本会计		U	U				U					U					17
用人计划										C							18
业绩考评										U							19
行　号X	1	2	3	4	5	6	7	8	9	10	11	12	13	14	15	16	

图 7.9　基于产品的企业业务过程 U/C 矩阵

(2) U/C 矩阵的检验。

建立 U/C 矩阵后，一定要依据数据守恒原则进行正确性检验，以确保系统功能数据项划分和所建 U/C 矩阵的正确性。该项工作同时也可指出我们前段工作的不足和疏漏。具体来说 U/C 矩阵的正确性检验可以从如下三个方面进行。

① 完备性检验。完备性(Completeness)检验是指对具体的数据或数据类必须有一个产生者(即 C)和至少一个使用者(即 U)，而功能则必须有产生或使用(U 或 C 元素)发生。否则这个 U/C 矩阵的建立是不完备的。该检验可使我们及时发现表中的功能或数据项的划分是否合理，以及 U、C 元素有无填错或填漏现象发生。若无填错现象，则一般不满足完备性的情况都是因为对于系统业务过程及数据调研的疏漏而造成的，因为从逻辑上，有产生无使用或者有使用无产生的数据是不可能的。需重新调研并改进 U/C 矩阵。

② 一致性检验。一致性(Uniformity)检验是指对具体的数据或数据类必有且仅有一个产生者(C)。如果有多个产生者的情况出现，则产生了不一致性的现象。其结果将会给后续开发工作带来混乱。这种不一致现象的产生可能有如下原因：没有产生者——漏填了 C 元素或者是功能、数据的划分不当；多个产生者——错填了 C 元素或者是功能、数据的划分不独立、不一致。若没有数据填错的情景，则表明不同业务的数据关系存在耦合(如"产品设计"和"库存控制"两个流程均产生了"材料")，需要进行业务流程的优化。

③ 无冗余性检验。无冗余性(Non-verbosity)检验即表中不允许有空行空列。

图 7.9 中，第 1、5、7、13、16 列出现了不满足一致性的情况，而第 6、7、9、15 列

则不满足完备性。

(3) U/C 矩阵求解。

U/C 矩阵的求解就是对系统结构划分的优化过程。它是基于子系统划分应相互独立，而且内部凝聚性高这一原则的一种聚类操作。U/C 矩阵的求解过程是通过表上作业来完成的。其具体操作方法是：调换表中的行变量或列变量，使得 C 元素尽量地朝对角线靠近；然后再以 C 元素为标准，划分子系统。这样划分的子系统的独立性和凝聚性都是较好的，因为它可以不受干扰地独立运行。图 7.10 即为基于产品的数字化系统规划时求解后的 U/C 矩阵。

功能	数据类															
	计划	财务计划	产品	零件规格	材料表	材料库存	成本库存	任务单	设备负荷	物资供应	供应流程	客户	销售区域	订货	成本	职工
经营计划	C	U												U	U	
财务规划	U	C													U	U
资产规模		U														
产品预测			U										U	U		
产品设计开发	U		C	C	C								U			
产品工艺			U	U	U	U										
库存控制						C	C	U		U						
调度			U					U	C	U			U			
生产能力计划									C	U	U					
材料需求			U			U	U			C						
操作顺序									U	U	U	C				
销售管理		U	U					U					C	U	U	
市场分析		U	U										U	C	U	
订货服务			U					U					U	U	C	
发运			U					U					U			
财务会计	U	U	U					U					U	U		U
成本会计	U	U	U					U						U	U	
用人计划																C
业绩考评																U

图 7.10　基于产品的企业数字化系统 U/C 矩阵求解结果

(4) 系统的功能划分与数据资源分布。

U/C 矩阵的求解目的是对系统进行逻辑功能划分和考虑今后数据资源的合理分布。首先进行系统逻辑功能的划分。就是在求解后的 U/C 矩阵中划出一个个的小方块。划分时应注意：沿对角线一个接一个地画，既不能重叠，又不能漏掉任何一个数据和功能；方块的划分是任意的，但必须将所有的 C 元素都包含在小方块之内；划分后的小方块所包含的功能和数据即为数字化系统的结构，每一个小方块即一个子系统，如图 7.11 所示。值得一提的是，对同一个调整出来的结果，小方块(子系统)的划分不是唯一的，具体如何划分为好，要根据实际情况以及分析者个人的工作经验和习惯来定。一般而言，小方块的数目(第一层子系统数量)不能太多，也不能太少，以 3～8 个为宜。子系统划分完成之后，留在小方块(子系统)外还有若干个 U 元素，这就是今后子系统之间的数据联系，即共享的数据资源，需要在数据中台中进行进一步规范化处理和使用。而在小方块以内所产生和使用的数据，今后则主要放在本系统的计算机设备上处理。图 7.11 中，客户数据应该放在销售子系统的设备上，而技术准备、财会等子系统可以通过网络共享该数据(客户数据的 3 个"U"在小方块外)。

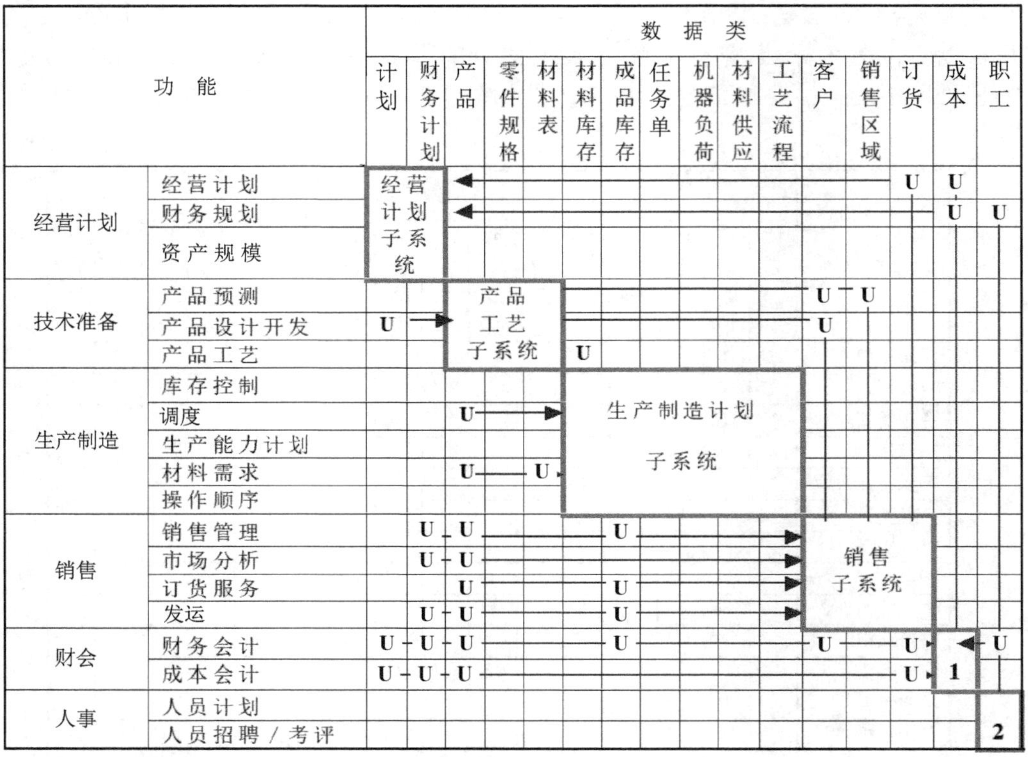

功　能		计划	财务计划	产品	零件规划	材料表	材料库存	成品库存	任务单	机器负荷	材料供应	工艺流程	客户	销售区域	订货	成本	职工
经营计划	经营计划			经营计划子系统											U	U	
	财务规划															U	U
	资产规模																
技术准备	产品预测				产品工艺子系统								U	U			
	产品设计开发	U											U				
	产品工艺						U										
生产制造	库存控制																
	调度		U					生产制造计划子系统									
	生产能力计划																
	材料需求		U			U											
	操作顺序																
销售	销售管理		U	U				U						销售子系统			
	市场分析		U	U													
	订货服务		U	U				U									
	发运		U	U				U									
财会	财务会计	U	U	U				U					U		U	U	U
	成本会计	U	U	U				U							U	1	
人事	人员计划																
	人员招聘/考评																2

注：1——财会子系统　　2——人事档案子系统

图 7.11　子系统的划分结果及子系统中的数据连接安排

本 章 小 结

　　企业数字化系统建设是企业实现数字化转型的途径，它不仅能实现企业运营数据的规范、共享和实时更新，更能促进企业业务的全局优化，大幅提升客户体验。企业数字化系统建设受到各种内外部因素的共同驱动，且其实施成功取决于许多先决条件，包括企业高层领导者的支持，形成组织共识和合理机制，有一定的信息化基础以及专业人才的参与，等等。

　　基于业务和数据两大要素，企业数字化系统建设的总体架构可以分为传统式和中台式两种类型。其中，中台架构更能实现数据的统一、实时、在线，有助于快速响应用户的市场需求。根据转型业务要求的紧迫性、业务逻辑的复杂性、服务功能复用性等的差异，企业数字化系统建设可以分为顾旧立新式、平滑迁移式和不破不立式三种，且均需经历战略规划、服务中心和业务中台搭建、数据中台构建、运行管理及维护等主要路径。

战略规划是企业数字化系统建设的首要步骤，它的主要任务在于确定数字化系统的目标、总体战略和总体结构，是决定数字化系统建设成败的关键。现有数字化系统战略规划的主要方法是 BSP 方法，它不仅能确定数字化系统的总体结构，更能对企业数据进行统一规划、管理和控制，保证系统独立于组织结构。它的实施需要在识别系统目标、业务流程、数据三要素的基础上，借助 U/C 矩阵实现子系统的划分，并识别各子系统之间的数据联系。

课 后 思 考 题

1. 从宏微观两个维度阐述数字化系统给企业带来的优势。
2. 为什么说企业数字化系统建设是 "一把手工程" ？
3. 与数字化系统的传统架构相比，中台架构的优势主要体现在哪些方面？
4. 企业数字化系统建设一般需包含哪些步骤？
5. BSP 方法的三要素是指什么？如何用 BSP 方法确立数字化系统的总体结构？

第8章

企业数字化系统建设的落地及运营体系

学习目标

(1) 掌握业务流程和数据流程分析的主要工具、方法。

(2) 理解中台架构中服务中心识别的过程。

(3) 掌握关系型数据库概念模型和逻辑模型规范化设计的方法。

(4) 理解数据仓库、数据湖、数据中台的区别。

(5) 了解企业数字化系统运营管理的主要内容。

本章导读

本章基于总体战略规划的结果,结合当前数字化系统最流行的中台结构,详细介绍企业数字化系统建设如何具体落地并顺利运营,主要包括如何在需求调研和流程(业务流程和数据流程)分析的基础上,识别和设计中台架构的核心——服务中心,并进一步实现服务中心的数据化,即在数据库规范化设计和数据治理的基础上,构建数字化系统的数据中台。数据中台是大数据系统建设中数据治理的主要工具,与传统的结构化数据库、数据仓库有着显著区别。另外,从前面几章可知,企业数字化建设绝不仅仅是技术层面的问题,更涉及组织协同及运营管理。本章还将从运营管理和维护、安全架构、标准建设等方面介绍数字化系统运营体系。

8.1 基于中台架构的企业数字化系统设计

与传统的管理系统相比,基于中台架构的企业数字化系统的数据共享能力以及服务复用能力均有本质的提升。因此,必须通过详细的需求调研和业务流程分析,抽象出中台业务流程模型，也就是概括出中台架构的核心——服务中心。继而构建出每个服务中心的数据模型，在此基础上设计共享服务，并明确服务能力，才有可能进一步开发各种上层应用子系统。基于中台架构的企业数字化系统设计的总体流程如图 8.1 所示。

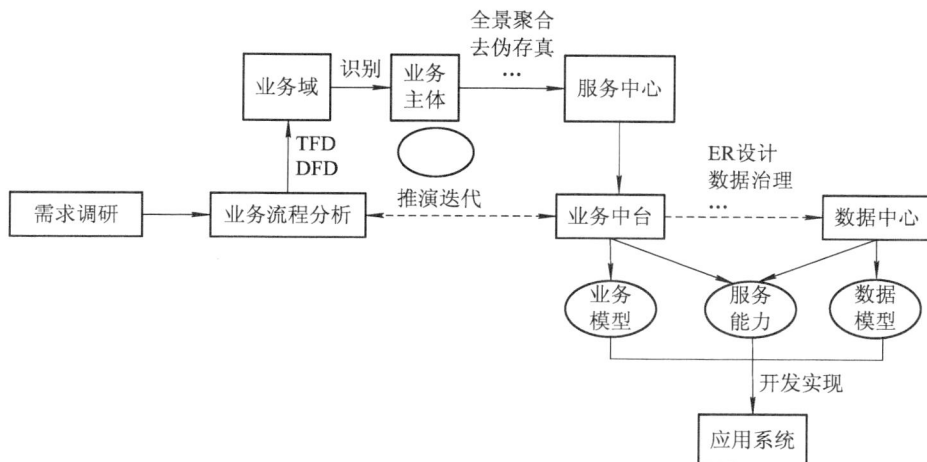

图 8.1　基于中台架构的企业数字化系统设计的总体流程图

8.1.1　系统详细调研

系统详细调研是指在确定企业具备开展数字化系统建设的人员、技术、经济条件的基础上，对现行系统进行全面、深入的调查和分析，弄清楚现行系统运行状况，发现其薄弱环节，找出要解决的问题，确保新系统比原系统更有效。系统详细调研的主要内容包括对现行系统的目标、主要功能、组织结构、业务流程、数据流程的调查和分析。详细调查的步骤主要有以下内容。

(1) 调查组织结构。即了解组织的结构状况、各部门的划分及其相互关系、人员配备、业务分工、信息流和物流的关系等。组织结构状况可以通过组织结构图来反映。所谓组织结构图就是把组织分成若干部分，同时标明行政隶属关系、信息流动关系和其他关系。

(2) 调查业务处理状况。组织结构图描述了在组织边界之内、各部分之间主要的各种业务活动的情况。这只是一种粗略的描述。为了弄清楚在各部门的信息处理工作中，哪些与系统建设有关，哪些与系统建设无关，就必须了解组织的业务流程。对于传统系统而言，系统分析员应按业务活动中的信息流动过程，逐个调查所有环节的处理业务、处理内容、处理顺序和对处理时间的要求，弄清楚各环节需要的信息内容、信息来源及去向。只有调查清楚了各业务处理的现状，才能开展业务流程分析，为业务中台的构建奠定基础。

(3) 调查数据流程。研制开发系统必须了解数据流程。业务流程虽然在一定程度上表达了信息的流动和存储情况，但仍含有物资、材料等内容。为了用数字技术对企业信息进行控制，必须舍去其他内容，把数据的流动、加工、存储等过程抽象出来，得出组织中信息流的综合情况，然后做出数据流图(DFD)并进行逐层分解、审查和核对。DFD 是后面的数据库设计和数据治理的依据，对构建数据中台意义重大。

(4) 调研用户需求。该部分需要详细了解用户对新系统的业务诉求情况。值得注意的是，从中台架构型系统设计的角度而言，需求调研主要关注粒度级别核心业务流程，并不关心业务层面具体的用户交互和功能需求。业务流程的粒度需包括业务角色、业务实体、业务规则、已经存在的业务系统接口等。

（5）明确系统的目标、规划和主要功能。在了解用户需求以后，便可制订新系统的目标并进行规划。这里要求系统分析人员综合考虑企业自身的特性、新技术的运用、新业务的发展趋势等，尤其要考虑业务的持续性和阶段性目标。图 8.2 所示为某零售企业数字化系统规划的方案。

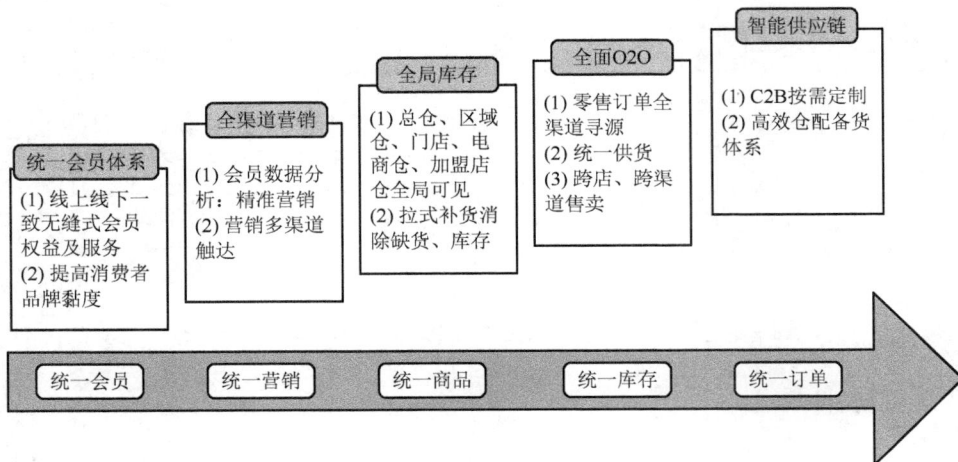

图 8.2　某零售企业数字化系统规划方案

为了确保调查工作顺利进行，系统分析人员要注意工作方法和工作手段。切实与用户建立良好的关系，让全体用户充分地、积极地参与到调查工作中来。详细调查的具体方法有直接面谈或专门访问、发调查表征求意见、召开讨论会、阅读历史资料和参加业务实践等。其中，参加业务实践，与具体工作人员一起完成最基本的工作程序是最基本、最有效的方法。

思政案例

8.1.2　业务流程分析和数据流程分析

如果说业务中台和数据中台代表了数字化系统的核心部件，那么业务流程和数据流程就是构成该核心部件的基石，只有经过细致的业务流程分析和数据流程分析，才能抽象出中台系统的服务中心到底有哪些，如何构建服务中心的数据模型。以下分别对业务流程分析和数据流程分析进行详细介绍。

1. 业务流程分析

（1）业务流程分析概述。

业务流程分析就是在部门或组织范围内对系统涉及的业务流程进行分析与归纳，画出业务流程图，从而识别出整个体系中最核心的业务流程。业务流程分析是建立在详细调查和组织结构分析基础上的，它反映了企业实际的业务活动，是系统分析员进行更深入的系统分析的依据。系统分析员可以直接在业务流程图上拟出能够由计算机实现的部分，因此可以明确系统的边界，以及使计算机处理与人工业务处理的接口清晰。另外，通过对业务流程作进一步的分析，可以了解流程中参与进来的关键业务和处理实体，并一一列举，为抽象服务中心打下基础。

业务流程分析的过程做得越细越好，该过程中需要先抛弃服务中心的概念，只关注流程和业务主体本身，并且要体现一定用户期望的业务需求，不要完全被实际的流程和系统所束缚。

(2) 业务流程图(TFD)。

TFD 是描述系统业务流程及功能的主要工具。其基本符号图例如图 8.3 所示。

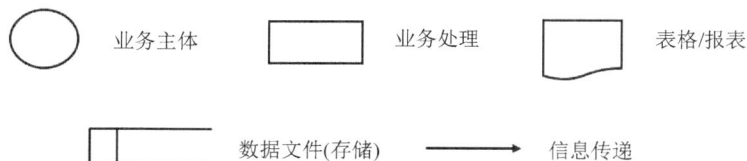

图 8.3　业务流程图基本符号图例

业务流程图应该表达目标业务流程的输入、输出、处理以及相关数据文件。在绘制业务流程图时，应准确地识别业务部门中的业务主体以及产生的表格、数据文件等要素，用信息传递箭头把这些要素按照正确的顺序连接起来。同时应注意以下几点：① 以功能为中心展开，找出业务活动的主线，明确系统的边界与范围；② 对于功能较复杂的企业，可先绘制一个简单的业务流程总图，再按"自顶向下"的方法分层分级地向下展开，直到描述清晰为止。

例如，以下为高校教务管理业务流程描述，其业务流程图如图 8.4 所示。① 每学期期中，各专业根据教学计划制订下一个学期各个专业的教学执行计划,经审批后上报教务处；② 由教务处进行统一协调，最后制订出全校课程表下发给任课教师和学生；③ 期末考试结束后，任课教师将学生成绩单归档。

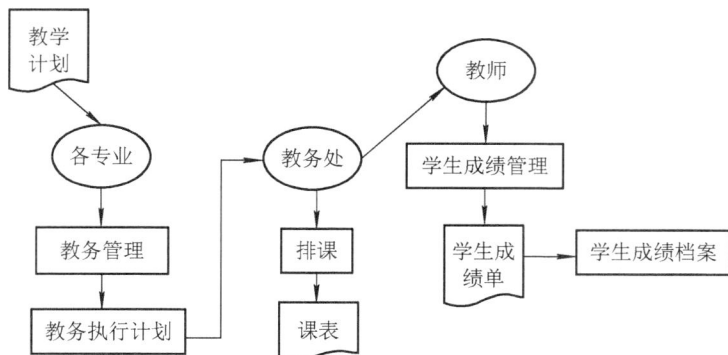

图 8.4　高校教务管理业务流程图

图 8.5 所示为某零售企业库存系统采购入库业务的流程图：采购员将入库单交给检验员，检验员将不合格的入库单退回采购员，合格的入库单交至保管员并记入库存台账；统计员根据库存台账制订库存月报表交主管部门审阅。

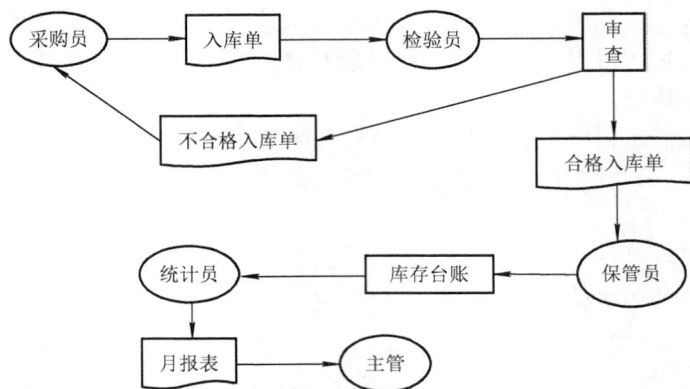

图 8.5　某零售企业库存系统采购入库业务流程图

2. 数据流程分析

经过大量详细的业务流程调查，我们得到了组织的有关业务的业务流程图。然而，业务流程图描述的是"人做什么"，其中包含着报表、处理单位、文件等大量的物质要素。而中台架构数字化系统的一大特征在于数据模型的统一、在线和全局性，因而我们还要进行数据流程分析。所谓数据流程分析，就是在现行系统的业务流程图的基础上，抽取出现行系统的数据流动情况，绘制出现行系统的数据流程图(DFD)。在此过程中，我们只关心数字化系统的信息存储、流动和加工情况，并不关心该业务的实际执行者。因此，数据流程图比业务流程图更为抽象。

(1) 数据流程图的基本成分。

数据流程图由四种基本成分组成，其基本符号图例如图 8.6 所示。

① 外部项(外部实体)：外部实体在 DFD 中表示所描述系统的数据来源和去处的各种实体或工作环节；这些实体或环节向所开发的系统发出或接收信息，位于系统边缘；系统开发不能改变这些外部实体本身的结构和固有属性。

② 数据加工：数据加工又称数据处理逻辑，描述系统对数据进行处理的逻辑功能；在 DFD 上这种逻辑功能由一个或一个以上的输入数据流转换成一个或一个以上的输出数据流来表示。

③ 数据存储：逻辑意义上的数据存储环节，即系统数据处理功能需要的、不考虑存储物理介质和技术手段的数据存储环节，一般为电子数据库。

④ 数据流：它是与所描述系统信息处理功能有关的各类数据的载体，是各加工环节进行处理和输出的数据集合；在 DFD 中数据流用箭线表示，箭头所指处表示数据流的输送处，箭尾连接处表示数据流的来源。

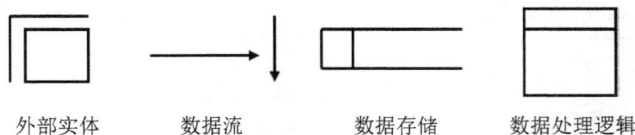

外部实体　　数据流　　数据存储　　数据处理逻辑

图 8.6　数据流程图基本符号图例

(2) 数据流程图的基本画法。

① 明确系统边界。一张数据流程图表示某个子系统的逻辑模型(即做什么)。系统分析人员要根据调查材料识别出那些不受所描述的系统控制，但又影响系统运行的外部环境，这就是系统的数据输入的来源和输出的去处。把这些因素都作为外部实体确定下来。

② 自顶向下逐层扩展。数字化管理系统庞大而复杂，完整的数据加工可能成百上千，关系错综复杂，不可能用一两张数据流程图明确、具体地描述整个系统的功能，自顶向下的原则为我们绘制 DFD 提供了清晰的思路和标准化的步骤。首先在详细调研的基础上，明确所描述的系统与各外部实体的信息联系，绘制顶层的数据流程图。在顶层数据流程图中，所描述的系统作为单一的数据加工逻辑，着重描述系统与外部实体的联系，表明系统作用的范围和边界。然后确定系统几个主要的综合性的逻辑功能，绘制二层 DFD。其中每个逻辑功能由一个数据加工符号描述。二层 DFD 可进一步分解，其中某些或者所有的数据加工逻辑可分解为若干个子数据加工逻辑，即形成了层 DFD。依次逐层向下扩展，直到最底层。图 8.7、图 8.8 分别表示某零售企业销售系统的顶层和二层 DFD。

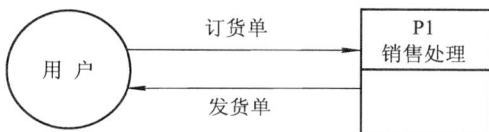

图 8.7　某零售企业销售系统的顶层 DFD

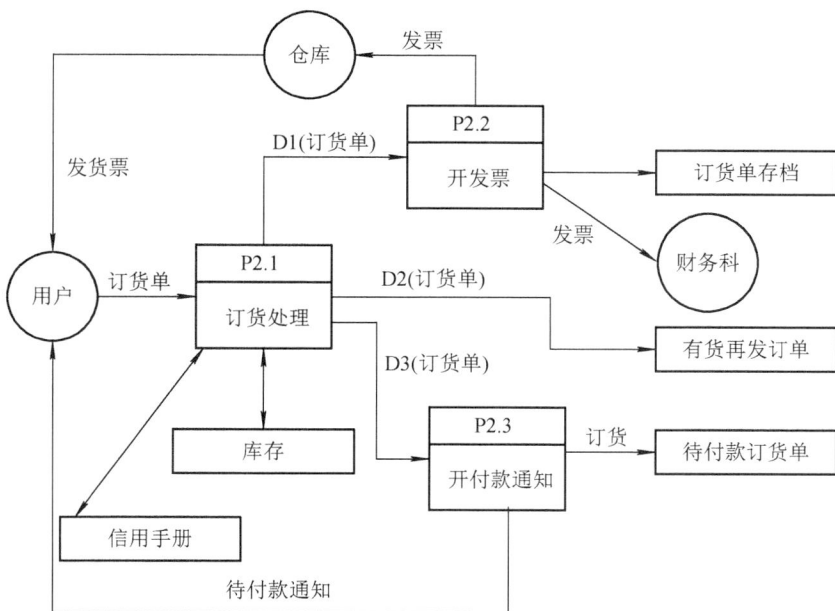

图 8.8　某零售企业销售系统的二层 DFD

③ 合理布局。DFD 的各种符号要合理布局、均匀分布、整齐、清晰，使读者一目了然，便于交流，免生误解。一般系统数据主要来源的外部实体尽量安排在左边，而数据主要去处的实体尽量安排在右边，数据流的箭线尽量避免交叉或过长，必要时可用重复的外

部实体和重复的数据存储符号。

④ 数据流程图只反映数据流向、数据加工和逻辑意义上的数据存储，不反映任何数据处理的技术过程、处理方式和时间顺序，也不反映判断与控制条件等技术问题。

(3) 业务流程图转化为数据流程图。

从本质上讲，TFD 和 DFD 都是描述数字化管理系统流程或逻辑模型的工具，只不过前者从"人"的角度出发，后者从"系统"的角度出发，且后者是前者去掉物质要素的结果。无论从数据的流向还是完成的主要业务功能来看，两者的实质都趋于一致。因此，可以在 TFD 的基础上进行一些修改，从而将 TFD 转化为 DFD。具体的转换过程可以参考如下的启发性规则：

① 将 TFD 中开始或结束的业务实体转换成 DFD 中的外部项；

② 将 TFD 中系统内的业务处理(或业务实体)转换成 DFD 的数据加工逻辑；

③ 将 TFD 的表格或报表转换成 DFD 中的数据流；

④ 将 TFD 中的数据文件直接转换成 DFD 中的数据存储。

由于目前业务流程图还没有一个统一的标准，因此上述规则只能是一些启发性的规则，仅供数据流程抽取时作为参考。

3. 数据字典

为了对数据流程图中的各种元素作详细的说明，有必要建立数据字典。数据字典的主要内容是对数据流程图中的数据项、数据结构、数据流、数据处理逻辑、数据存储和外部实体等六个方面作出具体定义。数据流程图配以数据字典，就可以从图形和文字两方面对数据模型进行完整描述。

(1) 数据项。数据项具体包括：数据项的名称、编号、别名和简述，数据项的长度，数据项的取值范围。

(2) 数据结构的定义。数据结构描述了某些数据项之间的关系。一个数据结构既可以由若干个数据项组成，也可以由若干个数据结构组成，还可以由若干个数据项和数据结构组成。

(3) 数据流的定义。数据流由一个或一组固定的数据项组成。定义数据流时不仅要说明数据流的名称、组成，还应注明它的来源、去向和数据流量等。

(4) 数据处理逻辑的定义。数据处理逻辑需要详细地阐述其输入输出的数据流、数据频率等，还需介绍其处理频率，并用文字或者图形的方式描述处理数据的过程，过于复杂时可借助判断树、判断表等描述数据处理逻辑的工具。

例：数据处理逻辑的定义如下：

数据处理逻辑编号：P02-03。

数据处理逻辑名称：计算电费。

简述：计算应交纳的电费。

输入的数据流：数据流电费价格(来源于数据存储文件价格表)，数据流电量和用户类别(来源于处理逻辑"读电表数字处理"和数据存储"用户文件")。

处理：首先根据数据流"用电量"和"用户信息"检索用户文件，确定该用户类别；再根据已确定的用户类别，检索数据存储价格表文件，以确定该用户的收费标准，得到单价；最后用单价乘以用电量得到该用户应交纳的费用。

输出的数据流：数据流"电费"一是去往外部用户，二是写入数据存储用户电费账目文件。

处理频度：对每个用户每月处理一次。

(5) 数据存储定义。数据存储是数据结构保存的场所。关键字是描述数据存储的重要因素。

(6) 外部实体的定义。外部实体包括外部实体的编号、名称、简述以及有关数据流的输入和输出。

8.1.3　服务中心的识别和设计

上一小节的业务流程分析和数据流程分析已经把系统范围内所有的业务实体、数据处理逻辑以及数据流向识别出来了，但是一个业务系统的业务主体非常多且各种属性杂乱无章，与具有抽象意义的服务中心尚存距离。需要进一步识别关键业务主体，将其归类于核心业务域，再进一步设计为服务中心。

1. 业务全景聚合

把上一小节分析出来的业务流程做全景聚合分析，从不同的业务子系统来归纳分析产生的业务及数据处理实体。从中可以发现，整个全景图中最关键的业务主体与绝大多数流程都有关系，且与大多数业务场景(子系统)存在交互。这样，适合纳入中台的业务场景就呼之欲出了。图 8.9 展示了一个 O2O 零售企业线上下单、线下送货的流程全景图，图 8.10 为从全景图中梳理出的核心业务域。

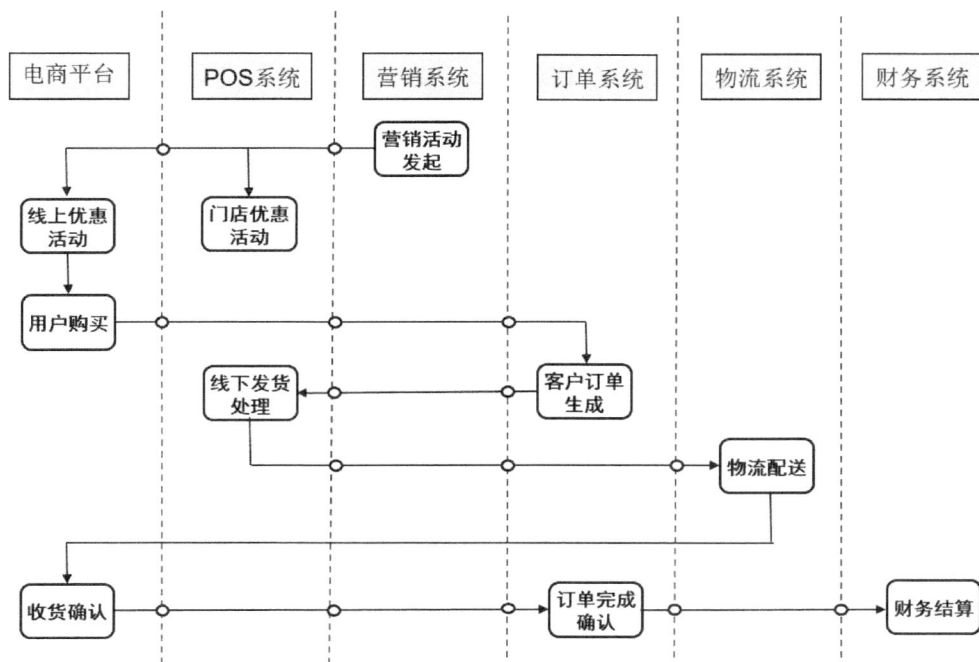

图 8.9　某零售企业 O2O 流程全景图

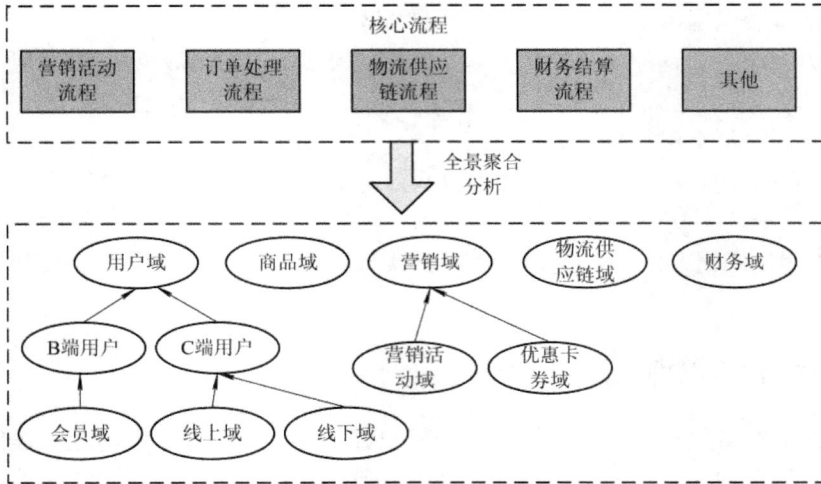

图 8.10　某零售企业 O2O 核心业务域

2．服务中心的识别

由上述全景聚合分析得到的核心业务域可能存在不规范、不成熟的地方，因此还需要进行进一步分析各业务域相互之间的依赖关系、复杂度、业务域中业务主体之间的亲密度等，根据分析结果进行优化调整，从而确定各业务主体到底属于哪个核心业务域。例如，在初步分析中，可能会把"积分账户"放在会员域，因为在注册会员时会赠送初始积分。但是经过进一步分析发现，其实营销活动非常成熟且频率较高，会员消费、营销活动更会引起积分账户的变化，因而把"积分账户"放在"交易域"更为合适。除了以上改变主体业务域外，该步骤有时还需要去伪存真，把一些不重要的"噪声"主体去除掉。

基于以上优化分析结果，进一步用时序图的形式分析各类应用与业务域之间的关系。如"计算优惠"这一应用发生在交易域与营销域之间。如果足够细致，时序图中甚至可细化出调用过程中参与的业务实体，如"在线下订单"这一应用调用了用户域中的"C 用户"和交易域中的"普通订单"。图 8.11 所示为 O2O 订单下达应用与业务域时序图。

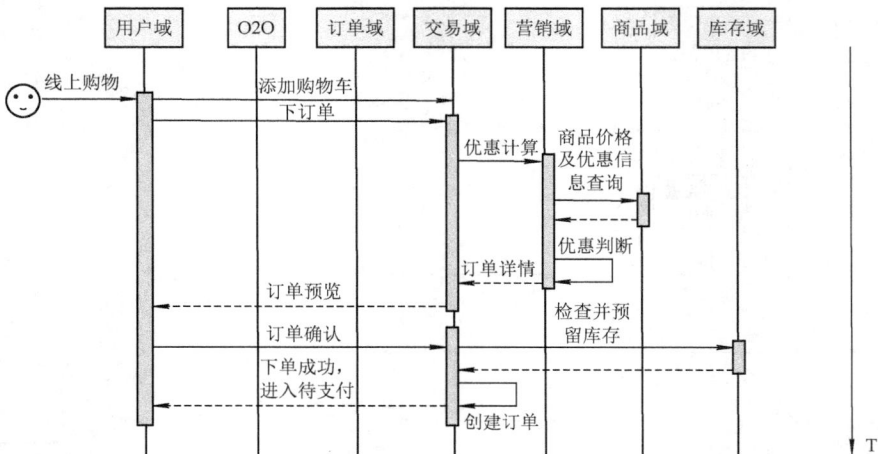

图 8.11　O2O 订单下达应用与业务域时序图

　　按照以上方法，进一步分析所有业务场景与业务域的对应关系，可得完整的基于中台业务域架构的时序图。再把这些时序图按照业务域进行分类归集，时序图和业务域的每一次交互算作一次"触点"，统计每个业务域的"触点"数量，然后进行排序，便可以清楚地看到这些业务域的活跃程度以及与业务场景(即子系统)的依赖关系。此时，找出"触点"数量排名靠前的几个业务域，将其作为中心业务域。而后，通过业务域与主体对象间的依赖关系、业务域复杂度、业务域实体间的亲密度对业务域做进一步的聚类，直至可以将每一个业务主体归类至合适的业务域。图 8.12 所示为通过"触点"数确定服务中心。

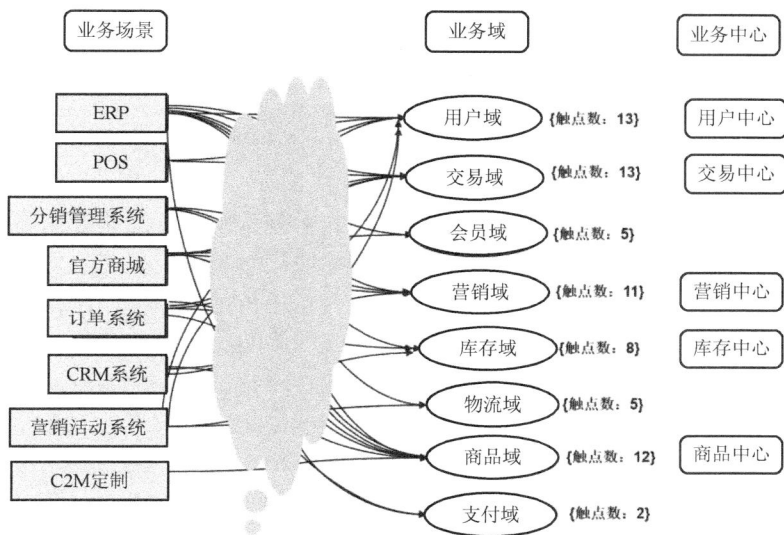

图 8.12　通过"触点"数确定服务中心

　　通过以上方法，可以识别当前业务场景(子系统)下的服务中心，且识别的服务中心具备以下特点：

(1) 功能和数据具备充分共享的价值；
(2) 有利于有价值的业务数据不断沉淀和汇入；
(3) 功能有不断完善和丰富的需求；
(4) 功能边界清晰，具有独立运营的价值。

3. 服务中心的设计

　　由于中台架构系统的最大特征是具有强大的可扩展能力，因而其核心服务中心的设计要经历从具体到抽象的建模过程。对于服务中心而言，表面看起来其和原来应用系统中的"子系统"或者"模块"非常相似，但本质上它提升了应用的维度。例如，"电商系统"中包含"会员模块"，"分销系统"中包含"用户模块"，"CRM 系统"中包含"VIP 模块"，"会员中心"的设计应该是"会员模块""用户模块"和"VIP 模块"的抽象。鉴于此，可以用业务模型、数据模型和服务能力三个维度来设计一个完整的服务中心。其中，业务模型描述业务承载能力，数据模型描述数据的底层规范，服务能力描述与外部系统的接口契约。"会员"服务中心设计的三维度模型如图 8.13 所示。

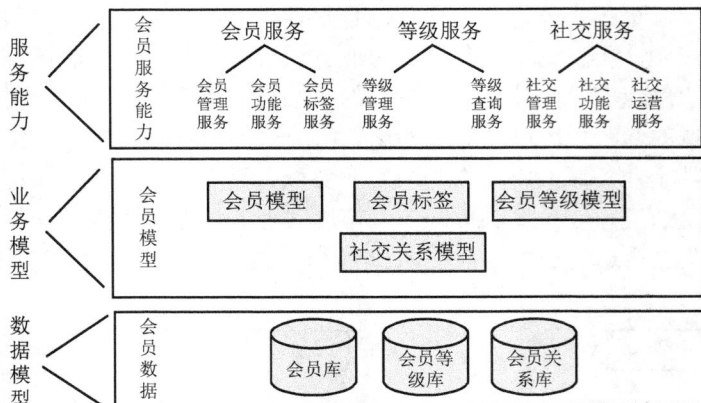

图 8.13 "会员"服务中心设计的三维度模型

(1) 业务模型。

服务中心的业务模型并不是指与服务中心关联的所有具体业务的集合,而是反映了其业务承载能力的抽象。举例说明:某一由房地产公司演化而来的大型多元化经营企业,旗下的商品类别丰富且差异性很大,如商业地产类的商品是租赁商铺;居民住宅类的商品是高层和别墅商品房;服务类的商品是物业服务;酒店和旅游类门票的商品是电子凭证类虚拟品;O2O 零售类的商品是百货商品,等等。在进行数字化管理系统开发时需要设计商品服务中心,构建商品业务模型。在对每种业务场景的建模过程中会发现各商品的业务术语、属性结构完全不同:地产类商品属性较多,描述复杂但种类单一,用户并发需求低,需要支持复杂的组合查询;百货类商品种类繁多,变化较快,用户并发需求高,但描述简单;而旅游酒店类商品要求分类特别清晰,简单易懂。如果是一般的信息系统,可能需要对这几类商品分别建模,而且模型要随着商品种类的变化而动态调整,难以进行管理。如果用中台架构,则需要对这些商品模型再进一步抽象,可以用一个通用模型来支持多场景需求:用主子类目来满足商品分类需求;用产品、属性、属性值、子属性来满足商品多样化描述的需求;用标签来支持商品离散化管理的需求;用前后台类目分离来满足前台类目营销和后台类目管理的需求,等等。经过如上抽象,就可以建立如图 8.14 所示的商品中心的业务模型。

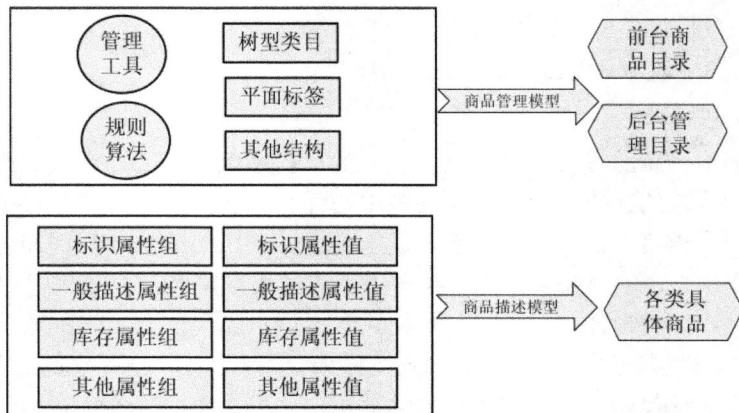

图 8.14 商品中心的业务模型

值得注意的是，用这种方法设计服务中心的业务模型后，原有系统的模型都必须用统一属性与该模型对接。比如原地产类商品，如果是基于项目、分期、地区、楼栋建立的树型结构，就要对应到现有的"树型类目"上，再把原有属性抽象进入各属性组(标识类、库存类、一般描述类)。这就是中台的业务模型。可见，中台架构一定要分析具体的业务，并描述清楚具体的业务流程，实现业务模型层面的抽象统一。

(2) 数据模型。

数据模型是服务中心底层的数据层实现，需要结合分布式数据库进行技术设计。在与交易业务相关的场景中，最常见的数据模型方案是定义"实体联系"模型，并在此基础上实现数据的业务规范，为业务数据化和数据中台建设奠定基础。关于数据库设计和数据中台的相关知识，将在下一节简单介绍。

(3) 服务能力。

服务能力是中台架构业务能力对外的服务契约。外部第三方系统可以通过接入中台的各类服务来使用中台。因此，服务能力的设计需要包括两个部分：其一为针对服务中心的外部用户部分，这部分需要明确服务的接口契约，包括通信协议、安全鉴权方案、服务的请求报文和响应报文、异常情况等；其二为服务的开发实现，这部分内容需要设计者画出服务的业务流程、业务边界、异常处理等。

8.2　企业数字化系统的数据架构

企业数字化系统的数据架构是建立在数据中台基础之上的。数据中台是集数据采集、交换、共享融合、组织处理、建模分析、管理治理和服务应用于一体的综合性数据能力平台，是大数据时代企业数据治理的主要工具。只有构建数据中台，数据才能真正成为企业资产，中台架构才能真正实现。本节从传统关系型数据库设计开始介绍数据中台与传统数据库的联系与区别，使读者了解数据中台的本质。

8.2.1　数据梳理、数据治理和数据管理

在数字化时代，数据对于企业的重要性不言而喻。从广义上来讲，企业对数据的所有行为都可以称为数据治理。从狭义上来讲，数据治理又可以分为数据梳理、数据治理、数据管理三个维度。三者之间的关系如图 8.15 所示。

1. 数据梳理

数据梳理主要是指数据定义，涉及数据的格式确定及数据采集问题，是三者关系中的基础。数据的定义需要全体业务部门的广泛参与，是不折不扣的"全民运动"。由于数据定义来自业务分析，因此离开数据定义的数据治理基本是"纸上谈兵"。数据定义包括企业哪里能产生数据，在什么地方产生、在什么岗位产生、何时产生、数据类型、数据采集的频次和采集的方式，等等，这些都是业务部门的必要事务。在大数据背景下，网络爬虫等数据采集技术成为企业挖掘外部数据的重要途径。

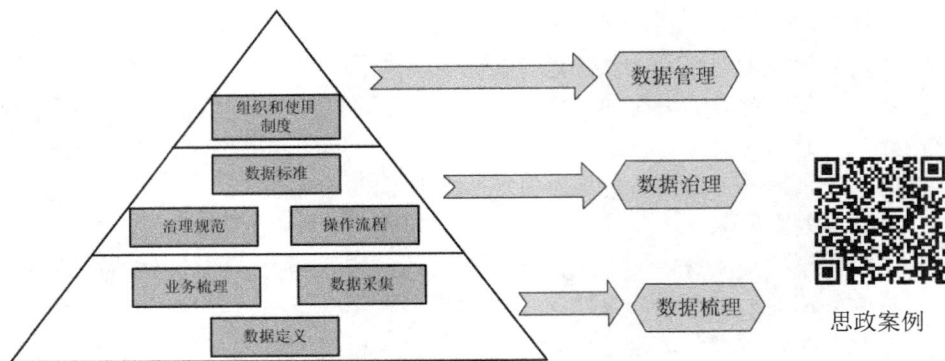

图 8.15　数据梳理、数据治理、数据管理的关系示意图

2. 数据治理

狭义的数据治理是指对海量数据的最合理分类、最高效存储以及最便捷使用。数据治理需要制定一系列数据标准和规范，也需要设置一系列对数据操作的标准流程，确保数据的有序性和完整性。另外，数据质量、数据安全的保障也是数据治理的重要范畴。

3. 数据管理

当数据治理结束以后，企业就建立起了自己的数据资源或资产中心，这个中心需要专门的组织管理。数据管理的工作就是落实组织、落实制度、落实技术或工具，有效管理数据。随着数据资产化的深入，未来的数据管理将朝着数据运营的方向发展，实现资产价值最大化。数据运营是大数据时代企业管理的重要组成部分。

以下用图书馆的例子来说明数据梳理、数据治理和数据管理的关系。假设现在要建立一个全国性的大型图书馆，囊括全国出版的各类图书，那么应该依次完成以下三件事情。

(1) 找到全国各地出版社的各类图书。这件事需要委托出版社的人员来做，组织他们协助整理图书出版清单。

(2) 对所有图书进行分类编码，贴标签。同时对书架进行同样的分类摆放，贴标签，再按照对应的顺序把图书码放到书架上。为了方便人们借阅，还需要创建一个图书分类检索目录系统。

(3) 设立图书馆管理机构，设置馆长、副馆长及各类管理人员，维护图书馆的正常运营。

以上三件事中，第一件事对应的是"数据梳理"，第二件事属于"数据治理"，第三件事则为"数据管理"。

8.2.2　数据库规范化设计

1. 数据库管理的优势

信息化时代，数据治理和数据管理的分类、组织、编码、存储、检索、运营维护等任务主要是通过数据库来进行的。数据治理和管理技术的发展大致经历了人工管理、文件系统管理和数据库系统管理三个阶段，与人工管理和文件系统管理相比，数据库系统管理的主要优势有以下几个方面。

(1) 数据结构化。

数据结构化是数据库系统与文件系统的根本区别。在文件系统中，相互独立的文件的记录内部是有结构的，传统文件最简单的形式是等长同格式的记录集合。而数据库系统则实现了整体数据的结构化，所使用的数据模型不仅描述数据本身的特点，还描述了数据间的联系。

(2) 数据的共享性高，冗余度低，易扩充。

数据库系统不再面向某个应用而是面向整个系统，因此数据可以被多个用户、多个应用共享使用。数据共享不仅可以大大减少数据冗余，节省存储空间，而且能避免数据之间的不相容性与不一致性。所谓数据的不一致性是指同一数据不同备份的值不一样。采用人工管理或文件系统管理时，由于数据被重复存储，当不同的应用使用和修改不同的备份时就很容易造成数据的不一致。数据库中的数据共享减少了由于数据冗余造成的不一致现象。

由于数据面向整个系统，是有结构的数据，不仅可以被多个应用共享使用，而且容易增加新的应用，这就使得数据库系统弹性大，易于扩充，可以适应各类用户的要求。也可以取整体数据的各种子集用于不同的应用系统，当应用需求改变或增加时，只要重新选取不同的子集或者加上一部分数据便可以满足新的需求。

(3) 数据独立性高。

数据独立性是数据库领域中的一个常用术语，包括数据的物理独立性和数据的逻辑独立性。物理独立性是指用户的应用程序与存储在磁盘数据库中的数据是相互独立的。也就是说，数据在磁盘数据库中怎样存储是由数据库管理系统管理的，应用程序不需要了解，应用程序要处理的只是数据的逻辑结构，即使数据的物理存储改变了，应用程序也不用改变。

2. 关系型数据库

关系型数据库是目前应用最广泛、最重要、最流行的数据库之一。以关系模型作为数据的组织存储方式的数据库称为关系型数据库。关系型数据库采用数学的方法来处理数据库中的数据，是建立在严密的数学基础之上的一种数据组织存储方式。可以把关系型数据库的结构理解为一张二维表格，如表 8.1 所示。

表 8.1　关系型数据库示例

学号	姓名	客户关系管理	企业数字化管理概论	总分
04151101	李彪	87	71	158
04151102	郑子昂	93	95	188
04151103	王小芳	79	88	167

关系型数据库必须遵守实体完整性、参照完整性和用户自定义完整性规则。实体完整性是指保证数据库中记录的唯一性，即每个记录的主键不能为空值，也不能与其他记录的主键相同。参照完整性是指保证表与表之间语义上的完整性，即当一个表引用另一个表中定义的实体时，要保证这个实体的有效性。这两种完整性是关系型数据库必须满足的约束

条件，应该由关系系统自动支持。而用户自定义完整性反映了用户的要求，是用户自行定义的。

数据库是数据中台设计的基础，数据库设计的好坏直接关系到数字化管理系统建设的成败和优劣。在数字化系统中，数据库设计是根据业务需求、信息需求和处理需求，确定系统中的数据结构、数据操作和数据一致性约束的过程。数据库设计分为概念设计和逻辑设计两个阶段。

1) 数据库概念(E-R 模型)设计

无论何种类型的数据库(关系型、树型、网状型)，概念设计都需要刻画出系统描述的客观世界。最常用的方式是采用实体-联系图(E-R 图)。它提供了对现实世界中的实体、属性以及实体间联系的描述方法。E-R 图图例如表 8.2 所示。

表 8.2   E-R 图图例说明

序号	概念	定　义	图　例
1	实体	客观世界中被描述的客观事物(总体或个体)	
2	属性	实体所具有的某方面特征。每个实体都必须有一个用于鉴别个体的主属性(主键)	
3	联系	实体和实体之间的关系。共有三种类型 (1) 一对一($1:1$)； (2) 一对多($1:N$)； (3) 多对多($M:N$)	

设 A、B 为两个包含若干个个体的总体，其间建立了某种联系，其联系方式可以分为以下三种类型。

(1) 一对一联系($1:1$)。如果对于实体集 A 中的每一个实体，实体集 B 中至多只有一个实体与之联系；反之对于实体集 B 中的每一个实体，实体集 A 中也至多只有一个实体与之联系。我们称实体集 A 与实体集 B 之间具有一对一联系。

(2) 一对多联系($1:N$)。如果对于实体集 A 中的每一个实体，实体集 B 中有 N 个实体($N \geqslant 0$)与之联系；反之对于实体集 B 中的每一个实体，实体集 A 中至多只有一个实体与之联系。我们称实体集 A 与实体集 B 之间具有一对多联系，记为 $1:N$。可见，一对一联系是一对多联系的特例。

(3) 多对多联系($M:N$)。如果对于实体集 A 中的每一个实体，实体集 B 中有 N 个实体($N \geqslant 0$)与之联系；反之对于实体集 B 中的每一个实体，实体集 A 中有 M 个实体($M \geqslant 0$)与之联系。我们称实体集 A 与实体集 B 之间具有多对多联系，记为 $M:N$。可见，一对多联系是多对多联系的特例。

图 8.16 所示为多对多联系 E-R 图范例。其中，一本图书可以被多位读者阅读，每位读者也可以阅读多本图书。

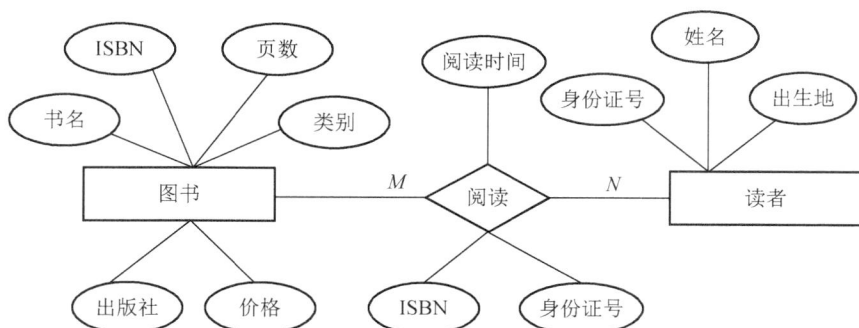

图 8.16　多对多联系 E-R 图范例

　　E-R 图是对现实世界的一种抽象,它抽取了客观事务中人们所关心的信息(忽略了非本质的细节),对这些信息进行了精确的描述。现实系统的描述过程中往往会涉及多个实体,设计 E-R 图应注意以下几点。

　　(1) 针对特定用户的应用,确定实体、属性和实体间的联系,做出反映该用户视图的局部 E-R 图。

　　(2) 综合各个用户的局部 E-R 图,产生反映数据库整体概念的总体 E-R 图。在综合时,删掉局部 E-R 图中的同名实体,以便消除冗余,保持数据的一致性。

　　(3) 在综合局部 E-R 图时,要注意消除那些使维护工作复杂化的冗余信息,但有时也要折中考虑,保留那些必要的冗余信息提高数据处理效率。

　　(4) 综合时可以在总体 E-R 图中增加新的联系,从而使得任何实体都涉及至少一个联系。

　　图 8.17 所示为学生课程与成绩管理系统的总体 E-R 图。

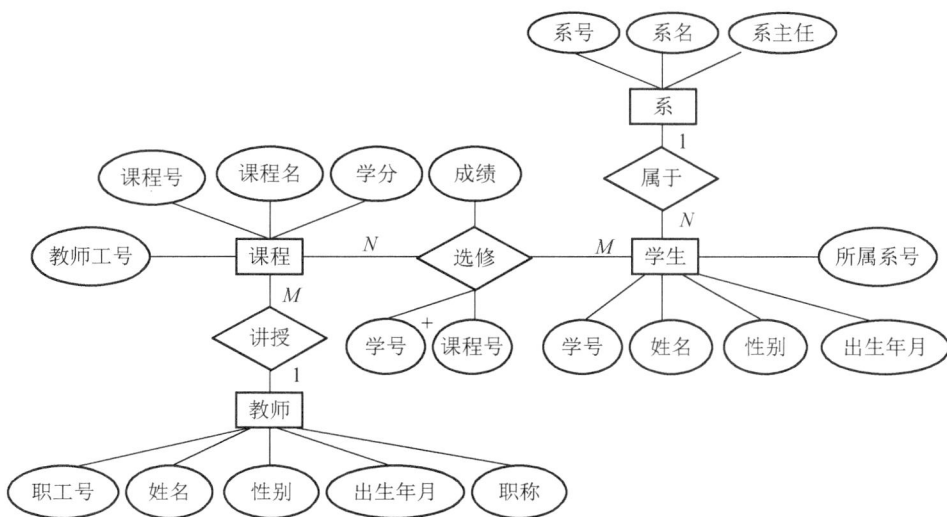

图 8.17　学生课程与成绩管理系统的总体 E-R 图

2) 数据库逻辑设计

数据库逻辑模型是相对概念模型而言的,是对客观事物及其联系的数据化描述。在数据库系统中，对现实世界中数据的抽象、描述以及处理等都是通过数据模型来实现的。在关系型数据库中，用关系(二维表格数据)表示实体和实体之间的联系。从用户观点看，关系模型由一组关系组成。每个关系都是一张规范化的二维表。关系模型中的一些关键术语如下：

(1) 关系(Relation)：一个关系对应通常所说的一张表。

(2) 元组(Tuple)：表中的一行即为一个元组，元组也称为记录(Record)。

(3) 属性(Attribute)：表中的一列即为一个属性，属性也称字段(Field)；给每个属性起一个名称，即为属性名；如一张表中共有 6 列，对应 6 个属性(学号、姓名、年龄、性别、系名和年级)。

(4) 码(Key)：也称为码键，是表中的某个属性组，它可以唯一确定一个元组。学生信息表关系中，学号为码。

(5) 域(Domain)：属性的取值范围。如人的年龄域在 1～100 岁之间，性别的域是(男，女)，系别的域是一个学校所有系别的集合。

数据库逻辑设计的任务是把 E-R 图中每一个实体或关系转换为关系模型中的关系，并且保证数据的完整性和无冗余性。在转换过程中，实体和联系都被转换为二维表，用二维表中的列表示 E-R 图中的属性，用行表示实际数据。E-R 图到底转换为几张二维表，如何转换，这需要视联系的类型而定。

(1) 1∶1 型联系。

在 1∶1 型联系中，实体和联系合并转化为一张二维表，该二维表中同时包含两个实体的主键和其他属性。从本质上讲，1∶1 型联系中的两个实体具有同一性，故而仅需一张二维表即可表达所有有效信息。例如，图 8.18 所示的工厂和厂长 1∶1 型 E-R 图可以转化为以下一张二维表：

工厂表(厂号，厂名，地点，厂长号，厂长姓名，厂长年龄)

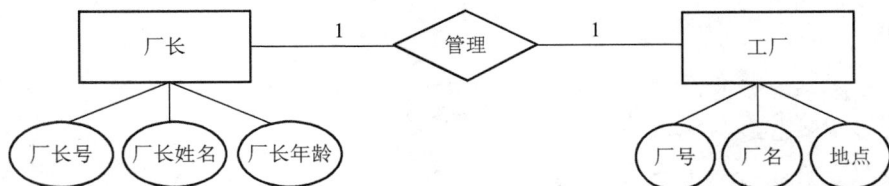

图 8.18   工厂和厂长 1∶1 型 E-R 图

(2) 1∶N 型联系。

在 1∶N 型联系中，两个实体分别转化为二维表，同时将"1"方的关键字加入"N"方实体对应的属性中，称为外部关键字。例如，图 8.19 所示的仓库和产品 1∶N 型 E-R 图中，一个仓库中可以堆放多件产品，但一件产品只能存放于一个仓库，那么在转换成二维表的过程中，"产品"表中必须增加一个外部关键字"所在仓库号"，从而与"仓库"表取得联系。转换的结果为两张二维表，分别如下：

仓库表(仓库号，地点，面积)

产品表(货号，品名，价格，仓库号)

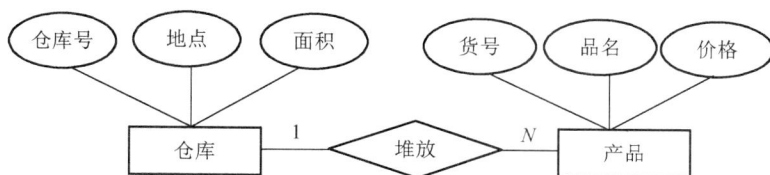

图 8.19　仓库和产品 1∶N 型 E-R 图

(3) M∶N 型联系。

在 M∶N 型联系中，两个实体分别转化为两张二维表，在两个实体之间构造加入一个新实体，联系转换为一张二维表。也就是说，最后的转换结果为三张二维表。例如，图 8.20 所示的客户和商品 M∶N 型 E-R 图中，一位客户可以购买多种商品，一种商品也可以被多位客户购买。在该 E-R 模型转换成二维表的过程中，必须增加一张"购买"表，记录每位客户购买每种商品的数量，分别如下：

客户表(客户 ID，姓名，住址)

商品表(商品 ID，品名，价格)

购买表(客户 ID，商品 ID，购买数量)

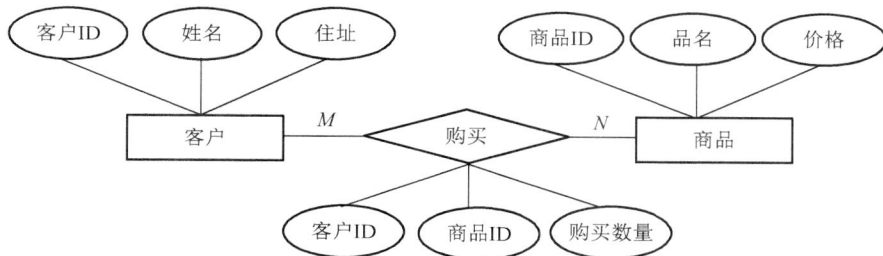

图 8.20　客户和商品 M∶N 型 E-R 图

在进行逻辑模型设计时，往往会存在数据存储的异常现象，包括数据冗余、修改异常、插入异常、删除异常等。为了解决这些问题，需要对关系数据进行规范化处理。关系数据的规范化就是关系数据库中的每一张二维表都必须满足一定的条件。根据关系模式满足的不同性质和规范化的程度，可以把关系模式分为第一范式、第二范式、第三范式等。一般的数据库规范设计需要满足第三范式。

(1) 第一范式(1NF)。

属于第一范式的关系应满足的基本条件是一个关系的所有分量(属性)都必须是不可分的最小数据项。简言之，第一范式指在同一表中没有重复项存在。例如，表 8.3 所示关系不符合第一范式。

表 8.3　不符合第一范式的关系表

姓名	地　　　址			
	省	市	街道	邮编
张三	河北	石家庄	光明	052260

(2) 第二范式(2NF)。

在某种关系中，如果主键是由多个属性构成的复合关键字，并且不存在非主属性对主键的部分函数依赖，则这种关系满足第二范式。例如表 8.4 所示关系虽然满足 1NF，但不满足 2NF，因为它的非主属性不完全依赖由教师代码和研究课题号组成的主关键字，其中，姓名和职称只依赖主关键字的一个分量——教师代码，研究课题名只依赖主关键字的另一个分量——研究课题号。

表 8.4   不符合第二范式的关系表

教师代码	姓名	职称	研究课题号	研究课题名
GL0001	张三	副教授	JYB0001	#######

(3) 第三范式(3NF)。

第三范式是指某种关系符合第二范式的条件，并且所有非主属性都不传递依赖主关键字。例如表 8.5 所示的产品关系属第二范式，但不满足第三范式。这里，由于生产厂名依赖产品代码(产品代码唯一确定该产品的生产厂家)，生产厂家地址又依赖生产厂名，因此，生产厂家地址传递依赖产品代码。这样的关系同样存在高度冗余和更新异常问题。

表 8.5   不符合第三范式的关系表

产品代码	产品名	生产厂名	生产厂家地址
001	液晶电脑	海尔	青岛

8.2.3 代码设计

代码是用来代表事物名称、属性、状态等的符号和记号。在数据库设计过程中，为了节省存储空间，提高处理速度、效率和精度，需要用数字、字母和一些特殊符号组成的代码来识别主体(如学生、教师、产品，等等)。这种用数据、字母和符号替代事物名称、属性、状态的方法称为编码，即代码设计。

1. 代码的作用

(1) 为主体提供一个概要而不含糊的认定，便于数据的存储和检索。代码缩短了事物的名称，无论是记录、记忆还是存储，都可以节省时间和空间。

(2) 可以提高数据处理的效率和精度。按代码对事物进行排序、累计或按某种规定算法进行统计分析，处理十分迅速。

(3) 提高了数据的全局一致性。同一事物即使在不同场合有不同的名称，都可以通过编码系统统一起来，提高了系统的整体性，减少了因数据不一致而造成的错误。

(4) 代码是人和计算机的共同语言，是两者交换信息的工具。

2. 编码的种类

(1) 顺序码。顺序码又称系列码，它是一种用连续数字代表编码对象的码，例如用 1001 代表张三，1002 代表李四，等等。顺序码的优点是短而简单，记录的定位方法简单，易于管理，处理容易，设计和管理也容易。但这种码没有逻辑基础，不适宜分类，本身也不能说明任何信息的特征，在项目比较多的时候，编码的组织性和体系性较差。

(2) 区间码。区间码把数据项分成若干组，每一区间代表一个组，码中数字的值和位置都代表一定意义。典型的例子有我国居民身份证号码、邮政编码以及学生学号等。表 8.6

是某学校的学生学号区间码表。码 2001-004-005-02-01 代表该学生是 2001 级管理学院市场营销专业 2 班学生张三。

表 8.6　某学校的学生学号区间码表

年级	学院		专业		班级	学生	
	名称	码	名称	码		姓名	码
2001	经济	001	工商管理	004	01	张三	01
2002	艺术	002	市场营销	005	02	李四	02
2003	工程	003	财务会计	006	03	王五	03
2004	管理	004	证券金额	007	04	钱六	04

区间码的优点是信息处理比较可靠，排序、分类、检索等操作易于进行。但这种码的长度与它分类属性的数量有关，有时可能造成很长的码。在许多情况下，码有多余的数。同时，这种码的修改也比较困难。

(3) 表意码(助记码)。表意码是把直接或间接表示编码化对象属性的文字、数字、记号原封不动地作为编码。例如：TV—电视，B(Black)—黑色，C(Color)—彩色，cm—厘米，mm—毫米，kg—公斤。表意码的特点是可以通过联想帮助记忆，容易理解。但随着编码数量的增加，其位数也要增加，给处理带来不便。因此，助记码适用于数据项数目较少的情况(一般少于 50 个)。

表意码适用于物资的性能、尺码、重量、容积、面积和距离等。例如：TV-B-12 代表 12 英寸黑白电视机，TV-C-20 代表 20 英寸彩色电视机。

3. 代码的校验

为了通过程序检查输入代码的正确性，可以利用在原代码的基础上附加校验位的方法。校验位的值是通过数学计算得到的，程序检查时，即通过对代码有关位的计算来核对校验位的值，如果不一致则查出代码有错。

常用的校验位确定方法如下：

(1) 将代码(C_i)各位乘以权因子(P_i)，求出各位的积：C_1P_1，C_2P_2，…，C_nP_n；

(2) 求出各位积之和：$S = C_1P_1 + C_2P_2 + \cdots + C_nP_n$；

(3) 以称为模的常数(M)除和，求出余数(R)即 $R = \mathrm{mod}(S, M)$；

(4) 把模 M 减去余数 R 作为校验位($M - R$)。

权因子的选取通常以提高出错发现率为基础，常见的有：

(1) 几何级数，如 1，2，4，8，16，32，…

(2) 算术级数，如 1，2，3，4，5，6，7，…

(3) 质数，如 1，3，5，7，11，13，17，…

(4) 有规律的数，如 1，3，7，1，3，7，1，3，7，…

模的选取可取 10，11，13 等。例如，设代码为 1、2、3、4、5，求其校验位值。取权 1，2，4，8，16，取模 11。则：

原代码　　1　2　3　4　5

权因子　　16　8　4　2　1

乘积和　　16 + 16 + 12 + 8 + 5 = 57

57/11 = 5……2

因此，其校验位为：11 − 2 = 9，带校验位的代码(新代码)为 123459。

当代码 12345 输入为 13245 时，求出其校验值是 5，显然与 9 不一致，所以说明有错。至于对准确性要求很高的代码，可以考虑增加校验位的位数。当模减去余数为 10、11、12、13 时，其校验位码为 A、B、C、D；而对于字母编码要使用校验位检查，计算时要将 A～Z 转换为 10～35。

8.2.4　数据仓库、数据湖和数据中台

1. 数据仓库

随着信息时代的到来，以二维表为主要形式的传统数据库已经不能反映面向主题的应用数据需求，数据仓库的概念应运而生。数据仓库是数据库概念的升级。从逻辑上理解，数据库和数据仓库没有区别，都是通过数据库软件实现的存放数据的地方，只不过从数据量来说，数据仓库要比数据库更庞大得多。数据仓库主要用于数据挖掘和数据分析，辅助领导做决策。数据仓库的主要特征有以下几点。

(1) 数据仓库是面向主题而不是面向单个业务。主题是较高层次上企业信息系统中的数据综合、归类并进行分析的对象。在逻辑意义上，它是企业中某一个宏观分析领域所涉及的分析对象(即用户用数据仓库进行决策所关心的重点方面)。一个主题通常与多个操作信息型系统有关，而数据库的数据组织面向事务处理任务，各个任务之间是相互隔离的。

(2) 数据仓库是数据的集成。数据仓库的数据是从原来的分散的数据库数据(mysql 等关系型数据库)抽取出来的。数据库与 DSS 分析型数据仓库差别甚大。第一，数据仓库的每一个主题所对应的源数据在所有的各个分散的数据库中，有许多重复和不一样的地方，且来源于不同的联机系统的数据都和不同的应用逻辑捆绑在一起；第二，数据仓库中的综合数据不能从原有的数据库系统中直接得到。因此，在数据进入数据仓库之前，必然要经过统一与综合，这一步是数据仓库建设中最关键、最复杂的一步。

(3) 数据仓库的数据是随时间的变化而变化的。这一特征主要有以下三个表现，其一，数据仓库会随着时间变化不断增加新的数据内容。数据仓库系统必须不断捕捉实时数据库中变化的数据，追加到数据仓库当中去，也就是要不断的生成实时数据库的快照，经统一集成增加到数据仓库中去。其二，数据库随着时间变化不断删去旧的数据内容。数据仓库内的数据也有存储期限，一旦过了这一期限，过期数据就要被删除。只是其数据时限要远远长于操作型数据库中的数据时限。后者只需保存 60～90 天的数据，而数据仓库中则需要保存较长时限的数据(5～10 年)，以适应 DSS 进行趋势分析的要求。其三，数据仓库中包含有大量的综合数据，这些综合数据中很多跟时间有关，如数据经常按照时间段进行综合，或隔一定的时间段进行抽样，等等。这些数据要随着时间的变化不断地进行重新综合。因此数据仓库的数据特征都包含时间项，以标明数据的历史时期。

(4) 数据仓库的数据是不可修改的。数据仓库的数据主要提供企业决策分析之用，所涉及的数据操作主要是数据查询，一般情况下并不进行修改操作。数据仓库的数据反映的

是一段相当长的时间内历史数据的内容，是不同时点的数据库快照的集合，以及基于这些快照进行统计、综合和重组的导出数据，而不是联机处理的数据。因为数据仓库只进行数据查询操作，所以数据仓库当中的系统要比数据库中的系统简单得多。数据库管理系统中存在许多技术难点，如完整性保护、并发控制等，在数据仓库的管理中几乎可以省去。但是由于数据仓库的查询数据量往往很大，所以就对数据查询提出了更高的要求。

2. 数据湖

数据湖和数据仓库都属于数据资源中心体系的重要组成部分，数据湖是数据仓库的进一步升级，是大数据技术的代表。它最早是由 Pentaho 公司的创始人 James Dixon 于 2011 年提出。最初的数据湖是对数据仓库的补充，是为了解决数据仓库建设周期长、开发维护成本高、数据细节丢失等弱点。2011 年以后，很多数据仓库转移至以 Hadoop 为基础的技术栈中，除了结构化数据外，半结构化、非结构化数据也逐步存储到数据仓库中，并且诞生了许多针对这类数据的服务，数据湖概念应运而生。

数据湖是一个存储企业各种原始数据的大型仓库，其中的数据可供存取、处理、分析及传输。它以自然格式存储数据，包括原系统数据的原始副本，以及用于报告、可视化、分析和机器学习等任务的转换数据。数据湖包括来自关系型数据库(行列)的结构化数据、半结构化数据(CSV、日志、XML)、非结构化数据(电子邮件、文档、PDF)和二进制数据(图像、音频、视频)等。如果把数据库想象为一个瓶装水处理厂，未经处理的水在那里进行清洗、包装等环节，那么数据湖就是一个更接近自然的大型水体，其内容从一个源头流入湖中，各种用户均可在湖水中进行检查、潜水或采集样本。

数据湖的数据处理架构如图 8.21 所示。从各种企业业务中捕获数据，并将所有数据存在某一环境中，进行跨职能的业务分析，支持分析和数据科学，从而发现新客户、产品和运营见解，增强一线员工和经理的能力，将这些运营见解和能力集成到企业运营(财务、生产制造、营销、采购、供应链)中，推动更有利可图的顾客参与。

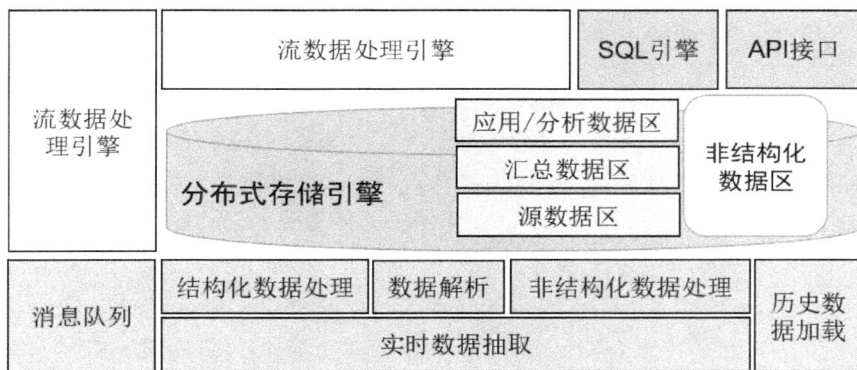

图 8.21　数据湖的数据处理架构

数据湖对企业提供的帮助可以分为以下五个方面。

(1) 实现数据治理。

(2) 利用机器学习和人工智能技术实现商业智能。

(3) 预测分析未来的运营绩效。

(4) 信息追踪与一致性保障。

(5) 根据对历史的分析生成新的数据维度。

数据湖和数据仓库(数据库)的主要差异在于以下几个方面。

(1) 数据。数据库和数据仓库只保存结构化数据，数据湖则对数据形式无限制，可以保存结构化、半结构化和非结构化等各种类型的数据。

(2) 数据处理。数据加载到数据仓库之前，首先要对其进行某种格式和结构的处理。也就是说要先建立一个模型来处理原始数据的格式和结构。数据湖则接受原始类型的数据，当需要使用这种数据时再进行格式和结构的处理。另外，数据湖既支持批量方式的数据处理，也支持近实时方式的数据处理，可以针对不同的需求场景、不同的数据任务、不同的计算量选择不同的处理方式。

(3) 功能。数据湖比较适合对非结构化的数据进行深入分析，数据科学家可以对数据湖采用具有预测建模和统计分析功能的高级分析工具。数据仓库因为高度结构化，比较适用于月度报表等事务型数据操作。

(4) 存储。大数据技术需要解决的问题之一是数据存储的成本。与数据仓库相比，采用大数据技术存储的数据湖相对便宜。这是因为大数据技术通常为开源软件，可以免费获得许可和社区支持，数据技术可以安装在低成本商品化硬件上，因而数据湖可用于低成本存储。数据仓库存储成本相当高，且数据量增大会显著提高存储成本。数据库存储的成本相对灵活，主要取决于数据需求。

(5) 敏捷性。数据仓库是一种高度结构化的数据存储，考虑到不同的相关业务流程，改变数据结构将比较困难，因而数据仓库的敏捷性较低。而数据湖不存在结构问题，便于数据开发人员配置数据模型、查询和应用，敏捷性较高。

(6) 成熟度。数据仓库技术已经存在并使用了几十年，而大数据应用的典型代表数据湖则是一种比较新的技术，且至今尚在不断探索中。因此，数据仓库的数据保护能力强于数据湖。

3. 数据中台

中台是相对于前台和后台而言的，是前台和后台的连接点，能将业务所需的共同工具和技术予以抽象和沉淀。数据中台是集数据采集、交换、共享融合、组织处理、建模分析、管理治理和服务应用于一体的综合性数据能力平台，在大数据生态以及企业数字化系统建设中发挥承上启下的作用。它的主要任务是将数据抽象封装成服务，为业务中台和前台提供面向数据应用的"底座"支撑能力。

从功能来讲，数据湖是大数据时代实现数据存储的重要模式，而数据中台不仅涉及数据存储，而且可以通过企业内外部多源异构数据的采集、规范化管理、建模、分析、应用，实现企业内部所有数据标准化，大幅提高业务效率，并对外开展数据合作，释放企业数据资产管理中枢的价值。数据中台建成以后能够有效形成数据 API，高效地为企业和客户提供各种数据服务。因此，数据湖是数据中台的构成部件，数据中台则是数据湖价值实现的途径，对一个企业的数据治理起到至关重要的作用。数据中台的功能架构如图 8.22 所示。

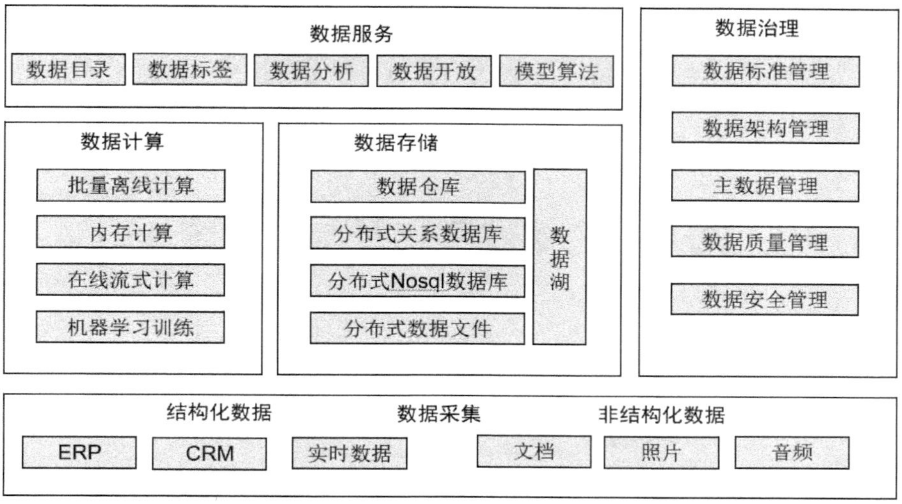

图 8.22　数据中台的功能架构

从运作模式来讲，数据中台大多可采用云计算架构模式，将数据资源、计算资源、存储资源充分"云化"，通过多租户技术对资源进行打包整合，并开放资源，为用户提供一站式服务。从处理架构来讲，数据中台能够支持批量和实时的数据加载以及灵活的业务需求，使得数据的预处理流程从 ETL (Extract-Transform-Load)向 ELT(Extract-Load-Transform)转变。传统数据仓库处理架构属于 ETL，它是指数据从来源经过抽取(Extract)、转换(Transform)、加载(Load)到目的地的过程。大数据背景下数据中台的架构则为 ELT，它能根据上层应用的需求，随时抽取想要的原始数据进行分析。三者区别见表 8.7。

表 8.7　数据中台、数据仓库、混合架构对比

	数据中台架构	混合架构	数据仓库架构
数据类型	无数据类型	简单的数据类型	丰富的数据类型
数据模型	简单	简单灵活	完善、丰富
数据关系	无描述	简单描述	完善描述
数据一致	无一致性	弱一致性	强一致性
数据安全	安全性低	安全性低	安全性高
计算类型	离线批量处理、低并发	实时操作，高并发	离线批量处理、低并发
适用场景	低密度数据海量存储，数据预处理，预计算	高并发实时	高价值数据统一存储和计算平台
人员要求和成本	高	较高	适中

从用途来讲，数据中台构建了开放、灵活、可扩展的企业级统一数据管理和分析平台，将企业内外部数据随需关联，打破了数据的系统界限。同时，利用大数据智能分析，数据可视化等技术，实现了数据共享、日常报表自动生成、快速和智能分析，满足企业从集团总部到子公司各级数据分析需求和应用需求。具体来讲，数据中台实现了以下数据价值的挖掘：

(1) 对数据目录、模型、标准、安全、可视化、共享等的管理；

(2) 对数据的集中存储、处理、分类管理，建立大数据分析工具库、算法库；

(3) 报表生成自动化、数据分析敏捷化、数据挖掘可视化；

(4) 数据质量的评估流程和落地管理流程。

8.3　企业数字化系统的管理

当企业数字化系统业务中台和数据中台等主要构建任务完成后，企业数字化系统已经开始作为一个独立的技术体系为企业创造价值，数字化系统迈入运行管理期。此时，运行管理和维护、安全架构和标准建设成为企业数字化建设的主要任务。

8.3.1　企业数字化系统的运行管理及维护

1. 数字化系统的运行管理

数字化系统运行管理的目标就是对系统的运行进行实时控制，记录其运行状态，进行必要的修改与扩充，以便使数字化系统真正符合管理决策的需要，为管理决策者服务。其主要内容包含日常运行的管理和运行情况的记录两个方面。

(1) 日常运行的管理。

数字化系统投入使用后日常运行的管理工作量巨大，必须完成数据的收集、例行的数据处理及服务工作、计算机本身的运行与维护、系统的安全管理等四项任务。

① 数据的收集。数据的收集工作一般包括数据收集、数据校验及数据录入等三项子任务。系统主管人员应该努力通过各种方法，提高数据收集人员的技术水平和工作责任感，对他们的工作进行评价、指导和帮助，以便提高所收集数据的质量。数据录入工作的要求是迅速与准确。数据校验应由校验人员承担，须保证送入计算机的数据与纸面上的数据严格一致，绝不能由录入人员代替校验人员。

② 例行的数据处理及服务工作。其常见的工作包括例行的数据更新、统计分析、报表生成、数据的复制及保存、与外界的定期数据交流，等等。

③ 计算机本身的运行与维护。尽管微型主机的运行维护比大型机简单得多，但仍然需要专人负责。如果没有人对硬件设备的运行维护负责，设备就很容易损坏，从而使整个数字化系统的正常运行失去物质基础，这种情况已经在许多单位多次发生。这里所说的运行和维护工作包括设备的使用管理、定期检修、备品配件的准备及使用、各种消耗性材料(如软盘、打印纸等)的使用及管理、电源及工作环境的管理，等等。

④ 系统的安全管理。系统的安全管理是日常工作的重点之一，是为了防止系统外部对系统资源不合法的使用和访问，保证系统的硬件、软件和数据不因偶然或人为的因素而遭受破坏、泄露、修改或复制，维护正当的信息活动，保证信息系统安全运行所采取的手段。

(2) 运行情况的记录。

数字化系统的运行情况对系统管理、评价是十分重要且宝贵的资料。在数字化系统的运行过程中，需要收集和积累的资料包括以下几个方面。

①　工作数量的信息。如开机的时间、每天(周、月)提供的报表的数量、每天(周、月)录入数据的数量、系统中积累的数据量、修改程序的数量、数据使用的频率、满足用户临时要求数量等反映系统的工作负担的最基本数据。

②　信息服务的质量。如果一个数字化系统生成的报表并不是管理工作所需要的，管理人员使用起来并不方便，那么这样的报表生成得再多再快也毫无意义。同样，使用者对于信息提供的方式是否满意，所提供的信息精确程度是否符合要求，信息提供得是否及时，临时提出的信息需求能否得到满足等，也都在信息服务的质量范围之内。

③　系统的维护修改情况。系统中的数据、软件和硬件都有一定的更新、维护和检修的工作规程。这些工作都要有详细的及时的记载，包括维护工作的内容、情况、时间、执行人员等。这不仅是为了保证系统的安全和正常运行，而且有利于系统的评价及进一步扩充。

④　系统的故障情况。无论数字化系统运行过程中发生多大的故障，都应该及时地记录以下这些情况：故障的发生时间、故障的现象、故障发生时的工作环境、处理的方法、处理的结果、处理人员、善后措施等。

2. 数字化系统的维护

在企业数字化系统投入正常运行之后，开始了短至 4～5 年、长至 10 年的系统运行与维护阶段。系统维护的目的是要保证数字化系统正常而可靠地运行，使系统不断得到改善和提高并充分发挥作用。系统维护的任务是有计划、有组织地对系统进行必要的改动，以保证系统中的各个要素随着环境的变化始终处于最新的、正确的工作状态。

(1) 系统维护的对象和类型。

企业数字化系统的维护对象主要有系统应用程序(软件)维护、数据维护、代码维护、硬件设备维护、机构和人员的变动等五个方面，其中对软件维护是重点工作，按照软件维护的不同性质划分为四种类型：纠错性维护、适应性维护、完善性维护、预防性维护。根据对各种维护工作分布情况的统计结果，一般纠错性维护占 21%，适应性维护占 25%，完善性维护达到 50%，而预防性维护占 4%。可见系统维护工作中，半数以上的工作是完善性维护。

(2) 系统维护的组织和需要考虑的因素。

企业数字化系统维护工作是技术性强的管理工作。系统投入运行后，企业必须建立相应的组织，确定进行维护工作所应遵循的原则和规范化的过程，并建立一套适用于具体系统维护过程的文档和管理措施，以及进行复审的标准。企业数字化系统是非常复杂的系统工程，其维护工作的影响因素较多。通常在进行某项维护修改工作之前，至少要考虑下列三方面的因素。

①　维护的背景，包括系统的当前情况、维护的对象、维护工作的复杂性。

②　维护工作的影响，包括对新系统目标的影响、对当前工作进度的影响、对本系统其他部分的影响以及对其他系统的影响。

③　资源的要求，包括对维护提出的时间要求、维护所需费用(并与不进行维护所造成的损失对比是否合算)、维护所需的工作人员。

(3) 数字化系统维护的实施。

数字化系统维护的实施过程如图 8.23 所示。

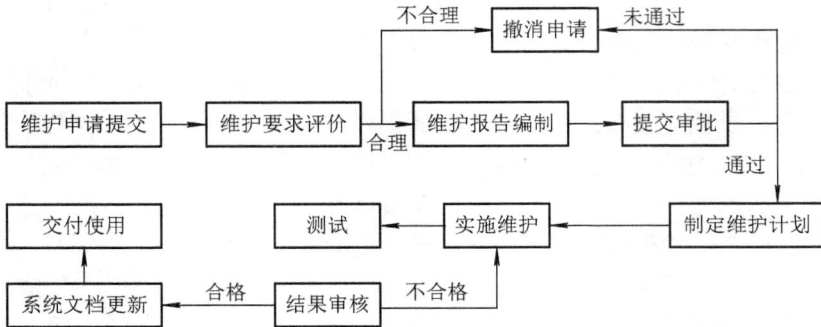

图 8.23　数字化系统维护的实施过程

　　为了评价维护的有效性，确定系统的质量，记载系统所经历过的维护内容，应将维护工作的全部内容(如维护对象、规模、语言、运行和错误发生的情况，维护所进行的修改情况，以及维护所付出的代价等)，以规范化文档的形式记录下来，形成历史资料备查。另外，系统维护人员应职责明确，保持人员的稳定性，对每个子系统或模块至少应安排两个人共同维护，避免对个人的过分依赖。在系统未暴露出问题时，就应着重于熟悉掌握系统的有关文档，了解功能的程序实现过程，一旦提出维护要求，立即高效优质地实施维护。

8.3.2　企业数字化系统的安全管理

　　伴随着数字化系统应用的不断深入，网络、数据等各类安全问题不断显现，严重威胁企业数字化系统的运用效率。企业数字化系统的安全管理既是一个复杂的技术问题，也是一项要求严格的管理规范。数字化系统是一种内容繁多、结构复杂、环境多变的人机系统，安全问题仅靠技术手段的支持是远远不够的。因为在技术上要实现一个绝对安全的系统几乎是不可能的，一个系统甚至一项安全技术或多或少总有一些所谓的缺陷及安全漏洞。因此，要想有效保护数字化系统的安全，必须从信息安全技术、组织机构与人事管理、信息安全法治建设等方面采取综合治理措施。

思政案例

　　数字化系统安全管理的主要形式如下。

1. 技术管理

　　数字化系统安全技术主要包括密码技术、鉴别技术、访问控制技术、信息流控制技术、数据保护技术、软件保护技术、病毒检测及清除技术、内容分类识别和过滤技术、网络隐患扫描技术、信息泄露防护技术、系统安全监测报警与审计技术，等等。目前数字化系统安全技术的发展速度很快，国外不断有新型的安全产品投放市场，但进入中国市场的产品安全级别很低。我国已研制出防(反)病毒卡(软件)、安全路由器、保密网关、防火墙以及各种环境下的加密机等关键设备，但总的来说，国内自主开发的安全产品甚少，尚不能满足信息系统的安全需求。

2. 组织管理

对于任一级别的数字化系统，都应有相应级别的、负责系统安全的专门管理机构。其主要职能是：制订、审查信息安全措施；确定实施安全措施的方针、策略和原则；组织实施安全措施并协调、监督、检查安全措施的执行情况。安全管理机构的人员要按不同任务进行分工以确立各自的责任。一类人员负责整个系统安全的领导，另一类人员具体负责管理系统的安全工作，如保安员、安全管理员、安全审计员、系统管理员、网络管理员等。对于较少涉及密级信息的部位，由于存在敏感信息，也需要有一定组织机构和人员负责系统的安全工作。

3. 人事管理

企业数字化系统的安全威胁大多来自人的因素，因此在安全管理上要有一套完整、严格的工作规范和标准，有健全的人事管理制度，以防止和最大限度地减少由于人为原因给系统带来的不安全因素。不仅对用户的行为要实行有效的监控，而且更重要的是要加强对系统内部工作人员的管理。统计表明，大多数威胁信息安全的案例是由系统内部的工作人员引发的。他们可能无意中造成错误，也可能为发泄私愤而蓄意破坏数字化系统，甚至可能为满足私欲而内外勾结窃取机密信息或进行经济犯罪。为此，在人事审查录用、工作绩效评价以及调动、免职等方面也应有具体的安全保障措施。此外还要加强思想教育和安全业务培训，不断提高工作人员的思想素质、业务素质和职业道德，才能把系统安全建立在牢固的基础上。

4. 法制管理

数字化系统安全问题的解决最终要依靠法治保障。因此，有必要通过法治手段制定有关数字化系统安全的法律规范，强制性地贯彻实施信息安全技术与安全管理等措施，保护数字化系统的资源不受侵害。我国政府高度重视数字化系统安全立法问题，早在 1996 年我国信息化刚起步时，国务院信息化工作领导小组曾设立政策法规组、安全工作组及其专家组，并与国家保密局、国家安全部、公安部等职能部门进一步加强了信息安全法治建设的组织领导和分工协调。在数字化系统安全法规建设方面，我国已制定了《中华人民共和国计算机信息系统安全保护条例》《中华人民共和国计算机信息网络国际联网管理暂行规定》。

8.3.3　企业数字化系统的标准建设

企业数字化系统建设是一项跨行业、跨地区、跨学科的大型工程，要想使各子系统的数字资源和数字技术得到有效开发利用，必须抓好数字化标准工作。

1. 数字化标准简介和现状

标准化是对标准的制定、实施、发布、推广的一系列过程，其目的是使一定范围内的事务达到统一，并在一定范围内得以推广。企业数字化系统建设过程中，标准是规范技术开发、产品生产、工程管理等行为的技术法规，统一标准是数字化系统互联、互通、互操作的前提。只有通过统一的技术要求、业务要求和管理要求等标准化手段，企业的数字化建设工程才能在一定范围内有章可循，形成一个有机整体，避免盲目和重复，有效降低成本。

目前多家国际信息化标准组织从不同角度开展与全球数字化技术相关的标准工作，比较著名的有国际标准化组织(ISO)、国际电工委员会(IEC)、国际电信联盟(ITU)、国际 Web 联盟(W3C)等。尽管我国数字化开始时间较晚，但也积极参与国际标准的制定。尤其是国内一些数字化水平较高的行业和大型企业集团(如银行、电信、国家电网、中国石化、中国神华等)对数字化标准建设工作高度重视，投入了大量资金和人力进行数字化标准建设工作。

2. 数字化标准体系的编制原则

企业数字化标准体系应以《中华人民共和国标准化法》及其配套法规规定为依据，结合企业数字化规划、建设与管理需求，按照《标准体系表编制原则和要求》(GB/T 13016—2009)中的相关规定进行编制，促使数字化标准体系拥有科学、有序、协调、合理的结构。满足的主要原则有以下几点。

(1) 全面性原则。企业应充分研究当前预计到的经济、科学、技术及管理中需要协调统一的各种事物和概念，力求在一定范围内统一标准。

(2) 层次性原则。根据企业标准的适用范围恰当地将标准安排在特定层次上。要尽量扩大标准的适用范围，或安排在较高层次上。

(3) 划分明确原则。数字化标准体系内不同行业、专业、门类间分系统的划分应主要按经济活动性质的一致性，而不应按行政系统进行划分；同一标准不能同一时间划入两个并列的分体系内，避免重复制定；应按标准的特点，而不应按产品、过程、服务或管理的特点进行分类。

(4) 绩效导向原则。标准的制定应该能够体现对企业发展贡献率的提升作用，提高数字化绩效。

3. 数字化标准体系结构

一套企业数字化标准体系的完整结构应该如图 8.24 所示(三层体系结构)。

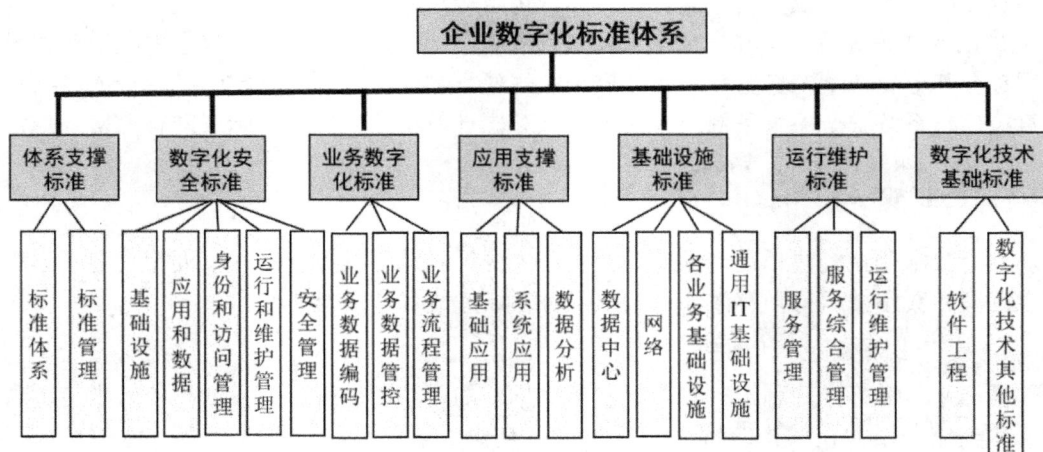

图 8.24　企业数字化标准体系完整结构图

(1) 体系支撑标准子体系。

体系支撑标准子体系是面向标准体系本身以及标准管理的有机结合，是从标准的全生命周期出发，包括规范标准的制定、改进、评价、执行的全过程。体系支撑标准子体系同时包含对标准体系管理的内容，是标准体系建设、修订、实施和不断完善的具体依据。该子体系能够充分保证标准体系的落地性，突出在标准体系控制下实现数字化标准可操作性强、实用性高的目标。

(2) 数字化安全标准子体系。

信息系统安全等级保护是指对国家秘密信息、企业和其他组织及公民的专有信息以及公开信息和存储、传输、处理这些信息的数字化系统分等级实施安全保护，对数字化系统中适用的信息安全产品实施按等级管理，对数字化系统中发生的信息安全事件分等级响应、处理。标准规定了不同安全等级数字化系统的基本保护要求，包括技术要求和管理要求，从物理安全、网络安全、主机安全、应用系统安全、数据安全等几个方面展开。因此，该子体系可以分为基础设施安全标准、应用和数据安全标准、身份和访问管理安全标准、运行和维护安全标准以及安全管理标准共五个部分。

(3) 业务数字化标准子体系。

业务数字化标准子体系是业务与数字技术直接相关的各种标准，是企业能够实现跨业务、跨系统数据交换、数据共享，提高整体信息处理效率的基础。业务数字化标准可具体分为三类。① 面向数据的标准业务数据编码。它主要制定企业数字化数据架构中需要明确的主数据编制标准和主数据编码标准，规定数据的名称、代码、分类编码、数据类型、精度、单位、格式、取值范围等标准形式以及在企业内部统一推行的主数据编码本身。② 面向数据管控的标准。它主要规定对数据的质量、数据流向、数据生命周期等的管理方式。③ 面向业务的标准。它主要规范各业务流程制定和执行过程中需要共同遵守的规则，如包含的范围、程序、处理方法、流程图的制订。

(4) 应用支撑标准子体系。

应用支撑标准子体系主要用于指导应用架构中业务系统的建设和管理工作，共分为基础应用标准、系统应用标准、数据分析标准三个方面。其中，基础应用标准从系统、技术、集成、命名等方面对基础支撑服务部分进行指导及规范，确保其建设、管理工作的质量和效率，为开发、实施、运维等非业务人员提供服务；系统应用标准面对财务、人力、供应链、物流、生产、销售等应用系统，分别从企业、各业务板块方面对业务应用系统进行指导规范；数据分析标准主要对象为数据仓库和数据中台，从数据源管理、数据流程方面指导数据架构建设。

本 章 小 结

中台架构是当今企业数字化系统的典型技术架构。其落地过程首先要在人员、技术、经济可行性的基础上，对与系统相关的业务流程和环境进行全面、深入的调研，采用业务流程图(TFD)和数据流程图(DFD)对流程进行详细分析，识别系统范围内所有的业务实体、处理逻辑以及数据流向。而后通过业务全景聚合识别核心业务域，并根据业务域之间的依赖关系、复杂度、业务域中业务主体之间的亲密度等进一步优化，从业务时序图中选择各业务场景与业务域"触点"数量作为选择服务中心、构建业务中台的关键指标。

数据架构是企业数字化系统建设落地的另一核心工作。按照由下到上，由具体到抽象的顺序，数据架构一般要经历数据库设计——抽象数据仓库——沉淀数据中台的完整流程。规范的关系型数据库设计分为概念设计和逻辑设计两个阶段，且数据结构要满足第三范式。不仅如此，为了提高数据处理速度、效率和精度，还需要进行代码设计。

数据仓库是数据库的升级，是多种逻辑数据库的集成，面向主题而非面向单个应用。数据中台则是较为抽象的数据模型，它可以将数据抽象封装成服务，为业务中台和前台提供面向数据应用的"底座"支撑能力，可以实现企业内部的标准化，在数据模型、数据关系、数据类型、安全性、一致性、适用场景等方面均与数据仓库存在显著区别。

数字化系统建成以后，运行管理和维护工作是必不可少的，不仅需要日常的数据处理等工作，还需要对数字化系统运行工作进行详细记录并建立管理规章制度。可以从技术、人事、组织、法制四个方面解决数字化系统面临的各类安全问题。另外，企业数字化系统建设是一项跨行业、跨地区、跨学科的大型工程，标准化建设必不可少。

课 后 思 考 题

1. 如何用业务流程图和数据流程图进行数字化系统的流程分析？数据字典起到什么作用？
2. 如何识别中台架构数字化系统中的服务中心？
3. 数据库 E-R 模型转换为关系型逻辑模型需要遵循哪些原则？
4. 简述数据库、数据仓库、数据中台之间的联系和区别。
5. 如何用程序检验代码输入的正确性？
6. 简述企业数字化系统运营管理的主要内容。

参 考 文 献

[1]　TAPSCOTT D. The digital economy: Promise and peril in the age of networked intelligence[M]. New York: Mc-Graw-hill, 1996.

[2]　埃森哲(中国)有限公司. 2019中国企业数字转型指数研究[R]. 上海：埃森哲，2019.

[3]　伯纳德·利奥托德，马克·哈蒙德. 大数据与商业模式变革：从信息到知识，再到利润[M]. 郑晓舟，胡睿，译. 北京：电子工业出版社，2015.

[4]　陈虎，孙彦丛，赵旖旎，等. 财务机器人：RPA的财务应用[M]. 北京：中国财政经济出版社，2019.

[5]　陈虎，孙彦丛. 财务共享服务[M]. 2版. 北京：中国财政经济出版社，2018.

[6]　陈志刚. 企业数字化管理系统框架构建及其实证研究[D]. 武汉：武汉理工大学，2008.

[7]　董皓. 智能时代财务管理[M]. 北京：电子工业出版社，2018.

[8]　菲利普·科特勒，何麻温·卡塔加雅，伊万·塞蒂亚万. 营销革命4.0：从传统到数字[M]. 王赛，译. 北京：机械工业出版社，2021.

[9]　高鹏，谢印成，徐丹. 企业信息化概论[M]. 2版. 徐州：中国矿业大学出版社，2016.

[10]　高婴励. 六个"数字化"助力企业数字化转型[N]. 人民邮电报，2021-06-03.

[11]　韩建国. 企业数字化管理工程[M]. 北京：机械工业出版社，2019.

[12]　何建华. 数字经济时代中小企业数字化转型困境及路径[J]. 湖北工程学院学报，2022，42(2)：79-86.

[13]　黄滨. 透明数字化供应链[M]. 北京：人民邮电出版社，2019.

[14]　黄梯云，李一军. 管理信息系统[M]. 7版. 北京：高等教育出版社，2019.

[15]　李辉. 大数据推动我国经济高质量发展的理论机理、实践基础与政策选择[J]. 经济学家，2019(3)：52-59.

[16]　李剑峰. 企业数字化转型认知与实践：工业元宇宙前传[M]. 北京：中国经济出版社，2022.

[17]　廉串德，刘佰明，史珍珍，等. 人力资源大数据分析：理论、技术与实践[M]. 北京：经济管理出版社，2021.

[18]　刘凤瑜. 人力资源服务与数字化转型：新时代人力资源管理如何与新技术融合[M]. 北京：人民邮电出版社，2020.

[19]　马晓东. 数字化转型方法论：落地路径与数据中台[M]. 北京：机械工业出版社，2021.

[20]　沈平，王丹. 制造业数字化转型与供应链协同创新[M]. 北京：人民邮电出版社，2022.

[21]　石力. 社区电商用户复购行为预测及推荐算法研究[D]. 北京化工大学，2021.

[22]　宋华. 数字供应链[M]. 北京：中国人民大学出版社，2022.

[23]　宋星. 数据赋能：数字化营销与运营新实战[M]. 北京：电子工业出版社，2021.

[24]　孙育平. 企业数字化转型的特征、本质及路径探析[J]. 企业经济，2021，40(12)：35-42.

[25]　唐隆基，潘永刚. 数字化供应链：转型升级路线与价值再造实践[M]. 北京：人民邮电出版社，2021.

[26]　王爱敏，王崇良，黄秋钧. 人力资源大数据应用实践：模型、技术、应用场景[M]. 北京：清华大学出版社，2017.

[27]　王通讯. 大数据人力资源管理[M]. 北京：中国人事出版社，2016.

[28]　王岩，王俊峰，牛芸芸，等. 人力资源管理：应用·技能·案例·实训[M]. 2 版. 上海：上海财经大学出版社，2019.

[29]　吴超，赵静，罗家鹰，陈新宇. 营销数字化：一路向 C，构建企业级营销与增长体系[M]. 北京：机械工业出版社，2022.

[30]　亚德里安·J. 斯莱沃斯基. 数字化企业[M]. 刘文军，译. 北京：中信出版社，2001.

[31]　杨家诚. 数字化营销[M]. 北京：中华工商联合出版社，2021.

[32]　喻旭. 企业数字化转型指南：场景分析＋IT 实施＋组织变革[M]. 北京：清华大学出版社，2021.

[33]　张敏，付建华，周钢战. 智能财务基础：数智化时代财务变革实践与趋势[M]. 北京：中国人民大学出版社，2021.

[34]　张玉明，陈舒曼，孙香玉，等. 智能会计实训教程[M]. 北京：经济科学出版社，2023.

[35]　赵曙明，赵宜萱. 人力资源管理：理论、方法、工具、实务[M]. 2 版. 北京：人民邮电出版社，2019.

[36]　中国信息通信研究院. 中国数字经济发展白皮书[EB/OL]. http//www.caict.ac.cn/kxyj/qwfb/bps/202104/t20210423_374626.htm.

[37]　钟华. 数字化转型的道与术：以平台思维为核心支撑企业战略可持续发展[M]. 北京：机械工业出版社，2020.

[38]　周烁，李涛，欧阳日辉. 中国数字经济发展：经验与展望[EB/OL]. https://theory.people.com.cn/ n1/2023/0905/c40531-40070699.html.

[39]　周原. 零成本数字化营销：私域+直播[M]. 北京：电子工业出版社，2022

[40]　朱宾欣. 中小企业竞赛型众包创新激励机制研究[D]. 镇江：江苏大学，2021.

[41]　朱建斌，张路芳，刘俐伶. 人力资源大数据分析与应用[M]. 北京：高等教育出版社，2022.

[42] 祝守宇，蔡春久. 数据治理：工业企业数字化转型之道[M]. 北京：电子工业出版社，2020.

[43] 林晓红，苏聘. 智能财务应用：基于金蝶 EAS 管理平台[M]. 北京：清华大学出版社，2024.

[44] 党丹丹，张军. 金蝶 K/3 供应链管理实务[M]. 北京：清华大学出版社，2022.

[45] 张艳玲，张丽华. 企业数字化运营[M]. 北京：中国农业大学出版社，2024.

[46] 柳毅，金鹏，雒兴刚. 数智时代的管理信息系统[M]. 北京：清华大学出版社，2020.